한권으로 PYTHON

데이터 사이언스

입문 A to Z

한권으로 PYTHON
데이터 사이언스
입문 A to Z

2020년 1월 2일 1판 1쇄 발행
2021년 9월 1일 1판 2쇄 발행

저 자 문용준 · 문성혁
발 행 자 정지숙
마 케 팅 김용환
디 자 인 오예린

발 행 처 (주)잇플ITPLE
주 소 서울 동대문구 답십리로 264 성신빌딩 2층
전 화 0502.600.4925
팩 스 0502.600.4924
홈페이지 www.itpleinfo.com
이 메 일 itpleinfo@naver.com
카 페 http://cafe.naver.com/arduinofun
유 튜 브 www.bit.ly/ITPLE_TV

ISBN 979-11-90283-70-0 13000

한권으로 PYTHON

데이터 사이언스

입문 A to Z

　시중에 파이썬에 관한 책은 많이 나와 있지만, 그런 책으로 데이터 분석을 배우기는 어렵습니다. 시중에 나온 책으로 공부하려면 다양한 파이썬 모듈을 이해하고 있어야 하기 때문입니다. 그래서 이 책에서는 가장 기본적인 처리를 기준으로 꼭 필요한 것을 하나로 연결해서 더 쉽게 접근할 수 있도록 묶어봤습니다.

　데이터를 분석하려면 숫자를 관리하는 배열 형태의 자료구조를 알아야 합니다. 넘파이와 판다스 모듈의 배열 개념을 이해하고, 배열 내의 원소를 계산하는 선형대수 처리 방식도 알아봅니다. 그 후에 실전에서 데이터 분석을 성공시키려면 80% 노력이 들어가는 데이터 전처리를 알아봅니다. 머신러닝이나 딥러닝의 알고리즘을 잘 사용하는 것보다 데이터가 왜 이런 결과로 만들어졌는지 정확히 파악하는 것도 중요하므로 그 원리도 다루었습니다.

　이 책은 데이터 분석을 위해 꼭 알아야 할 기능만 설명하므로 넘파이나 판다스 모듈을 설명하는 교재로 더 많은 기능을 공부할 수 있게 하는 기본서라고 할 수 있습니다.

　데이터 분석은 4차 산업혁명에서 매우 중요한 위치를 차지하므로 이 책으로 좋은 결과를 낼 수 있으면 좋겠습니다.

　이 교재의 소스 코드는 〈https://github.com/zerosum99/datascience_basic〉에서 참고하면 됩니다.

　마지막으로 이 책을 쓸 수 있도록 도와주신 출판사 대표님과 힘을 주는 가족에게 항상 감사하다는 말을 전합니다.

베타 리더의 평가

기존 파이썬 서적들과 달리 파이썬 설치단계부터 파이썬의 깊숙한 내부 구조까지 소개해주는 책입니다. 데이터 과학 깊숙이 자리 잡은 수학적 원리부터 다양한 데이터 소스를 활용한 실전 예제까지 소개하여 독자들이 파이썬을 통한 데이터 과학에 자연스럽게 입문할 수 있게 해줍니다.

– 정승호 SK C&C

최근에는 자주 데이터를 분석해야 하는 다양한 개발 프로젝트를 만나게 됩니다. 사업개발을 하는 관점에서는 고객의 데이터로 무엇을 어떻게 활용할 수 있는지 알게 되면 사업의 방향성을 잡을 수 있습니다. 그래서 데이터를 분석하는 기본적인 툴을 알아야 한다는 생각을 하게 됩니다. 그런 면에서 이 책은 개발자뿐만 아니라 소프트웨어 초보자도 따라 하면서 배우기 쉽습니다.
이번 베타 리딩을 통해 다양한 예제의 파이썬 코드를 실행하면서 나오는 결과를 통해 데이터의 속성에 대한 이해와 응용을 할 수 있는 계기가 된 것은 큰 소득이었습니다.

– 김철회 KT

파이썬과 수학을 좋아하는 분들에게 추천하는 책입니다. 파이썬의 수학 라이브러리인 numpy를 비롯하여 데이터 통계 라이브러리인 pandas와 matplotlib 등에 관한 설명과 예제들이 가득한 책이며 금융 데이터 분석, 공공데이터 분석 등을 처리하는 예제들을 통한 데이터 분석 활용법을 알려주는 책입니다.

– **고요한** 에쓰오씨 소프트

데이터 사이언스에서 가장 중요한 것은 데이터 그 자체다. 하지만 데이터 처리 기술에만 집중하고 있다. IT 현장에서 데이터 수집 과정에서 수많은 오류를 포함하게 되는 경우를 자주 본다. 따라서 데이터 전처리(Data pre-processing)는 데이터 사이언스에서 매우 중요한 과정이다.

특히, 빅 데이터를 다루는 많은 사람들에게 있어 데이터 자체가 지니고 있는 오류를 발견하고 보정해주고, 추후에 모델이 수립될 경우 그 의미와 해석에 대해서 서로 연결 시켜나갈 수 있는 로우 데이터(Raw Data)를 들여다 볼 수 있는 실력은 정말 중요하다. 바로 이 책이 많은 도움이 될 거라 생각하여 추천한다.

– UPI뉴스 김들풀 IT · 과학 에디터

CHAPTER
1

개발환경 설치

데이터 처리를 위한 다양한 도구가 있지만, 여기에서는 여러 OS에 쉽게 설치하고 다룰 수 있는 아나콘다(Anaconda)를 설치합니다.
아나콘다는 기존에 설치된 파이썬 환경과 충돌하지 않고 내부적으로 추가적인 가상 환경을 구성합니다.

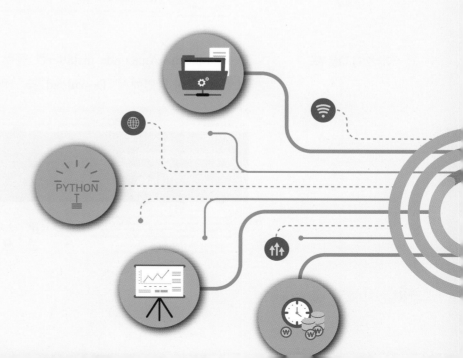

01 아나콘다 설치

아나콘다는 Linux, Mac, Windows에서 설치할 수 있습니다. 여기에서는 Windows를 기준으로 설치하는 방법을 설명합니다. 다른 OS에 설치할 경우는 아나콘다 내의 설치 방법을 확인해서 설치하면 됩니다.

아나콘다에서 Windows 설치 방법 확인

브라우저의 검색 창에 〈https://docs.anaconda.com/anaconda/install/windows/〉로 들어가 설치를 확인하고 인스톨러를 다운로드합니다.

아나콘다 다운로드

Download the Anaconda installer를 클릭하면 다음과 같은 화면이 보입니다. 이 화면에서 〈Download〉를 클릭합니다.

아나콘다 설치

다운로드했지만, 브라우저 창을 닫았을 경우 Windows의 다운로드 폴더로 이동해 Anaconda3-2018.12-Windows-x86_64 파일을 더블 클릭하여 설치를 시작합니다.

잠시 후에 설치 창이 뜨면 〈next〉 버튼을 누릅니다.

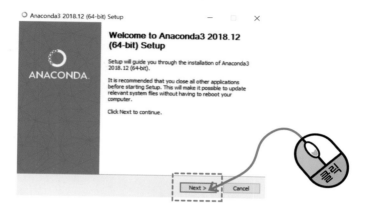

동의 누르기

설치 화면에서 〈next〉 버튼을 누르면 동의를 구하는 화면이 나옵니다. 〈I Agree〉 버튼을 눌러 설치를 진행합니다.

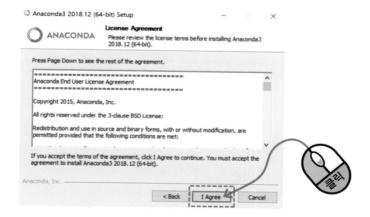

추천하는 버전 설치

설치할 내용을 확인하는 화면에서 〈Just Me〉로 되어있으면 〈Next〉 버튼을 눌러 설치를 계속합니다.

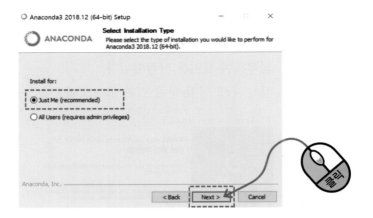

설치 폴더 확인

컴퓨터 구성에 따라 폴더의 위치가 다르지만, 기본 위치에 설치하기 위해 〈Next〉 버튼을 누릅니다.

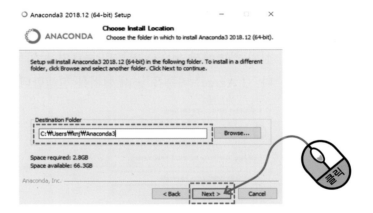

파이썬 버전 확인

파이썬 설치 버전을 확인하고 〈Install〉 버튼을 누릅니다. 현재 파이썬 버전은 3.7입니다.

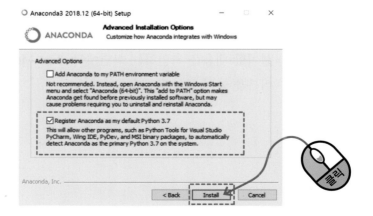

아나콘다 설치

아나콘다가 설치됩니다.

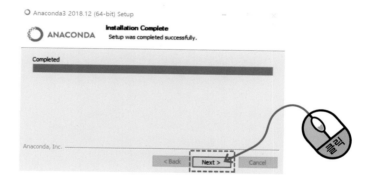

설치가 끝나면 〈Next〉 버튼을 누릅니다.

Vscode는 설치하지 않을 것이므로 〈skip〉을 누릅니다.

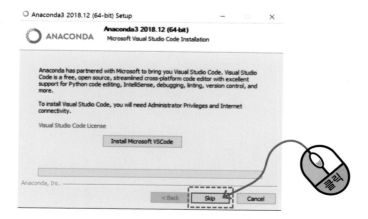

설치 종료

〈Finish〉 버튼을 눌러 설치를 마칩니다. 이제 아나콘다가 설치되었
습니다.

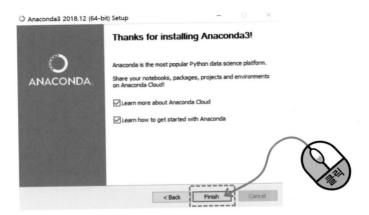

02 주피터 노트북 실행

아나콘다 설치되면 Windows 시작 화면에 Anacoda3 폴더가 생긴 것을 볼 수 있습니다. 아나콘다는 개발 도구로 Spyder와 Jupyter Notebook을 제공하는데, 이 책에서는 주피터 노트북을 기준으로 실습합니다.

아나콘다 내비게이터 실행　Windows 실행 창에 Anconda3 폴더가 있고 그 안에 Anaconda Navigator와 Jupyter Notebook이 있습니다. 직접 Jupyter Notebook 을 실행해서 들어갈 수 있지만, Anaconda Navigator를 클릭해서 개발환경으로 들어가 보겠습니다.

아나콘다 내비게이터 화면에서 Jupyter Notebook의 〈Launch〉를 눌러 개발 툴을 구동합니다.

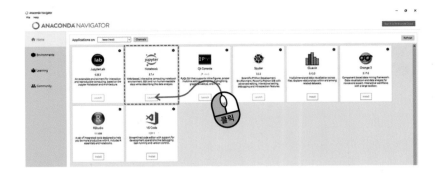

브라우저에 주피터 노트북 개발환경 구동

브라우저 화면에 주피터 노트북이 실행되면 주피터 노트북의 기본 화면인 〈Home〉이 나옵니다. 여기서는 코딩을 구현할 수 없습니다. 구현하려면 주피터 노트북 파일을 만드는 화면을 구동해야 합니다.

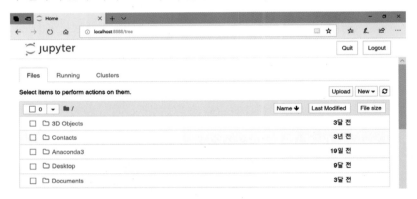

주피터 노트북으로 개발이 가능한 파일을 만들어봤습니다. 이제 파이썬 코드를 입력하고 실행해 보면서 간단한 주피터 노트북 명령어를 배워봅시다. 개발 창을 만들려면 주피터 노트북 〈Home〉에서 〈New〉 버튼을 누르고 'Python3'를 선택합니다.

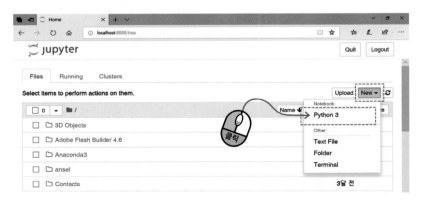

이름이 없는 새로운 창이 만들어집니다.

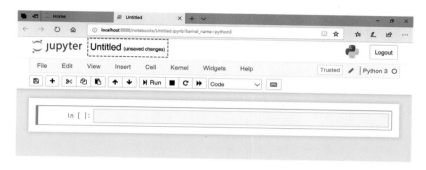

맨 윗줄의 〈Untitled〉를 누르면 이름을 변경할 수 있는 창이 나옵니다. 원하는 파일 이름을 쓰고 〈Rename〉 버튼을 누릅니다.

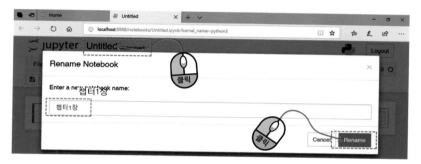

파일 이름이 바뀐 것을 확인할 수 있습니다.

🐍03 주피터 노트북 사용하기

앞에서 주피터 노트북으로 코딩을 할 수 있게 만들었습니다. 주피터 노트북 파일이 여러 개 생기면 별도의 디렉토리에 관리해야 합니다. 먼저 디렉토리를 지정한 후에 책의 내용을 따라 연습하세요.

탐색기로
새로운 폴더 만들기

Windows 탐색기로 파이썬 파일을 저장할 폴더를 〈내PC/문서/Python_study〉로 만듭니다.

새로 만든 창으로 이동

주피터 노트북이 실행되면 첫 화면에 모든 폴더가 보입니다. 이제 Documents 폴더를 눌러 이동합니다.

Documents 폴더에 들어가면 python_study 폴더가 있습니다.

이제 python_study 폴더를 클릭해서 들어가면 폴더에 아무것도 없는 것을 확인할 수 있습니다.

새로운 파일을 만들기 위해 〈New〉 버튼을 클릭하면 여러 커널이 보입니다. 이 중에 'python3'를 클릭합니다.

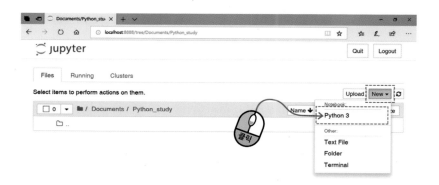

파이썬 실행

주피터 노트북의 〈In〉으로 표시된 셀에 100을 입력하고 위쪽의 〈Run〉 버튼을 클릭합니다.

실행 결과는 〈Out〉에서 볼 수 있습니다. 처음 실행되었으므로 셀의 대괄호에 숫자가 1로 되어있는 것을 볼 수 있습니다. 실행할 때마다 대괄호의 숫자는 커집니다.

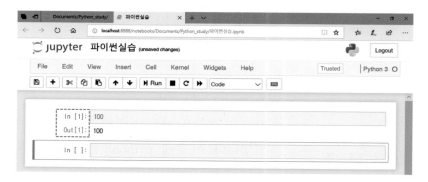

이번에는 모듈 sys를 import하고 실행해 봅니다. 단축키인 shift 를 누르고 enter를 눌러도 실행할 수 있습니다. 실행 결과를 출력하고 빈 셀도 추가된 것을 볼 수 있습니다.

파이썬 버전을 확인하기 위해 모듈이 import된 다음의 빈 셀에 sys.v를 입력하고 단축키 TAB을 누르면 이 모듈에서 v로 시작하는 이름 두 개를 보여줍니다. 그중에 version을 누릅니다.

이제 sys.version 변수를 실행하기 위해 단축키 shift를 누른 후에 enter를 눌러 실행합니다. 〈Out〉 셀에 파이썬 버전이 3.7이라고 출력하는 것을 볼 수 있습니다.

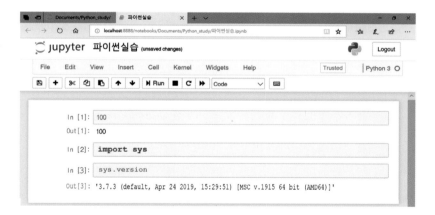

빈 셀 추가와 삭제　　빈 셀을 추가하려면 위에 있는 〈＋〉 아이콘을 두 번 누릅니다. 입력할 수 있는 셀은 파란색으로 표시됩니다.

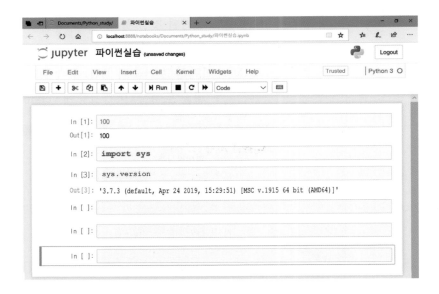

셀을 삭제하려면 가위 모양의 버튼을 누르면 됩니다. 두 번 누르면 앞에서 만든 두 개의 셀이 삭제됩니다.

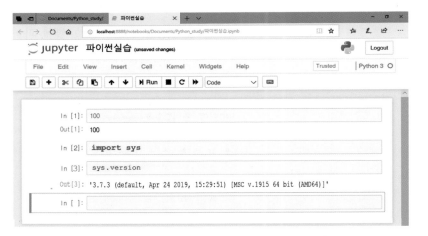

Markdown 입력

주피터 노트북의 장점은 설명하는 글을 브라우저에서 볼 수 있는 텍스트를 만드는 마크다운(markdown)입니다. 보통 웹 브라우저에서 HTML로 작성하는 방식과 동일하게 텍스트를 편집할 수 있는 기능입니다.

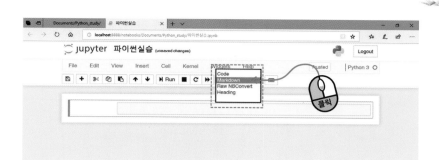

빈 셀에 〈#〉을 쓰고 한 칸 떼어서 글을 씁니다. 〈#〉의 개수에 따라 입력하는 글자의 크기가 작아집니다.

특정 범위로 글자를 들여 쓰려면 부등호를 쓰고 한 칸 떼어서 글을 입력합니다. 이제 Shift+Enter를 눌러 실행합니다.

실행 결과를 브라우저에서 볼 수 있습니다.

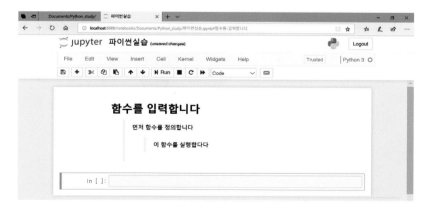

파이썬 3.7 버전에 추가된 숫자 입력 방법을 셀 창에 넣어 출력하고 `print` 함수로 출력해 봅시다. 셀 창에 입력해서 출력한 결과와

print문으로 출력한 결과가 같은 것을 알 수 있습니다.

```
In [1]: 1_000_000_100
Out[1]: 1000000100

In [2]: print(1_000_000_100)
        1000000100
```

함수 정의와 실행

빈 셀에 함수를 정의합니다. 함수 정의는 예약어 def와 한 칸 띄워 함수 이름과 괄호를 쓰고 그 안에 매개변수를 두 개 적습니다. 함수에 내부 로직을 넣기 위해 콜론을 쓰고 Enter 키를 치면 다음 줄이 4칸을 띄우고 생깁니다. 함수의 반환은 return문으로 작성합니다. 작성 방식은 return 다음에 두 매개변수를 덧셈 연산자로 처리합니다. 작성이 끝나면 단축키 shift+enter를 눌러 함수를 로딩합니다.

그다음 셀에 함수 이름과 괄호에 인자를 두 개 넣고 단축키 shift+enter를 눌러 실행하면 〈Out〉에 값이 출력됩니다.

```
In [1]: def add(x,y) :
            return x + y

In [2]: add(100,100)
Out[2]: 200
```

실행 중인 파일을 종료하려면 jupyter 아이콘을 클릭합니다.

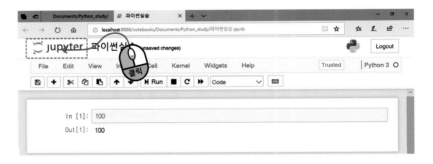

〈Files〉 옆에 있는 〈Running〉을 클릭합니다. 그러면 현재 실행 중인 파일이 보입니다. 〈Shutdown〉 버튼을 클릭하면 실행 중인 파일이 종료됩니다.

주피터 노트북을 종료하려면 브라우저를 종료한 후에 아나콘다 내
비게이터를 종료하면 모든 개발환경이 종료됩니다.

04 파이썬 모듈

데이터 분석에 파이썬을 사용할 때 파이썬 언어는 접착언어(glue language)로 사용합니다. 데이터 분석에 사용되는 가장 기본적인모듈 numpy도 내부는 C언어로 작성되어있습니다. 이 C언어로 작성된 것을 파이썬으로 감싸서 인터페이스를 제공합니다.

머신러닝과 딥러닝을 지원하는 많은 프레임워크는 C++ 언어로 구현되어 CPU와 GPU를 지원하면서 파이썬 언어의 인터페이스를 제공합니다. 머신러닝과 딥러닝 스택 중에 이 책에서 다루는 주요한 모듈은 Numpy, Pandas, Matplotlib과 약간의 scikit-learn입니다.

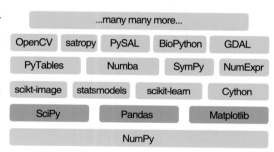

예제 사용하는 모듈 import

다음은 이 책에 사용하는 모듈입니다. 이 모듈을 import 해서 처리할 때 예외가 발생하면 추가로 설치해야 합니다. 주피터 노트북 셀에서 ⟨!pip install 모듈명⟩을 입력하고 실행하면 hell에서 pip install 모듈명으로 실행되는 것과 동일하게 설치됩니다.

파이썬

파이썬 버전은 sys 모듈을 import하고 내부의 변수 version_info로 확인합니다.

```
import sys                  # 파이썬 시스템 모듈 사용
```

```
sys.version_info           # 파이썬 버전 확인
```
sys.version_info(major=3, minor=7, micro=3, releaselevel='final', serial=0)

넘파이와 판다스

넘파이와 판다스 모듈의 버전은 내부의 스페셜속성인 __version__ 으로 확인할 수 있습니다. 예약어 as 다음에 간단한 이름을 별칭(alias)으로 써서 사용합니다.

```
import numpy as np          # 선형대수를 처리하는 넘파이 모듈 사용(별칭으로 np를 사용)
```

```
np.__version__             # 모듈의 버전 확인
```
'1.17.0'

```
import pandas as pd         # 판다스 모듈 사용하여 데이터프레임 처리
```

```
pd.__version__             # 모듈의 버전 확인
```
'0.24.2'

시각화 모듈

시각화 모듈도 같은 방법으로 버전을 확인합니다. 이 책에서 사용하는 3개의 시각화 모듈도버전은 __version__ 으로 확인합니다.

```
import matplotlib as mpl    # 기본 시각화 모듈 사용(별칭으로 mpl 사용)
```

```
mpl.__version__            # 모듈의 버전 확인
```
'3.1.0'

```
import seaborn as sns       # 데이터 프레임을 바로 시각화할 수 있는 모듈 사용
                            # (별칭으로 sns 사용)
```

```
sns.__version__            # 모듈의 버전 확인
```
'0.9.0'

```
import pyecharts as pyc     # 동적인 시각화 모듈 사용(별칭으로 pyc 사용)
```

```
pyc.__version__            # 모듈의 버전 확인
```
'1.5.0'

머신러닝

전처리와 머신러닝을 처리하는 scikit learn 모듈을 사용해서 전처리를 사용합니다. 이 모듈의 버전도 __version__ 으로 확인합니다.

```
import sklearn as sk        # 머신러닝을 지원하는 모듈 사용(별칭으로 sk 사용)
```

```
sk.__version__             # 모듈의 버전 확인
```
'0.21.2'

CHAPTER
2

파이썬 기본

파이썬 프로그램 내에서 재사용하는 첫 번째 방식은 변수(variable)를 사용하는 것입니다. 변수를 만들면 이름공간(name space)에 변수 이름을 키로 할당된 객체를 값으로 저장합니다. 변수를 참조하면 이름공간에 저장된 이름을 조회하고, 저장한 값을 반환합니다. 파이썬 내부에서 만들어진 모든 것은 객체이므로 변수에 할당해서 사용합니다.

두 번째 재사용하는 방식은 기능을 구조화해서 사용하는 함수(function)입니다.

세 번째 재사용하는 방식은 변수인 속성과 함수인 메소드를 정의하는 클래스(class)입니다.

이 세 가지 사용법을 알아봅니다.

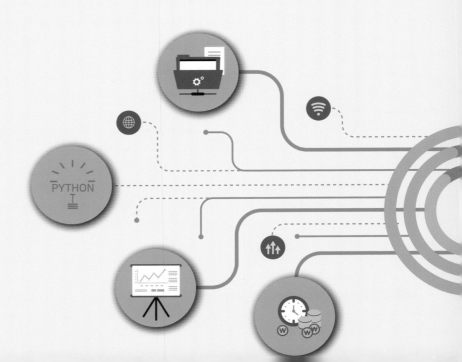

01 파이썬 변수와 기본 문장

변수는 파이썬에 정의된 객체 즉 값을 참조하는 용도로 사용합니다.
특정 조건에 해당하는 문장만 선택해 처리하는 제어문도 살펴봅니다.
또한, 반복적으로 처리하는 순환문도 알아봅니다.

예제 1 파이썬 변수와 기본 문장

변수 정의와 변수가 정의된 후의 이름공간 관리 기준을 알아봅니다.

변수 정의

파이썬에서 변수 정의는 변수 이름을 작성하고 값을 바로 할당합니다.

```
var = 100                          # 변수 var에 정수 100 할당
```

이름공간 확인

파이썬은 모듈 단위로 하나의 이름공간을 관리합니다. 이 모듈의 이름공간은 전역 이름공간입니다. 이 전역 이름공간의 정보를 조회하는 **globals** 함수가 있습니다.

globals 함수를 실행하면 전역 이름공간을 딕셔너리(dict)로 반환합니다. 딕셔너리(dict)의 원소를 조회할 때는 색인 연산을 사용합니다. 변수 이름이 **var**이므로 문자열 var를 넣어서 조회하면 저장한 100을 출력합니다.

```
globals()['var']                   # 전역 이름공간을 확인하고 변수 var를 문자열로 조회
100
```

다른 변수 추가

변수에 문자열도 할당할 수 있습니다. 문자열이 할당된 변수를 **globals** 함수를 이용해 전역 이름공간에서 조회합니다.

```
s = "문자열"                                    # 변수 s에 문자열 할당
```

```
globals()['s']                                 # 전역이름공간에서 변수 s 조회
```
'문자열'

타입 힌트

변수에 특정 자료형을 표시할 수 있는 타입 힌트(type hint)를 사용합니다. 이것은 정의할 변수에 어떤 자료형의 값이 들어가는지 주석으로 표기하는 것입니다.

타입 힌트가 붙은 변수를 조회하면 실제 변수를 검색할 수 없어 예외가 발생합니다. 예외 메시지를 살펴보면 정의되지 않은 변수라는 것을 알려줍니다.

```
x : int        # 변수에 타입힌트 부여(변수 할당이 없어 전역 이름공간에 변수가 저장되지 않는다.)
```

```
x              # 변수를 조회하면 전역 이름공간에 할당되지 않아 예외 발생
```
```
----------------------------------------------------------------
-----
NameError                   Traceback (most recent call last)
<ipython-input-6-6fcf9dfbd479> in <module>
----> 1 x

NameError: name 'x' is not defined
```

파이썬에서 변수로 사용하려면 반드시 변수에 값을 할당해야합니다.

```
x = 100                                         # 변수를 할당하면 변수 생성
```

참과 거짓으로 나뉜 문장을 논리값을 판단해서 수행하도록 분리한 제어문을 알아봅니다. 그리고 원소를 반복하거나 특정 조건을 판단해서 반복해서 주어진 문장을 연속적으로 처리하는 순환문을 알아봅니다.

제어문 처리

제어문은 if문에 특정 조건을 작성해서 참과 거짓인지 판단합니다. 참인 경우는 if문에 있는 문장을 처리하고, 거짓이면 else문에 있는 문장을 처리합니다.

```
if 10 > 5 :                        # 단순제어문을 정의할 때, else문 없이 if문만 정의
    print(" 참입니다")              # 제어문이 항상 참인 경우만 처리 가능
참입니다
```

```
if 10 < 5 :
    print(" 참입니다")
else :                             # 제어문의 조건이 거짓일 경우, else문 처리
    print(" 거짓입니다 ")
거짓입니다
```

제어문을 한 행에 작성할 수도 있습니다. 이때는 참으로 판단하는 것을 먼저 작성하고 거짓인 경우는 **else** 다음에 작성합니다.

```
print(" 참입니다 ") if 10 <5 else print(" 거짓입니다 ")
```
거짓입니다   ＊제어문은 인라인으로 작성 가능(이때는 블록 문장을 표시하는 콜론을 사용하지 않음)

순환문 처리

같은 계산을 반복할 때는 순환문을 작성합니다. 여러 개의 원소를 가진 객체의 내부 원소를 하나씩 계산에 사용할 때는 **for**문을 사용합니다.

```
result = 0                         # 계산 결과를 처리하는 변수 정의
```

```
for i in range(1,5) :              # 1부터 4까지의 합을 순환문으로 계산
    result += i
```

```
result                             # 계산 결과 확인
10
```

위의 **for**문을 특정 조건에 만족하는 순환문인 **while**문으로 고치면 **range** 객체가 5가 아닌 4까지만 처리되므로 5보다 작을 때까지

반복합니다.

```
result = 0                              # 계산 결과를 저장하는 변수 정의
```

```
i = 1                                   # 순환조건을 처리하는 변수 정의
```

```
while  i < 5 :                          # 순환 조건에 따라 처리
    result += i
    i += 1
```

```
result                                  # 처리 결과 확인
```

10

02 파이썬 함수

■ 함수의 구조

파이썬에서 함수라는 용어를 들으면 수학에서의 함수가 떠오를 것입니다. 이는 지극히 자연스러운 일로 함수라는 용어의 유래는 수학의 함수가 맞습니다.

그러나 프로그래밍에서는 그 구조만 모방했을 뿐 내부의 처리방식은 수학에서의 함수와는 다릅니다. 수학의 함수는 입력 데이터인 정의역과 출력 데이터인 치역에 대한 대응, 즉 매핑 관계를 표시합니다.

하지만 프로그래밍에서의 함수는 블랙박스처럼 입력 데이터를 받아서 내부의 특정 기능을 처리한 후에 결과를 반환합니다.

함수를 사용하려면 먼저 함수를 정의해야 합니다. 함수를 실행하려면 함수를 호출해서 반환 값을 받습니다. 오른쪽 그림은 파이썬에서 함수를 정의하는 구조를 이미지로 나타낸 것입니다. 함수 정의는 먼저 머리부인 예약어 def, 함수 이름과 매개변수, 콜론까지 작성합니다. 그다음에 내부의 처리 기능인 몸체부를 작성합니다. 몸체부는 4칸 들여쓰기를 해야 합니다. 마지막으로 반환값을 처리하는 return 문을 작성하면 함수 정의문이 완성됩니다.

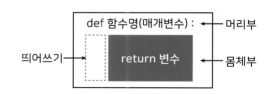

1 파이썬 함수

함수 정의문이 앞의 그림처럼 구성되는지 그리고 정의된 함수를 호출해서 실행하면 작성한 함수가 처리되는지 알아 봅니다.

함수 정의

함수를 정의하려면 예약어 def를 먼저 써야 합니다. 이번 예제에서는 def 다음에 함수 이름으로 func를 씁니다. 그다음에 입력 데이터인 매개변수 x를 괄호 안에 써서 함수 정의문의 머리부를 완성합니다.

몸체부는 머리부와 콜론으로 분리해 작성합니다. 몸체부는 다음 줄에 4칸을 띄운 후에 문장을 작성합니다. 이 함수는 몸체부에 return문만 작성했습니다. 하나의 매개변수를 받고 그대로 반환하므로 내부적으로 아무런 로직이 반영되지 않습니다. 수학에서는 입력값을 그대로 출력값으로 반환하는 함수를 수학에서는 항등함수라 부릅니다.

```
def func(x) :          # 예약어 def에 함수 이름 func를 작성한 후 괄호에 매개변수 지정
    return x           # 매개변수를 그대로 반환
```

함수 호출

함수 정의문이 완성되었으니 이제 함수를 사용할 수 있습니다. 함수를 호출할 때는 함수의 이름을 사용합니다. 그 표기법은 다음과 같습니다. 함수 이름을 쓰고 괄호 즉 호출연산자에 인자(arguments)로 100을 전달합니다. 그리고 결과를 실행하면 전달된 인자 100을 그대로 출력합니다.

```
func(100)              # 위에 정의된 함수 이름과 괄호에 인자를 넣어 함수 실행
100    ← 함수를 실행한 결과 반환
```

함수의 실행 결과를 다른 변수에 할당할 수도 있습니다. 아래 예제에서는 함수를 다시 호출해 변수 x에 할당했습니다. 변수를 확인해 보면 함수가 반환한 값이 변수 x에 저장된 것을 알 수 있습니다.

```
x = func(100)              # 함수 실행 결과를 변수에 저장
```

```
x                          # 저장된 변수 참조
```
100

모듈(Module)에 함수 정의문을 작성하는 것은 함수 이름을 변수로 사용하여 함수 객체를 할당하는 것입니다. 모듈에 변수를 관리하는 이름공간인 전역 이름공간(global namespace)이 있습니다. 이 이름공간에 함수를 변수로 저장해서 관리합니다.

다음 그림은 함수 정의문이 로딩될 때 모듈의 전역 이름공간인 딕셔너리(dict)에 함수 이름을 키(key)로, 함수 객체를 값으로 저장한 것을 보여줍니다.

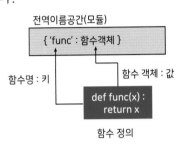

전역 이름공간에서 변수와 함수 확인하기

모듈 내의 전역 이름공간을 조회할 수 있습니다. 내장함수 `globals`를 실행하면 딕셔너리(dict)로 만들어진 전역 이름공간을 가져옵니다. 딕셔너리로 내부 원소를 검색할 때는 변수 이름과 같은 문자열로 작성해야 합니다. 위에서 정의한 변수 x를 전역 이름공간에서 조회하려면 문자열 x를 색인 연산에 전달해야 합니다. 조회된 값은 100입니다.

```
globals()['x']             # 변수를 전역이름공간에서 확인
```
100

함수를 정의하면 함수 이름으로 전역 이름공간에 저장됩니다. 함수 이름을 문자열 func으로 작성해서 색인 연산에 전달합니다. 위에서 만들어진 함수 객체를 가져옵니다.

```
globals()['func']          # 함수도 전역이름공간에서 확인 가능
```
<function __main__.func(x)>

이름공간에 저장된 함수와 실제 함수 이름인 변수에 저장된 객체가 같은지 예약어 `is`로 확인할 수 있습니다. 예약어 `is`는 객체를 비교

할 때 사용합니다. 두 객체의 유일한 정보인 레퍼런스(reference)를
비교해서 같으면 True 값을 반환합니다.

```
globals()['func'] is func # 정의문이 실행되면 전역이름공간에 함수 이름과 객체 저장
True ← 전역이름공간에서 조회한 결과와 함수 이름으로 조회한 객체가 같은 것을 알 수 있다.
```

매개변수와 인자 구분

함수 정의문에 입력 데이터인 매개변수(Parameter)가 어떻게 처리되
는지 알아봅니다. 매개변수는 함수 이름 다음의 괄호 안에 지정합
니다. 함수를 호출할 때는 매개변수와 같은 값을 인자(Arguments)로
전달해야 합니다. 이렇게 처리하는 이유는 매개변수와 인자가 함수
를 호출할 때 지역변수로 만들어지기 때문입니다.

함수가 정의되어 로딩되면 다음 그림처럼 함수의 지역 이름공간
(local namespace)과 초깃값을 관리하는 두 개의 영역이 만들어집니
다. 아직은 함수가 호출되지 않아 지역 이름공간에 매개변수가 할
당되지 않습니다.

함수를 호출할 때 100을 넣었습니다. 매개변수의 이름을 문자열로
만들어서 딕셔너리에 키로 들어가고 100은 값으로 저장됩니다. 초
깃값은 함수가 정의될 때 들어가 있어 함수를 호출할 때도 변경되
지 않습니다.

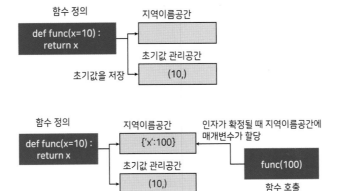

초깃값을 가진 함수 정의

함수를 정의할 때 매개변수에 값을 할당할 수 있습니다. 매개변수
에 할당된 값은 이 함수의 생명주기 내내 초기값으로 유지합니다.
이번 함수를 정의할 때는 두 매개변수에 초기값 10을 할당합니다.

함수 내부의 로직은 두 매개변수를 더한 값을 반환합니다.

```
def func_p(x=10, y=10) :        # 함수를 정의할 때 두 매개변수에 초깃값을 넣는다.
    return x+y
```

인자 없이 함수 호출

초깃값이 할당된 함수를 인자없이 실행하면 함수의 지역 이름공간에 매개변수의 초깃값을 할당합니다. 함수의 실행 결과를 확인하면 초깃값을 더한 결과입니다.

```
func_p()                        # 함수를 호출할 때 인자를 전달하지 않으면 초깃값을 그대로 처리
20
```

함수 호출 때 인자 넣기

위의 예제처럼 함수에 두 개의 매개변수가 있고, 각각 초깃값이 있을 때는 인자를 하나 넣든 두 개 넣든 상관없습니다. 이는 전달된 인자 값이 지역 이름 공간에 들어가기 때문입니다. 따라서 인자를 하나를 전달한 경우는 인자와 초깃값을 더한 결과를 반환하고, 인자를 두 개 전달한 경우는 두 인자를 더한 값을 반환합니다.

```
func_p(100)  # 인자를 하나 전달하면 첫 번째 매개변수에 할당되고 두 번째 매개변수는 초깃값 처리
110
```

```
func_p(200,300)                 # 인자를 둘 전달하면 초기값을 사용하지 않음
500
```

예제 2 매개변수와 인자의 매핑 관계

■ 함수의 매개변수와 인자의 관계

함수의 매개변수와 인자의 개수가 다를 때는 어떻게 매개변수를 처리할까요? 이런 경우 다양한 인자를 받을 수 있게 매개변수 이름 앞에 별표를 사용합니다. 별표는 하나의 매개변수에 여러 개의 인자를 매핑해서 사용할 것이라는 표시입니다.

오른쪽 그림의 첫 번째 함수 정의를 보면 매개변수 args 앞에 별표를 하나 붙였습니다. 가변 위치 인자를 전달하면 이 매개변수에 여러 인자를 튜플(tuple)로 묶어서 매개변수 args의 값

으로 할당한다는 겁니다.

두 번째 그림의 함수 정의를 보면 별표를 두 개 매개변수 kwargs 앞에 붙였습니다. 함수를 호출할 때 이름과 값의 쌍으로 인자를 전달하면 딕셔너리(dict)에 키(key)와 값 (value)으로 저장한다는 의미입니다. 매 개변수 kwargs에 딕셔너리 객체가 값으 로 저장되는 것입니다.

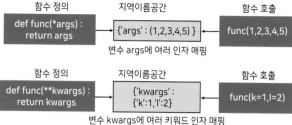

가변 인자 처리

가변 인자를 할당하기 전에 변수에 가변 값을 할당해서 처리하는 것을 알아봅니다. 두 개의 변수에 4개의 원소를 가진 튜플을 할당하 면 1대1 매핑 원칙에 부합되지 않습니다. 그래서 변수 a 앞에 별표 를 붙여서 가변의 원소 개수를 할당할 수 있게 합니다. 변수 b에는 하나의 원소만 저장하고 나머지는 변수 a에 리스트로 저장합니다.

`*a,b = (1,2,3,4)`	# 4개의 원소를 가진 튜플을 2개의 변수에 할당하려면 2개의 변수 중 하나는 가변 변수라고 표시해야 한다.
`a`	# 가변 변수에는 3개의 원소를 가진 리스트가 저장
`[1, 2, 3]`	
`b`	# 고정변수는 하나의 값만 들어간다.
`4`	

이제 함수를 정의합니다. 매개변수 이름 앞에 여러 원소를 받을 수 있게 별표를 붙입니다. 함수의 내부 로직은 먼저 매개변수를 출력 하고 이 내장함수 sum으로 모든 매개변수의 원소를 더한 값을 반환 합니다.

함수를 호출할 때 5개의 인자를 전달합니다. `print` 함수로 매개변 수를 출력한 결과는 튜플입니다. 내장함수 sum의 결과는 15입니다. 내장함수 sum은 튜플이나 리스트가 전달되면 내부 원소를 하나씩 더한 후에 결과를 반환하는 것을 알 수 있습니다.

```
def var_arg(*args) :    # 가변 위치인자만 가지도록 가변 위치 매개변수에 별표를 붙인다.
    print(args)         # 매개변수 출력
    return sum(args)    # 내장함수 sum은 튜플이나 리스트를 받아서 내부 원소를 합산
```

```
var_arg(1,2,3,4,5)          # 5개의 인자를 전달해 함수 실행
(1, 2, 3, 4, 5)             ← 매개변수에 5개의 원소를 가진 튜플로 처리
                            ← 5개의 원소를 합산한 결과 반환
15
```

가변 키워드 인자 처리

이번에는 함수를 정의할 때 매개변수 앞에 별표를 두 개 붙여서 가변 키워드 인자를 받습니다. 이 함수의 로직은 `print` 함수를 사용해서 kwargs를 출력합니다. 이 매개변수에 들어온 값을 내장함수 `sum` 함수에 전달할 때는 리스트 내에 kwargs.value( )를 실행해서 원소로 배열합니다. `sum` 함수는 리스트내의 원소를 전부 합산합니다.

함수를 호출할 때 두 개의 키워드 인자를 전달했습니다. 매개변수를 출력한 결과를 보면 딕셔너리 내에 키워드 인자가 키와 값으로 저장된 것을 볼 수 있습니다.

```
def var_kwargs(**kwargs) :# 키와 값으로 매핑되는 인자를 가진 가변 키워드 매개변수 정의
    print(kwargs)
    return sum([*kwargs.values()])     # 내장함수 sum을 사용해서 딕셔너리의 값만
                                         가져와서 합산
```

```
var_kwargs(a=1,b=2)                    # 2개의 키워드 인자 전달
{'a': 1, 'b': 2}               ← 키워드 인자는 매개변수에 딕셔너리로 저장
3
```

**두 가변 인자를
연결해서 사용**

두 개의 매개변수에 가변 위치 인자와 가변 키워드 인자를 혼합해서 쓸 때도 순서가 있습니다. 가변 위치 인자가 먼저 쓰고 그다음에 가변 키워드 인자를 써야 합니다.

가변 위치 인자는 튜플로 매개변수에 할당되고 가변 키워드 인자는 딕셔너리로 매개변수에 할당됩니다. 이를 내장함수 **sum**에 전달하려면 리스트로 변환해 인자로 전달합니다.

튜플은 **list** 클래스의 생성자를 사용해 리스트로 변경합니다. 그리고 딕셔너리는 리스트를 표시하는 대괄호 내에 값만 조회하는 **values** 메소드를 실행한 후에 그 내부의 값을 하나씩 리스트의 원소로 만들도록 별표를 붙입니다. 이 두 리스트를 덧셈 연산자를 사용해서 하나의 리스트로 만듭니다. 이 리스트를 **sum** 함수의 인자로

전달한 후에 결과를 반환합니다.

함수를 호출할 때 5개의 위치 인자와 2개의 키워드 인자를 전달했습니다. 매개변수를 출력한 것을 보면 5개의 원소를 가진 튜플과 2개의 키와 값을 가진 딕셔너리가 출력됩니다. 7개의 원소를 합산한 결과를 표시합니다.

```python
def var_args(*args, **kwargs) :     # 가변 위치인자와 가변 키워드인자 순으로
                                    #   매개변수 정의
    print(args)
    print(kwargs)
    args = list(args) + [*kwargs.values()]
    return sum(args)                # 튜플을 리스트로 변환한 후, 딕셔너리의 값을 리스트로 변환해서
                                    #   두 리스트를 덧셈 연산한다.
```

```python
var_args(1,2,3,4,5,a=1,b=2)        # 5개의 위치인자와 2개의 키워드인자 전달
```

```
(1, 2, 3, 4, 5)
{'a': 1, 'b': 2}
```

18   ← 두 인자의 값을 합산한 결과 반환

03 파이썬 클래스와 객체

지금까지 파이썬에서 기능을 구조화하는 함수를 알아보았습니다.
이번에는 객체를 만들고 메소드로 기능을 처리하는 클래스(class)를 구성하는 방식을 알아봅니다.
클래스는 함수보다 더 크게 구조할 수 있는 특징이 있습니다. 클래스를 정의하고 이 클래스로 객체를 만들어 처리하는 방법을 알아봅니다.

 파이썬 클래스와 객체

■ 클래스와 객체

클래스 만든다는 것은 클래스 정의문을 작성하는 것입니다. 오른쪽 그림처럼 예약어 `class`를 쓰고 클래스 이름과 상속할 클래스 이름을 작성합니다. 클래스의 내부 로직은 콜론을 쓴 후에 작성합니다.

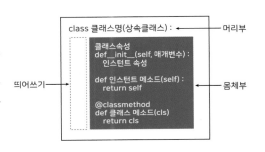

정의문에 작성하는 부분을 머리부라 말합니다. 클래스 내부의 로직인 클래스 속성과 메소드는 4칸을 들여 써서 작성합니다. 이 부분을 클래스의 몸체부라고 합니다.

클래스 몸체부에 정의한 속성이나 메소드는 클래스 이름공간에 할당됩니다. 변수와 함수를 모듈의 전역 이름공간에 할당하듯이 이름을 키로, 객체를 값으로 저장합니다.

클래스 정의문 작성

클래스의 이름은 `Klass`이고 상속하는 클래스는 `object`입니다. 클래스 내의 객체에서 사용할 메소드는 `__init__`과 `getName`입니다. 메소드를 정의할 때는 항상 self 매개변수를 사용합니다. self는 객체가 메소드를 호출할 때 자동으로 객체의 레퍼런스가 할당되는 역할을 합니다. 이제 클래스 내부에 정의된 메소드를 확인해봅시다.

다른 파이썬 책에는 `__init__`을 생성자라고 하지만, 실제는 객체

가 생성될 때 객체 내부의 이름공간에 속성을 할당해 초기화하는
역할만 합니다.

getName은 __init__에서 만들어진 name 속성을 조회하는 기능
을 담당합니다.

```
class Klass(object) :        # 예약어 class, 클래스 이름 Klass, 상속 클래스 object를 작성

    def __init__(self,name) :  # 객체 생성 후 초기화 함수로 객체의 속성 추가
        self.name = name

    def getName(self) :          # 객체의 속성 조회
        return self.name
```

클래스가 정의되어 로딩되었습니다. 이 클래스에 인자를 전달해 객
체를 하나 생성합니다. 왜 하나의 인자를 전달할까요? __init__
초기화에 self를 뺀 name 매개변수에 할당된 문자열을 인자로 전달
하기 때문입니다.

객체를 하나 생성하여 변수 k에 할당됩니다. 이 객체를 재사용하려
면 변수에 할당해서 사용해야 합니다.

```
k = Klass("객체 생성")  # 클래스 이름에 호출연산을 사용해 객체를 생성하고 변수에 할당
```

객체 내부의 속성 이름으로 값을 직접 조회할 수도 있습니다. 또한,
객체가 메소드를 실행해서 속성에 저장된 값을 조회할 수 있습니
다. 즉 파이썬 객체의 이름공간은 항상 참조할 수 있어서 속성을 직
접 참조해서 사용할 수 있다는 겁니다. 그래서 조회하는 메소드를
따로 정의할 필요가 없습니다.

```
k.name                        # 객체의 속성에 직접 이름으로 접근 가능
```
'객체 생성'

```
k.getName()                   # 메소드를 사용해 객체의 속성 조회
```
'객체 생성'

객체와 인스턴스의 관계　　클래스는 객체를 만드는 도구입니다. 클래스로 객체를 생성하고 이
객체가 메소드를 사용해서 특정 기능을 처리할 수 있습니다.

아래 그림은 클래스로 여러 개의 객체를 생성할 수 있다는 것을 나타냅니다.

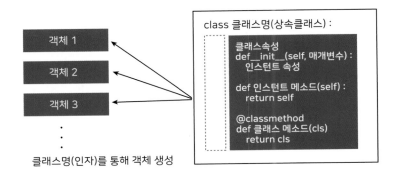

클래스명(인자)를 통해 객체 생성

클래스로 객체를 생성합니다. 객체가 만들어지면 항상 해당하는 클래스가 존재합니다. 클래스와 객체의 관계, 즉 생성 관계를 확인하는 내장함수 isinstance를 알아봅니다.

내장함수 isinstance에 첫 번째 인자로 객체를 넣고 두 번째 인자로는 클래스를 전달해 실행합니다. 생성 관계가 맞으면 논리값 True를 반환합니다.

```
isinstance(k, Klass)          # 클래스와 객체의 생성관계를 내장함수 isinstance로 확인
```

함수와 메소드 구분

앞에서 클래스에서 정의한 것을 메소드라고 했습니다. 클래스에서 정의하는 함수는 대개 객체가 생성된 이후에 객체를 사용해서 호출하기 때문입니다.

클래스의 이름공간인 __dict__ 속성을 확인하면 위의 클래스 정의문에서 작성한 메소드가 함수라는 것을 알 수 있습니다. def로 정의한 것은 클래스에서 관리할 때는 함수로 하기 때문입니다. 객체가 생성된 이후에 이 함수의 이름으로 호출하면 메소드로 변환해서 사용하기 때문에 구별 없이 메소드라고 부르는 겁니다.

```
Klass.__dict__                # 클래스의 이름공간 확인

mappingproxy({'__module__': '__main__',
              '__init__': <function __main__.Klass.__init__(self, name)>,
              'getName': <function __main__.Klass.getName(self)>,
              '__dict__': <attribute '__dict__' of 'Klass' objects>,
              '__weakref__': <attribute '__weakref__' of 'Klass' objects>,
              '__doc__': None})
```

그래서 클래스에서 정의한 `__init__`을 조회하면 function으로 출력하고 Klass 클래스 내부에 정의되었음을 알 수 있습니다. 클래스에서 `__init__`을 실행하면 함수이므로 매개변수 self와 name에 객체와 문자열로 인자를 넣고 실행해야 합니다. 객체의 name 속성을 조회하면 속성값이 변경된 것을 알 수 있습니다.

```
Klass.__init__                    # 클래스에서 초기화 함수를 이름으로 조회
<function __main__.Klass.__init__(self, name)>   ← 함수

Klass.__init__(k,"함수로 갱신")    # 클래스로 초기화 함수를 사용할 때는
                                   self 자리에 객체를 넣어서 처리

k.name                            # 함수를 초기화만 하면
'함수로 갱신'                       ← 객체 내의 속성값이 변경
```

왜 메소드라고 하는지 알아봅니다. 변수 k에 있는 객체로 `__init__`을 조회하면 bound method라고 출력합니다. 객체가 호출할 때는 함수가 아닌 메소드로 처리하는 것을 알 수 있습니다. 이 메소드를 실행하면 첫 번째 인자 self에는 객체가 자동으로 전달됩니다. 그래서 두 번째 인자에만 해당하는 값을 문자열로 전달합니다. 객체의 속성 name을 확인하면 변경된 것을 알 수 있습니다.

`__init__`은 객체를 생성할 때 자동으로 호출되어 실행됩니다. 하지만 클래스와 함수에서 다시 호출해서 실행할 수 있다는 것을 알 수 있습니다.

처음에는 객체에 속성을 추가하지만, 클래스나 객체에서 호출하면 기존의 속성값을 변경하는 것을 확인할 수 있습니다.

```
k.__init__                        # 객체에서 초기화 함수를 접근하면
<bound method Klass.__init__ of <__main__.Klass object at 0x0000000004E5DC5
0>>   ← 메소드

k.__init__("메소드로 갱신")         # 초기화 메소드에 변경되는 문자열을 넣고 실행

k.name
'메소드로 갱신'                     ← 객체 내부의 값 변경
```

04 파이썬 내장 숫자 클래스

파이썬은 다양한 내장 클래스를 제공합니다.
데이터 과학에는 주로 수치 연산을 사용합니다. 파이썬에서 제공하는 숫자 처리 클래스인 int,
float로 객체를 만든 후에 연산자를 사용해 계산하는 방법을 알아봅니다.

 예제 **정수와 실수**

정수(int)나 실수(float) 클래스로 객체를 만드는 두 가지 방식이 있습니다. 클래스 이름을 생성자로 사용하거나 직접 숫자를 표기해서 사용하는 방법입니다. 숫자를 직접 쓰는 방식을 리터럴 표기법이라고 합니다.

**리터럴 표기법으로
객체 생성**

먼저 리터럴 표기법으로 객체를 만들어 보겠습니다. 변수 x에 숫자 1을 할당하는 것은 파이썬 내부적으로는 정수 객체 1이 변수에 저장 되는 것입니다. 정수 1이 객체라는 것을 확인하기 위해서는 상속관계를 확인하는 `isinstance` 함수를 사용합니다. 이 함수에 첫 번째 인자는 1이고 두 번째 인자는 `int` 클래스를 넣고 실행하면 **True**를 출력해서 생성관계인 것을 확인할 수 있습니다.

```
x = 1           # 변수를 할당할 때  정수 1을 숫자로 표기하는 방식을 정수 리터럴 표기법이라고 한다.
```

```
isinstance(x, int)              # 변수에 저장된 값과 정수 클래스와의 생성관계 확인
True
```

이번에는 리터럴 표기법으로 변수 y에 실수 1.1을 할당합니다. 실수 클래스의 객체인지 `isinstance` 함수로 확인합니다.

```
y = 1.1                         # 실수 리터럴 표기법으로 변수에 실수를 할당
```

```
isinstance(y, float)            # 실수 클래스와 객체와의 생성관계 확인
True
```

숫자 생성자로 객체 만들기

리터럴 표기법으로 정수와 실수를 처리하는 방법을 알아봤습니다. 이번에는 `float`, `int` 클래스 생성자로 숫자 객체를 만들어 봅니다. 정수 1을 `float` 클래스 생성자의 인자로 전달해서 객체를 만들면 1.0이라는 객체가 만들어집니다. 이 객체를 `int` 클래스의 생성자에 인자로 전달해 객체를 만들면 정수 1이라는 것을 알 수 있습니다. 정수 1과 실수 1.1은 다른 클래스의 객체입니다. 숫자일 경우 생성자로 새로운 객체를 만들면 자료형이 변하는 것을 알 수 있습니다.

```python
a = float(1)                    # 실수 클래스 float을 호출해서 실수 객체 생성
```

```python
a
```
```
1.0
```

```python
b = int(a)                      # 정수 클래스 int를 호출해서 정수 객체 생성
```

```python
b
```
```
1
```

숫자로 된 문자열일 경우 정수는 소수점이 없는 숫자만 자료형을 변환합니다. 실수는 소수점이 있을 때 변환할 수 있습니다.

```python
float('1.1'), int('1')
```
```
(1.1, 1)
```

정수로 변환할 때 문자열에 실수 즉 소수점이 있으면 숫자인지 `isdigit` 메소드로 확인하면 False로 출력합니다. 소수점은 숫자가 아니라는 겁니다. 그래서 소수점이 있는 실수 문자열을 정수 생성자로 변환하면 예외가 발생합니다. 숫자가 아닌 문자가 들어있어서 변환할 수 없기 때문입니다.

```python
'1.1'.isdigit()                 # 문자열 내의 숫자만 구성했는지 isdigit 메소드로 확인
```
```
False
```

```python
try :
    int('1.1')
except Exception as e :         # 문자가 들어간 문자열은 정수로 변환되지 않는다.
    print(e)
```
```
invalid literal for int() with base 10: '1.1'
```

05 문자열

파이썬은 유니코드와 아스키코드 문자 세트 문자열을 지원합니다. 한 바이트 문자 단위로 처리하는 bytes와, 텍스트로 처리하는 유니코드 문자열 str입니다.

예제 문자열

파이썬 내 문자열 처리 방식인 유니코드와 바이트 코드를 알아보고 두 객체를 연계해 처리하는 방식을 알아봅니다.

**리터럴 표기법으로
문자열 객체 생성**

유니코드 문자열은 따옴표 내에 한글 등의 문자를 입력해 처리합니다. 하나의 바이트 단위로 만들어진 문자열에는 문자열 앞에 'b'를 붙입니다.

```
s = "문자열"      # 유니코드 문자열은 영문 이외의 한글 등 다양한 언어로 정의한다.
```

```
b = b"string"     # 바이트 문자열은 영어와 숫자로만 구성(문자열 기호인 따옴표 앞에 b를 붙인다.)
```

두 문자열의 클래스와 객체의 생성 관계를 `isinstance` 함수로 확인합니다. 두 클래스가 같지 않다는 것을 알 수 있습니다.

```
isinstance(s,str), isinstance(s,bytes) # 유니코드 문자열의 생성관계 확인
(True, False)  ← str 객체가 유니코드 문자열 지원
```

```
isinstance(b,bytes), isinstance(b,str)
(True, False)
```

문자열 내의 원소 검색

색인 연산으로 조회하면 문자열은 문자 단위로 원소를 검색하지만, 바이트 문자열은 바이트 단위로 원소를 조회합니다.

```
s[0], b[0]                    # 하나의 원소를 인덱스 정보로 조회

('문', 115)   ← 바이트 문자열은 결과를 숫자로 반환
```

바이트 문자열을 조회하면 숫자로 결과를 처리합니다. 이 바이트를 **chr** 함수에 인자로 전달하면 문자로 변환합니다.

```
chr(b[0])      # 숫자를 확인

's'               ← 문자 s라는 것을 알 수 있다.
```

역방향 검색을 해도 문자열과 바이트 문자열을 처리할 수 있습니다.

```
s[-1], b[-1]                    # 역방향 인덱스 -1을 넣고 조회

('열', 103)   ← 마지막 원소가 출력
```

```
chr(b[-1])                      # 맨 마지막 숫자를 문자로 변경

'g'
```

문자열 갱신

문자열은 변경할 수 없는 클래스입니다. 이 클래스로 생성한 객체는 내부 원소를 추가하거나 변경할 수 없습니다.

```
try :
    s[0] = 100
except Exception as e :   # 문자열은 변경할 수 없어서 색인연산으로 갱신할 수 없다.
    print(e)

'str' object does not support item assignment
```

```
try :
    b[0] = 100
except Exception as e :   # 바이트 문자열도 변경할 수 없어서 색인연산으로 갱신할 수 없다.
    print(e)

'bytes' object does not support item assignment
```

문자열 변환

유니코드 문자열을 암호화(encode)하면 바이트 문자열이 만들어집니다.

```
bs = s.encode()                          # 유니코드 문자열을 바이트 문자열로 암호화하기
```

```
isinstance(bs, bytes)                    # 암호화된 문자열의 생성관계 확인
```

True   ← 바이트 문자열

한글로 작성한 문자열을 암호화해서 한글 한 문자당 3개의 바이트를 사용해 바이트 문자열의 길이를 확인하면 9라고 나옵니다. 바이트 문자열을 출력하면 16진수로 된 문자열이 출력됩니다.

```
len(bs)                                  # 바이트 문자열의 길이는 바이트 단위로 계산
```

9

```
bs
```

b'\xeb\xac\xb8\xec\x9e\x90\xec\x97\xb4'   ← 16진수로 저장

**바이트 문자열을 다시
유니코드 문자열로 변환**

바이트 문자열을 유니코드 문자열로 복호화(decode)하면 다시 한글로 출력됩니다. 한글 문자는 3개이므로 세 글자만 출력됩니다.

```
bs.decode()                              # 다시 유니코드 문자열로 복호화
```

'문자열'   ← 한글이 출력

CHAPTER

3

배열 데이터

다양한 원소를 가진 자료구조는 배열(array)을 사용해서 처리합니다. 파이썬의 대표적인 배열은 리스트(list) 클래스입니다.

리스트는 다양한 원소를 가질 수 있고 리스트 내에 리스트를 내포시키는 방식으로 계층형 리스트를 만들 수 있습니다. 하지만 원소별로 연산하려면 순환문을 작성해 계산해야 하는 불편한 점이 있습니다.

파이썬에서는 다차원 배열을 만들어 원소별로 연산을 자동으로 할 수 있게 구성한 넘파이(numpy) 모듈을 지원합니다. 넘파이 모듈에는 여러 개의 다차원 배열을 만드는 클래스(ndarray) 등과 수학의 선형대수를 쉽게 계산할 수 있는 배열 기능을 지원합니다.

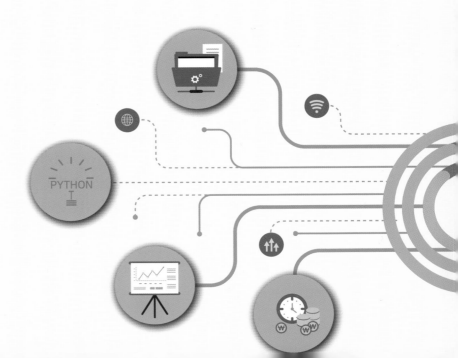

파이썬 리스트 클래스

배열은 여러 원소를 관리하는 하나의 자료구조입니다. 배열의 원소는 하나의 자료형 즉 하나의 클래스의 객체입니다.

파이썬 리스트도 하나의 배열입니다. 그래서 하나의 자료형인 object 자료형을 가집니다. 파이썬에서 object는 최상위 클래스로 모든 클래스가 기본으로 상속하는 기본 클래스입니다. 또한, 원소를 순서대로 저장하므로 원소의 위치가 지정됩니다. 원소의 위치 정보를 색인(index)이라고 합니다. 원소를 조회할 때는 색인 연산으로 검색한 후에 변경처리를 수행합니다.

예제 리스트

파이썬 리스트(list)도 순서 정보인 색인(index)에 맞춰 원소와 매핑됩니다. 실제 객체인 원소와 색인의 1대1 매핑 관계는 오른쪽 그림과 같습니다.

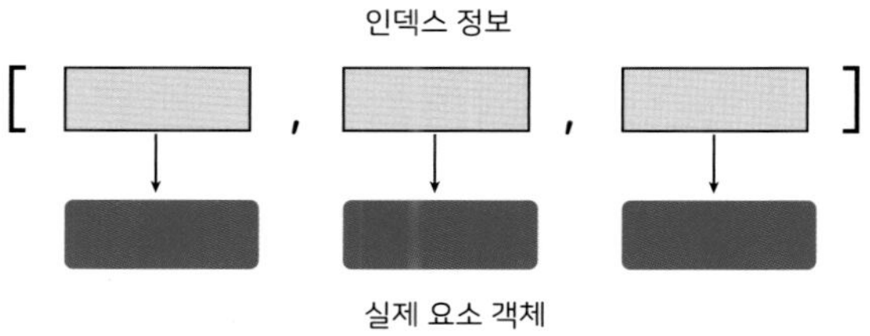

인덱스 정보

[⬜ , ⬜ , ⬜]

실제 요소 객체

시퀀스(Sequence) 클래스 유형

대표적인 기능을 최상위 클래스로 정의하는 것을 추상 클래스라고 합니다. 파이썬 클래스들은 기본적으로 특정 행위를 대표하는 추상 클래스를 상속해서 만들어집니다. 추상 클래스(abstract class)를 상속해서 추상 메소드를 구현한 클래스가 구현 클래스(concrete class)입니다. 이 구현 클래스를 가지고 객체를 생성합니다.

추상 클래스를 상속해서 구현 클래스를 만드는 방식을 알아보겠습니다.

파이썬에서 제공하는 다양한 자료구조를 가진 모듈이 collections입니다. 이 모듈의 하위 모듈 abc에 추상 클래스가 정의되어 있습니다. 모듈을 사용하려면 현재 위치에 import합니다. 모듈의 이름이 길어서 예약어 as를 써서 별칭으로 abc로 지정해서 사용합니다.

```
import collections.abc as abc      # 자료구조에 대한 추상클래스 모듈 사용
```

추상 클래스 Sequence는 변경할 수 없는 시퀀스 클래스를 만들 때 상속해서 사용합니다. 추상 클래스를 상속할 때 반드시 구현해야 할 메소드를 __abstractmethods__ 속성에 관리합니다. 이 속성의 내용은 한번 만들어지면 변경할 수없는 frozenset 클래스를 사용해서 만들어진 것을 알 수 있습니다.

내부에 저장된 메소드 이름은 __getitem__과 __len__ 입니다. 여러 원소를 색인 연산으로 조회하는 메소드가 __getitem__이고, 객체가 만들어지면 원소의 개수를 확인하는 메소드가 __len__ 입니다.

```
abc.Sequence.__abstractmethods__      # Sequence 클래스에 구현되는 추상 메소드 확인
frozenset({'__getitem__', '__len__'})
```

리스트는 변경할 수 있는 클래스이므로 변경할 수 있는 추상 클래스 MutableSequence를 상속합니다. 변경할 수 있다는 것은 원소를 갱신, 삭제할 수 있다는 겁니다. 색인 연산으로 변경하는 __setitem__, 원소를 삭제하는 __delitem__ 메소드가 추가되며, 새로운 원소를 추가하는 insert 메소드도 추가로 구현해야 합니다.

```
abc.MutableSequence.__abstractmethods__      # MutableSequence 클래스의
                                               추상 메소드 확인
frozenset({'__delitem__', '__getitem__', '__len__', '__setitem__', 'insert'
})
```

상속 관계 확인

상위 클래스(super class)와 하위 클래스(sub class)는 상속관계를 표시하는 클래스를 부르는 방식입니다. 이 상속관계를 확인하는 내장함수는 `issubclass`입니다. 이 함수에 첫 번째 인자로 하위 클래스, 두 번째 인자로 상위 클래스를 전달해서 실행하면 상속 관계가 성립하면 True를 반환합니다.

리스트 클래스는 `Sequence`와 `MutableSequence` 클래스 둘 다 상속해서 구현되어 있습니다.

```
issubclass(list, abc.Sequence)    # 리스트 클래스와 시퀀스 클래스의 상속관계 확인
True
```

```
issubclass(list, abc.MutableSequence)    # 리스트 클래스와 뮤터블 시퀀스
                                           클래스의 상속관계 확인
True
```

리스트(list) 클래스로 객체 생성과 생성 관계 확인

리스트(list) 클래스로 직접 객체를 생성할 수 있습니다. 이때는 `list` 클래스 이름을 사용하고 실행 연산( )을 사용합니다. 인자로는 여러 개의 원소를 가진 튜플이나 리스트 등을 넣을 수 있습니다. 리스트는 여러 자료형 즉 파이썬에서 만들 수 있는 모든 객체를 원소로 받을 수 있습니다. 정수와 문자열 원소로 만들어진 튜플을 전달해서 리스트 객체를 생성하고 변수에 할당합니다.

```
x = list((1,2,3,'a'))    # 리스트 클래스로 객체를 생성한 후에 변수에 할당
```

```
x    # 리스트 객체의 원소는 정수와 문자열로 생성
[1, 2, 3, 'a']
```

생성 관계를 확인하는 내장함수는 `isinstance`입니다. 이 함수의 첫 번째 인자는 생성된 객체이고, 두 번째 인자는 객체를 만든 클래스입니다. 생성 관계가 성립하면 True를 반환합니다.

```
isinstance(x,list)    # 리스트 객체와 리스트 클래스의 생성 관계 확인
True
```

**리스트 객체의 원소에
접근하기**

리스트는 내부 원소를 순서대로 보관하므로 항상 순서를 유지합니다. 이 순서 정보가 인덱스(index)입니다. 파이썬은 인덱스를 정수로 관리합니다.

0부터 양의 정수를 사용하는 순방향(forward)은 맨 앞에서부터 차례대로 인덱스를 증가하면서 검색을 할 수 있습니다. -1부터 사용하는 역방향(backward)은 맨 뒤에서부터 숫자를 증가하면서 원소를 검색할 수 있습니다. 아래 그림은 리스트 내의 원소에 매핑되는 순방향과 역방향 인덱스를 나타낸 것입니다.

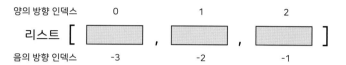

위에서 만든 리스트 객체의 원소에 접근하기 위해 0을 사용해서 순방향으로 첫 번째 원소를 검색합니다. 또한, 음수인 -1을 사용해서 마지막 원소를 조회합니다.

```
x[0]                          # 정방향 인덱스로 하나의 원소를 색인연산으로 검색
1
```

```
x[-1]                         # 역방향 인덱스로 하나의 원소를 색인연산으로 검색
'a'
```

인덱스 정보의 범위 확인

리스트 객체가 만들어지면 인덱스의 범위는 고정되어 직접 변경할 수 없습니다. 리스트의 인덱스를 확장하려면 별도의 메소드로 원소를 추가해야 합니다. 인덱스의 범위는 0부터 시작하고 마지막 인덱스는 길이보다 -1이 작습니다.

리스트의 원소를 검색하기 위해 대괄호인 색인 연산에 정수 10을 넣고 조회하면 리스트 객체가 가진 인덱스보다 큰 수를 전달했기 때문에 인덱스 범위를 벗어났다는 예외가 발생합니다.

```
try :
    x[10]
except Exception as e :        # 인덱스 범위가 벗어난 색인검색은 예외 발생
    print(e)
list index out of range
```

리스트 객체의 원소 개수를 내장함수 **len**으로 확인하면 4입니다. 4개의 원소를 가졌다는 뜻입니다. 순방향으로 마지막 원소를 검색하려면 색인 연산에 **len** 함수로 길이를 확인하고 −1를 빼서 마지막 인덱스를 처리합니다.

```
len(x)                          # 리스트의 원소 개수는 len 함수로 알 수 있다.
4
```

```
x[len(x)-1]                     # 마지막 색인은 리스트의 원소 개수에 -1을 한 것과 같다.
'a'
```

리스트에 원소 추가와 인덱스 정보 확장

리스트 객체는 변경할 수 있지만 색인 연산으로는 원소를 추가할 수 없습니다. 원소를 추가할 때는 메소드를 사용합니다. 메소드 **append**에 10을 전달해서 실행하면 내부 인덱스는 4로 증가합니다. 이 리스트의 객체를 조회하면 5개의 원소가 있는 것을 알 수 있습니다.

```
x.append(10)          # 새로운 원소를 마지막 인덱스 다음에 넣을 때는 append 메소드 사용
```

```
x
[1, 2, 3, 'a', 10]
```

마지막 인덱스에 여러 개의 원소를 한꺼번에 추가할 때는 메소드 **extend**를 사용합니다. 이때는 리스트 등의 객체를 인자로 전달해야 합니다.

4개의 원소를 가진 리스트를 **extend** 메소드의 인자로 전달하면 4개의 원소를 기존 리스트 객체의 원소에 추가합니다.

```
x.extend([5,6,7,8])   # 여러 개의 원소를 추가할 때는 extend 메소드 사용
```

```
x
[1, 2, 3, 'a', 10, 5, 6, 7, 8]
```

리스트 객체의 원소 삭제

특정 원소를 삭제할 때는 메소드 remove에 해당 원소를 그대로 지정해서 삭제합니다. 원소가 삭제되면 색인 정보도 변경됩니다.

마지막 색인의 원소를 삭제할 때는 메소드 pop을 사용합니다. 이때는 별도의 인자를 전달하지 않아도 마지막 색인을 찾아 삭제합니다. 이 메소드는 삭제한 값을 반환하므로 필요할 경우 이 값을 변수로 받아서 로직에 반영할 수 있습니다.

```
x.remove('a')                    # 특정 원소를 지정해서 삭제할 때는 remove 메소드 사용
```

```
x
```

```
[1, 2, 3, 10, 5, 6, 7, 8]
```

```
x.pop()                          # 인덱스를 사용해서 삭제할 때는 pop 메소드 사용
```

```
8
```

```
x
```

```
[1, 2, 3, 10, 5, 6, 7]
```

리스트 객체의 인덱스 정보를 확장해 추가와 삭제하기

특정한 위치에 원소를 추가할 때는 메소드 insert를 사용합니다. 첫 번째 색인에 100이라는 값을 추가합니다. 그리고 특정 색인을 지정해서 원소를 삭제할 때는 메소드 pop을 사용합니다. 이때 인자로 0을 전달해서 첫 번째 색인에 있는 원소를 삭제합니다.

```
x.insert(0,100)                  # 인덱스를 사용해서 추가할 때는 insert 메소드 사용
```

```
x
```

```
[100, 1, 2, 3, 10, 5, 6, 7]
```

```
x.pop(0)                         # 인덱스를 지정해 삭제도 가능
```

```
100
```

```
x
```

```
[1, 2, 3, 10, 5, 6, 7]
```

리스트 객체의 원소를 인덱스 검색연산자로 변경과 삭제하기

기존 색인에 있는 원소를 변경할 때는 좌측에 색인 연산으로 조회하고 할당 연산(=) 다음에 변경할 값을 할당합니다. 예약어 del과 색인 연산을 넣으면 조회한 원소를 삭제합니다.

```
x[3] = 4                                    # 색인연산으로 인덱스 범위 내의 값 변경
```

```
del x[6]                                    # 특정 색인연산을 조회한 후, del 예약어로 삭제
```

```
x
```

```
[1, 2, 3, 4, 5, 6]
```

**리스트 객체의 부분집합을
슬라이스 검색으로 만들기**

슬라이스 객체를 색인 연산에 전달하면 기존 리스트의 부분집합을
새로 만듭니다. 원본과는 다른 새로운 객체가 만들어지는 것이죠.
슬라이스 색인 연산의 특징은 두 번째 인자는 실제 검색에 사용되
지 않습니다. 슬라이스 색인 연산의 3:5는 실제는 3, 4 인덱스를 검
색합니다. 마지막 자리는 포함되지 않습니다.

```
y = x[3:5]          # 특정 인덱스와 인덱스 사이를 조회하는 슬라이스를 사용해서 부분 리스트 생성
```

```
y
```

```
[4, 5]
```

앞에서 슬라이스 색인 연산을 실행하면 사본을 만든다고 했습니다.
새로 만들어진 사본의 첫 번째 원소를 갱신합니다. 원본 객체가 변
경되었는지 확인하면 원본은 변경되지 않았습니다.

```
y[0] = 999  # 슬라이스 검색으로 만들어진 부분 리스트는 원본과 다른 리스트 객체(하나의 원소 갱신)
```

```
y
```

```
[999, 5]
```

```
x                   # 원본 리스트는 슬라이스 검색한 리스트를 갱신해도 변경되지 않는다.
```

```
[1, 2, 3, 4, 5, 6]
```

02 배열(array) 모듈의 배열

다차원 배열은 C 프로그램 언어의 배열을 기반으로 만든 배열입니다. 일반적인 배열을 먼저 알아봅시다.

예제 | 배열

배열을 만들려면 자료형을 지정해야 합니다. 이 array 모듈은 자료형을 직접 저장하지 않고 자료형을 표시하는 문자열인 타입 코드(type code)를 사용합니다.

오른쪽 표는 C 언어에서 사용하는 타입 코드입니다. 실제 C 언어의 바이트 길이보다 파이썬에서 잡은 바이트 길이가 클 수 있습니다. 이는 파이썬 내부적으로 정수일 경우 4바이트(32)나 8바이트(64) 길이로 저장해서 사용합니다.

타입 코드	C 언어 자료형	바이트 길이
'b'	signed integer	1
'B'	unsigned integer	1
'u'	Unicode character	2
'h'	signed integer	2
'H'	unsigned integer	2
'i'	signed integer	2
'I'	unsigned integer	2
'l'	signed integer	4
'L'	unsigned integer	4
'q'	signed integer	8
'Q'	unsigned integer	8
'f'	floating point	4
'd'	floating point	8

배열의 모듈 사용

배열을 만들려면 모듈 `array`를 `import`합니다.

```
import array                            # 배열을 처리하는 모듈 사용
```

배열을 생성하기 위해 array 클래스에 정수인 타입 코드 i를 첫 번째 인자로 넣고 배열의 값을 리스트 객체로 전달합니다. 만들어진 배열을 보면 array이고, 자료형은 i이면서 5개의 정수를 원소로 가진 것을 확인할 수 있습니다.

```
a = array.array('i',[1,2,3,4,5])       # 하나의 자료형을 코드로 지정하고 5개의
                                         원소를 가진 리스트를 전달
```

```
a
```
```
array('i', [1, 2, 3, 4, 5])
```

만들어진 배열 객체가 어떤 클래스로 만들어졌는지 메타 클래스 `type`으로 확인할 수 있습니다. 클래스 정보를 확인하면 `array` 모듈의 `array` 클래스로 만들어진 것을 알 수 있습니다.

```
type(a)                                # 어떤 클래스로 생성되었는지 type 클래스로 확인
```
```
array.array
```

리스트는 추상 클래스와 관계가 분명합니다. `array` 모듈의 `array`도 추상 클래스를 상속해서 구현했는지 확인해 봅니다. 배열 클래스가 추상 클래스 `MutableSequence`를 상속한 것인지 `issubclass` 내장함수로 확인하면 상속 관계가 성립하지 않습니다. 이 배열은 `Sequence`의 특징을 가졌지만, 실제 구현은 추상 클래스의 모든 기능을 전부 구현하지 않았다는 것을 알 수 있습니다.

```
import collections.abc as abc          # 자료 구조의 추상화 클래스 모듈 사용
```
```
issubclass(type(a), abc.MutableSequence)    # 상속관계 확인
```
```
False    ← 상속하지 않는다.
```

배열의 메타 정보

클래스를 정의해서 객체를 만든다는 것은 다양한 정보를 속성으로 관리하는 것입니다. 이 객체의 다양한 정보를 메타 정보라고 합니다. 어떤 속성이 있는지 확인합니다.

배열을 지정할 때 자료형은 **typecode** 속성으로 확인합니다. 원소를 만들 때 필요한 바이트 수를 **itemsize**로 확인합니다. 4바이트는 원소가 정수이면서 32비트 즉 4바이트에 저장됩니다.

이 배열의 기본 정보를 **buffer_info** 메소드로 확인하면 배열의 데이터가 저장된 레퍼런스를 정수로 표시하고 배열의 원소 개수도 알려줍니다.

```
a.typecode, a.itemsize          # 배열의 타입코드와 원소의 바이트 크기 확인
('i', 4)  ← 4바이트의 정수
```

```
a.buffer_info()                 # 배열의 레퍼런스와 원소 개수 확인
(1789491565912, 5)
```

배열의 원소 검색

색인을 만들고 원소와 매핑하는 것은 리스트와 같습니다. 색인 연산으로 순방향과 역방향을 조회할 수 있습니다. 전체의 원소 개수는 **len** 함수로 조회할 수 있습니다.

```
a[0]                            # 색인연산으로 원소 확인 가능
1
```

```
a[-1]                           # 역방향으로도 색인연산 가능
5
```

```
len(a)                          # 원소 개수를 len 함수로 확인 가능
5
```

배열의 인덱스 범위 확인

파이썬은 객체가 생성될 때 색인의 범위를 확정합니다. 리스트와 같이 색인 연산으로 새 원소를 추가할 수 없습니다. 색인 연산으로 새로운 색인에 값을 할당하면 기존의 범위에 없어서 예외가 발생합니다.

예외가 발생하면 프로그램이 종료되므로 **try except** 구문으로 예외를 잡고 예외 메시지를 정상으로 처리하도록 만들었습니다.

```
try :
    a[5] = 100                  # 인덱스 범위를 벗어난 경우, 색인연산으로 원소를 추가할 수 없다.
except Exception as e :
    print(e)
array assignment index out of range
```

배열에 원소 추가

배열도 원소 하나는 `append` 메소드로 추가하고, 여러 개의 원소는 `extend` 메소드로 추가합니다. 또한, 배열을 리스트로 변환할 수 있는 `tolist` 메소드를 제공합니다.

```
a.append(100)              # 원소를 하나 추가할 때는 append 메소드 사용
```

```
a
```
```
array('i', [1, 2, 3, 4, 5, 100])
```

```
a.extend([6,7,8])          # 여러 원소를 추가할 때는 extend 메소드 사용
```

```
a.tolist()                 # 배열을 바로 리스트로 변환할 때는 tolist 메소드 사용
```
```
[1, 2, 3, 4, 5, 100, 6, 7, 8]
```

배열의 원소별 크기

배열에 저장된 원소를 바이트로 변환해서 원소별 길이를 확인할 수 있습니다. 이때 바이트로의 변환은 `to_bytes` 메소드를 사용합니다. 이 바이트의 전체 길이를 배열의 원소 개수로 나누면 원소 하나의 바이트를 알 수 있습니다. 결과는 원소 하나의 바이트 길이를 보여주는 속성 `itemsize`와 같다는 것을 알 수 있습니다.

```
ab = a.tobytes()    # 배열을 바이트로 변환할 때는 tobytes 메소드 사용
```

```
len(ab)/len(a)      # 원소 하나의 바이트 길이는 바이트의 총 길이를 원소의 개수로 나눈 값
```
```
4.0
```

배열의 특정 위치에 추가

배열에 새 원소를 색인 정보와 함께 추가할 수 있는 `insert` 메소드가 있습니다. 첫 번째 색인에 정수 999를 추가할 수 있습니다.

```
a.insert(0,999)                    # 인덱스를 사용해서 원소 추가 가능
```

```
a
```
```
array('i', [999, 1, 2, 3, 4, 5, 100, 6, 7, 8])
```

배열의 마지막 원소 삭제

배열의 마지막 원소를 삭제할 때는 `pop` 메소드에 인자를 넣지 않고 실행하면 마지막 원소를 삭제하고 그 값을 반환값으로 전달합니다.

```
a[-1]
```
```
8
```

```
a.pop()                            # 색인을 이용한 원소 삭제는 pop 메소드 사용
```

8

```
a
array('i', [999, 1, 2, 3, 4, 5, 100, 6, 7])
```

배열의 원소를 직접 삭제할 때는 remove 메소드에 해당하는 값을 전달해서 삭제합니다.

```
a.remove(999)
```

```
a
array('i', [1, 2, 3, 4, 5, 100, 6, 7])
```

배열의 원솟값으로 위치 정보 확인

특정 값이 어느 색인에 있는지는 index 메소드로, 같은 원소가 몇 개가 있는지는 count 메소드로 확인합니다. 두 메소드에 원소 값을 인자로 전달해서 사용합니다.

```
a.index(100), a.count(100)          # 특정 원소 값으로 위치와 개수 확인 가능
(5, 1)
```

배열을 역으로 정렬

배열은 색인으로 순서를 가지므로 원소의 값으로 정렬할 때는 메소드를 사용해서 정렬을 처리합니다. 현재의 원소를 역으로 정렬할 때는 reverse 메소드를 사용합니다. 배열 내의 원소가 변경된 것을 알 수 있습니다.

```
a.reverse()          # 원소를 반대 방향으로 정렬 가능
```

```
a
array('i', [7, 6, 100, 5, 4, 3, 2, 1])
```

배열의 덧셈과 상수 곱셈 처리

배열도 덧셈과 곱셈 연산을 할 수 있습니다. 덧셈 연산은 두 배열을 하나로 합쳐서 새로운 배열을 만듭니다. 배열에 정수로 곱을 하면 같은 배열의 정수배 원소를 가진 새로운 배열을 만듭니다.

```
a + a          # 배열의 덧셈은 두 배열을 하나로 만든다.
array('i', [7, 6, 100, 5, 4, 3, 2, 1, 7, 6, 100, 5, 4, 3, 2, 1])
```

```
a * 2          # 배열의 상수 곱은 기존 배열의 원소를 상수 배만큼 만든다.
array('i', [7, 6, 100, 5, 4, 3, 2, 1, 7, 6, 100, 5, 4, 3, 2, 1])
```

03 넘파이 모듈의 다차원 배열

넘파이 모듈은 같은 클래스의 객체를 다차원적으로 표현하는 데이터 구조입니다. 이런 구조를 유지해서 선형대수 등을 쉽게 처리할 수 있습니다.
이 모듈 내에 다차원 배열을 객체로 만드는 클래스는 ndarray입니다. 또한, 순환문 없이 원소를 계산하는 벡터화를 지원하는 유니버설 함수도 지원합니다.
다차원 배열이 어떻게 만들어지고 내부를 어떻게 구성하는지 알아봅니다.

예제 1 다차원 배열

먼저 선형대수를 지원하는 벡터(vector)와 행렬(matrix)을 어떻게 다차원 배열로 매핑하는지 알아봅니다.

다차원 배열 모듈

먼저 다차원 배열을 처리하는 넘파이(numpy) 모듈을 import합니다. 예약어 as 다음에 np를 지정한 것은 numpy라는 이름으로 접근하지 않고 별칭인 np를 사용해 이 모듈을 사용하겠다는 뜻입니다.
이 모듈의 스페셜 속성 __version__을 사용해 numpy 모듈의 현재 버전을 알아봅니다. 여러 모듈을 import해서 사용할 때는 모듈별로 특정 버전에 특화되어 버전이 맞지 않으면 예외가 발생할 수 있습니다. 새 모듈을 사용할 때는 그 모듈의 버전을 알아두는 것이 좋습니다.

```
import numpy as np          # 다차원 배열의 모듈 사용(모듈의 별칭은 np를 사용)
```

```
np.__version__
```
```
'1.17.0'
```

다차원 배열 생성

다차원 배열을 생성할 때는 클래스의 생성자보다는 함수를 사용해서 객체를 만듭니다. 일반적으로 다차원 배열은 array 함수를 사용해 객체를 만듭니다. 이런 방식을 사용하는 이유는 다양한 생성자 인자를 넣지 않고 특정 인자만 전달해 객체를 생성하도록 함수를 작성했기 때문입니다.

4개의 원소를 가진 리스트를 인자로 전달해 1차원 배열을 생성해서 변수에 할당합니다.

```
a = np.array([1,2,3,4])        # 4개의 원소를 가진 리스트를 전달해 다차원 배열 생성
```

이 변수를 빈 셀에 넣고 실행하면 내부에 저장된 1차원 배열을 보여줍니다. 문자열로 출력하는 `print` 함수에 변수를 넣고 출력하면 리스트와 구별하기 위해 쉼표가 없이 출력됩니다.

```
a
array([1, 2, 3, 4])              ← 다차원 배열 확인
```

```
print(a)                         # print 함수로 출력
[1 2 3 4]                        ← 리스트와 구분하기 위해 원소 사이에 쉼표 없이 출력
```

변경할 수 있는 추상 클래스 `MutableSequence`를 상속해서 다차원 배열을 구현했는지 확인하기 위해 `collection.abc` 모듈을 `import`합니다. 상속 관계를 `issubclass` 함수로 확인하면 False를 반환하므로 상속하지 않은 것을 알 수 있습니다.

```
import collections.abc as abc    # 추상 클래스와의 관계를 알아보는 모듈 사용
```

```
issubclass(type(a), abc.MutableSequence)
False    ← 변경이 가능한 MutableSequence 클래스를 상속하지 않는다.
```

`MutableSequence` 추상 클래스를 상속하면 반드시 구현해야 할 메소드를 확인합니다. 이 중에 다차원 배열이 구현되지 않은 메소드를 확인하면 `insert`가 있는 것을 알 수 있습니다. 추상 클래스의 모든 것을 구현하지 않아서 상속 관계가 성립하지 않는 것을 알 수 있습니다.

```
abc.MutableSequence.__abstractmethods__    # 반드시 구현되어야 할 메소드 확인
frozenset({'__delitem__', '__getitem__', '__len__', '__setitem__', 'insert'
})
```

```
dir(np.ndarray).count('insert')
0        ← 변경이 가능한 MutableSequence 클래스를 상속하지 않는다.
```

다차원 배열의 구성

다차원 배열의 객체를 생성하는 **ndarray** 클래스는 데이터와 메타 정보를 분리해서 관리합니다.

오른쪽 그림은 다차원 배열의 구조를 나타냅니다. 항상 배열의 데이터는 메모리에 올리고 이 배열을 참조할 수 있는 다양한 속성도 제공합니다.

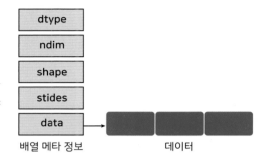

다차원 배열의 자료형 확인

모든 배열은 자료형을 가집니다. 다차원 배열도 자료형을 가진 원소로 구성됩니다. 위에서 만들어진 1차원 배열의 자료형을 관리하는 속성 **dtype**을 확인하면 정수라는 것을 알 수 있습니다.

객체를 생성할 때 자료형을 지정하지 않았지만, 리스트 내의 원소를 확인해서 대표적인 자료형을 자동으로 지정합니다.

```
a.dtype          # 다차원 배열의 모든 원소는 하나의 자료형으로 구성(dtype 속성에 하나의 자료형을 관리)
dtype('int64')
```

다차원 배열의 메타 정보 확인

다차원 배열은 데이터 이외의 메타 정보를 관리하는 속성이 있습니다. 다차원 배열의 축이 몇 개인지 확인하는 차원(ndim)이 있고, 다차원 배열의 차원별로 몇 개의 원소로 구성되었는지 관리하는 형상(shape)이 있습니다. 일반적인 배열처럼 원소를 관리하는 길이(itemsize)도 확인할 수 있습니다.

```
a.ndim, a.shape, a.itemsize,          # 다차원 배열은 차원, 형상, 원소 하나의
                                       바이트 크기를 속성으로 관리
(1, (4,), 8)
```

배열은 확장이나 특정 행이나 열을 검색할 때 사용하는 길이(strides) 정보도 제공합니다. 1차원 배열이므로 한 원소의 길이를 보관합니다. 이 속성은 차원이 높은 배열일수록 구성하는 원소의 크기가 다르게 보관됩니다.

```
a.strides          # 확장할 때 총 사이즈를 확인하는 속성인 strides도 있다.
(8,)     ← 1차원이므로 원소의 크기만 가지고 있다.
```

다차원 배열의 데이터 정보 확인

다차원 배열의 데이터는 메모리에 로딩됩니다. 속성 `data`를 확인하면 메모리에 저장된 배열의 레퍼런스를 알려줍니다.

```
a.data                          # 다차원 배열을 만들면 데이터는 메모리에 로딩된다.
```

```
<memory at 0x117c5b588>      ← 이 메모리를 관리하는 속성이 data이다.
```

이 데이터의 값을 참조하려면 속성 `obj`를 사용해 확인하면 배열을 출력합니다.

```
a.data.obj                      # data 내의 obj 속성을 사용해 저장된 값 확인 가능
```

```
array([1, 2, 3, 4])
```

다차원 배열을 리스트로 변환

파이썬과 연계해서 사용할 수 있게 리스트로 변환하는 메소드 `to_list`를 제공합니다. 이 메소드를 실행하면 리스트 객체로 변환합니다.

```
a.tolist()                      # 리스트 객체로의 변환은 tolist 메소드로 한다.
```

```
[1, 2, 3, 4]
```

 예제 2 다차원 배열 자료형 처리

다차원 배열은 메모리에 데이터를 넣어서 처리합니다. 파이썬보다 더 다양한 자료형을 지원해야 메모리 사용을 효율적으로 할 수 있습니다. 어떤 자료형을 지원하는지 알아봅니다.

클래스 dtype 알아보기

다차원 배열의 자료형은 `dtype` 클래스의 객체로 만들어집니다. 넘파이에서 제공하는 `int32` 클래스를 인자로 넣고 `dtype` 객체를 생성해 변수에 저장합니다. 이 변수를 조회하면 `dtype` 클래스의 객체가 조회됩니다.

```
d = np.dtype(np.int32)        # dtype 클래스에 자료형을 인자로 전달해서 객체 생성
```

```
d
```

```
dtype('int32')
```

이 객체의 클래스를 메타 클래스인 **type**으로 확인할 수 있습니다. 변수를 인자로 전달하면 **numpy.dtype** 클래스를 출력합니다.

```
type(d)                              # 생성된 객체가 어떤 클래스인지 확인
```
```
numpy.dtype
```

자료형 내의 속성 확인

자료형을 생성하는 **dtype** 클래스도 여러 속성을 관리합니다. 자료형의 문자 속성인 **char**, **kind**와 원소의 길이를 관리하는 속성 **itemsize** 등이 있습니다.

위에서 자료형 클래스로 객체를 만들 때 정수 **int32** 클래스를 인자로 받았습니다. 이 정수 클래스에 맞는 정보가 **char**, **kind** 속성에 문자열 I, i로 들어갑니다. 32비트로 숫자를 보관해서 총 4바이트 단위로 구성하므로 **itemsize** 속성을 조회하면 4를 출력합니다.

```
d.char, d.kind, d.itemsize           # 문자 속성과 길이를 관리하는 속성이 있다.
```
```
('l', 'i', 4)
```

**문자열을 전달받아
자료형 객체 생성**

자료형 클래스로 객체를 생성할 때 문자열을 인자로 전달할 수도 있습니다. 문자열은 정수를 나타내는 소문자 i이고 원소의 길이는 4 즉 32비트로 구성됩니다. 맨 앞의 부등호 표시는 실제 바이트 단위로 저장될 때 들어가는 순서를 알려줍니다.

저장되는 방식은 **byteorder** 속성으로 확인할 수 있습니다. 조회하면 '='로 표시해서 '<'로 지정할 때 기본값으로 '='을 할당하는 것을 알 수 있습니다.

```
dt = np.dtype('<i4')                 # 자료형을 문자열 변환
```
＊ 맨 앞의 부등호는 숫자 등을 저장할 때 사용하는 바이트 오더, i는 정수, 4는 바이트 수를 의미

```
dt.byteorder                         # 문자 속성과 길이를 관리하는 속성이 있다.
```
```
'='        ← 기본 바이트 오더가 =이라는 것을 알 수 있다.
```

**자료형 생성과
데이터 저장순서**

새로운 1차원 배열을 만들기 위해 3개의 원소를 가진 리스트를 인자로 전달합니다. 이번에는 **dtype** 매개변수에 자료형을 지정합니다.

```
a.tobytes()                    # 배열을 바이트로 변환해 보면 4바이트 단위로 정수 저장
```
```
b'\x01\x00\x00\x00\x02\x00\x00\x00\x03\x00\x00\x00'
```
└─ 가장 왼쪽부터 숫자가 들어간 것을 알 수 있다.

숫자가 들어가는 순서를 확인하기 위해 이번에는 부등호 기호를 반대로 지정해서 자료형을 만듭니다.

```
dt1 = np.dtype('>i4')          # 부등호 표시를 반대로 해서 자료형 생성
```
```
dt1.byteorder
```
'>'

다차원 배열의 복사

다차원 배열의 객체를 만들면 메모리에 로딩해서 처리합니다. 원본과 구분해서 사용하려면 다차원 배열의 사본을 만들어 처리해야 합니다.

1차원 배열을 하나 만듭니다. 이를 이용해 **asarray** 함수로 다차원 배열을 다시 만듭니다. 하지만 다차원 배열이 인자로 오면 사본을 만들지 않습니다. 그래서 반환한 객체가 기존 객체와 같습니다.

```
c = np.array([1,2,3])          # 다른 다차원 배열을 하나 생성
```
```
d = np.asarray(c)              # asarray 함수에 다차원 배열을 넣고 새로운 다차원 배열을
                               # 만들어 변수에 할당
```
```
c is d                         # 두 개의 다차원 배열이 같은지 확인
```
True   ← asarray는 다차원 배열일 경우는 기존 다차원 배열을 그대로 전달

리스트를 인자로 전달하면 **asarray** 함수는 새로운 다차원 배열을 만듭니다.

```
e = np.asarray([1,2,3])        # 리스트를 전달해서 다차원 배열을 만들면 새로운 다차원
                               # 배열을 생성
```
```
c is e                         # 두 개의 다차원 배열의 원소는 동일하지만 다른 객체
```
False

다차원 배열을 사용할 때 원본을 그대로 유지하려면 항상 사본을 만들어야 합니다. 이때는 **copy** 메소드를 사용해서 사본을 만들어야 합니다.

```
f = e.copy()                    # copy 메소드로 새로운 다차원 배열 생성
```

```
e is f
```
False

다차원 배열을 만드는 **array** 함수에 기존에 생성된 다차원 배열의 객체를 전달해서 새로운 다차원 배열을 만들면 항상 새로운 사본을 만듭니다.

```
g = np.array(f)    # array 함수에 다차원 배열을 만들면 기존 다차원 배열을 copy하는 것과 같다.
```

```
g is f
```
False

CHAPTER
4

판다스의 자료구조

판다스의 클래스인 시리즈(Series)와 데이터프레임(Dataframe)이 객체를 만들고 이 객체의 구조를
간단하게 처리하는 방법을 알아봅니다.

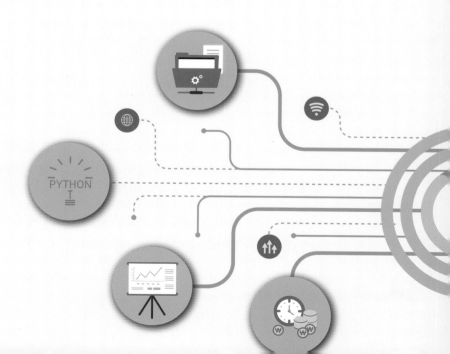

01 시리즈(Series) 클래스

시리즈 클래스는 1차원의 배열 구조를 가집니다. 배열과 다른 점은 인덱스 레이블(label)에 이름을 붙여서 처리할 수 있다는 점입니다.

예제 │ 시리즈(Series) 클래스

시리즈 클래스의 객체를 만들어 넘파이 모듈의 다차원 배열과의 차이점을 알아봅니다.

시리즈 객체 만들기

판다스 모듈을 사용할 때는 import pandas as pd로 먼저 import를 처리합니다.

판다스 모듈의 1차원 배열은 시리즈(Series) 클래스로 객체를 만듭니다. 이 시리즈 객체는 Series 클래스를 직접 사용해서 객체를 만듭니다. 인자로 리스트 등의 1차원 데이터를 넣을 수 있습니다.

인덱스 레이블을 넣기 위해 문자열을 가진 리스트 객체를 매개변수 index에 전달합니다. 객체가 생성된 것을 변수 s에 할당합니다.

```
s = pd.Series([1,2,3,4],index=list('abcd'))
```

판다스 모듈의 1차원 배열인 시리즈 객체 생성(행의 레이블을 index 매개변수에 리스트로 지정)

이 변수를 빈 셀에 넣어 확인하면 인덱스 레이블과 값이 매핑하여 출력합니다. 시리즈 객체도 하나의 배열이므로 모든 원소가 하나의 자료형을 가집니다.

특정 자료형을 지정하지 않으면 들어온 데이터를 확인한 후에 자료형을 추론해서 정수인 int64로 표시합니다.

```
s                                        # 시리즈 객체를 조회
a    1
b    2                   ← 레이블과 값으로 구성
c    3
d    4
dtype: int64
```

시리즈는 내부의 데이터를 **values** 속성으로 조회할 수 있습니다. 조회한 결과를 보면 다차원 배열입니다.

```
s.values                             # 시리즈의 values 속성 확인
array([1, 2, 3, 4])     ← 다차원 배열
```

시리즈의 메타 정보 확인

시리즈 객체에서 **index** 속성을 확인하면 레이블을 확인할 수 있습니다. 인덱스 레이블도 별도의 **Index** 클래스의 객체로 만듭니다. 이 인덱스 객체도 하나의 배열입니다. 자료형을 확인하면 **object** 입니다. 이 뜻은 파이썬 객체를 통합해서 하나의 자료형으로 배정한 것입니다. 보통 파이썬 문자열은 다차원배열에서 **object** 자료형으로 처리합니다.

```
s.index                              # index 속성 확인
Index(['a', 'b', 'c', 'd'], dtype='object')   ← Index 클래스의 객체
```

시리즈 객체의 메타 정보를 확인해 봅니다. 먼저 차원(ndim)을 확인하면 1차원이므로 정수 1이 출력됩니다. 시리즈 객체의 형상(shape)을 확인하면 하나의 원소를 가진 튜플로 표시해서 1차원 원소의 개수를 알려줍니다. 또한, 이 객체의 원소 개수는 크기(size)로 확인합니다.

```
s.shape, s.ndim, s.size              # 형상, 차원, 크기 정보를 속성으로 관리
((4,), 1, 4)
```

색인 검색

시리즈 객체의 원소를 하나씩 검색할 때는 인덱스 정보를 색인 연산에 넣어서 조회합니다. 시리즈는 인덱스에 이름을 붙일 수 있어서 이름으로 원소를 조회할 수 있습니다. 일반 배열처럼 정수로 인덱스를 조회할 수도 있습니다.

```
s[0], s['a']                    # 시리즈도 색인연산에 정수와 레이블로 조회 가능
(1, 1)
```

슬라이스 검색

시리즈 객체도 배열처럼 부분 배열을 검색할 수 있습니다. 인덱스 정보를 정수로 넣어 조회할 수도 있습니다.

```
s[0:2]                          # 슬라이스 검색도 가능
a    1
b    2
dtype: int64
```

인덱스 이름인 레이블을 넣어서 슬라이스 검색을 하면 정수 인덱스로 슬라이스를 처리하는 것과 차이가 발생합니다. 이름으로 검색할 때는 마지막 이름도 포함해 조회하기 때문입니다.

```
s['a' :'c']                     # 인덱스에 레이블이 있어 이름으로 슬라이스 검색 가능
a    1
b    2
c    3
dtype: int64
```

**슬라이스로 생성한 객체는
사본 객체가 아니다**

파이썬에서 리스트를 만들어서 슬라이스로 부분 리스트를 만들면 새로운 리스트 객체가 만들어집니다. 시리즈 객체를 슬라이스 검색하면 부분 시리즈 객체가 만들어지지만, 실제 데이터는 공유됩니다. 이것은 시리즈 객체의 새로운 사본이 아닌 원본의 뷰(view)를 제공하는 것입니다.

```
sv = s['a':'c']                 # 슬라이스 검색해서 변수에 할당
```

시리즈 객체의 원본과 사본이 같은 메모리를 유지하는지 알아봅니다. 이때 사용하는 함수는 넘파이 모듈의 may_share_memory 함수입니다. 두 개의 변수를 인자로 전달하면 같은 데이터를 참조하는지 확인해 논리값으로 반환합니다. 위에서 만든 두 시리즈 객체를 전달하면 True를 반환하므로 같은 데이터를 공유하는 것을 알 수 있습니다.

```
import numpy as np                          # 넘파이 모듈 사용
```

```
np.may_share_memory(sv,s)      # 원본과 슬라이스 검색한 사본의 데이터가 공유되는지
                               may_share_memory 함수로 확인
```
True   ← 판다스의 모든 객체는 슬라이스 검색하면 같은 데이터를 공유하는 하나의 뷰를 제공

슬라이스 검색한 시리즈 객체의 첫 번째 행을 갱신합니다.

```
sv
```
```
a    1
b    2
c    3
dtype: int64
```

```
sv['a'] = 999                       # 사본의 뷰인지 확인하기 위해 첫 번째 행을 갱신
```

두 변수에 저장된 시리즈 객체를 확인하면 두 시리즈 객체의 원소
가 갱신된 것을 확인할 수 있습니다. 두 객체는 데이터를 공유하는
것입니다.

```
sv
```
```
a    999
b      2
c      3
dtype: int64
```

```
s                                     # 원본의 원소 확인
```
```
a    999        ← 첫 번째 행 갱신
b      2
c      3
d      4
e    100
dtype: int64
```

레이블을 사용해서
색인 연산으로 원소 추가

시리즈는 인덱스에 이름을 붙일 수 있으므로 색인 연산으로 기존에
없는 인덱스 이름으로 새로운 원소를 추가할 수 있습니다.

```
s['e'] = 100                          # 없는 레이블을 색인연산에 넣고 추가
```

```
s
```
```
a    1
b    2
c    3
d    4
e    100        ← 원소가 새로 삽입
dtype: int64
```

정수 인덱스를 사용해서는 시리즈도 새로운 원소를 추가할 수 없습니다.

```
try :
    s[5] = 300                      # 정수로 색인연산에서 추가
except Exception as e :
    print(e)
```

index 5 is out of bounds for axis 0 with size 5
　　└ 인덱스 범위를 벗어나서 예외 발생

데이터프레임으로 전환   시리즈는 판다스 모듈의 가장 기본적인 클래스입니다. 다음에 배우게 될 데이터프레임의 열과 행은 이 시리즈를 기반으로 구성됩니다. 시리즈를 `to_frame` 메소드로 데이터프레임으로 변환하면 하나의 열을 가진 데이터프레임으로 변환합니다.

```
s.to_frame()                       # 시리즈를 2차원 데이터프레임으로 변형
```

```
        0
a       1
b       2
c       3        ← 하나의 열만 가지는 데이터프레임 생성
d       4
e     100
```

02 데이터프레임(DataFrame) 구조

엑셀(excel)의 스프레드시트나 데이터베이스의 테이블은 행과 열을 가지는 2차원 배열 구조입니다. 이와 같은 구조인 데이터프레임에 대해 알아봅니다.

예제 1 데이터프레임

시리즈는 1차원 배열이므로 행 단위로 처리하지만, 데이터프레임은 2차원 배열이라 열을 기준으로 처리합니다. 약간 혼란스러울 수 있지만 열을 기준으로 처리하는 장점을 알아봅니다.

데이터프레임 생성

판다스 모듈을 사용할 때는 import pandas as pd로 import합니다. 판다스의 2차원 배열은 데이터프레임(DataFrame) 클래스로 만듭니다. 이 클래스로 객체를 만들 때는 행과 열에 대한 레이블을 인자로 전달해야 합니다. 행의 레이블은 index 매개변수, 열의 레이블은 columns 매개변수에 지정합니다.

먼저 데이터는 리스트가 내포된 리스트로 2차원을 만듭니다. 행과 열의 인덱스 레이블인 이름을 부여할 수 있습니다. index 매개변수에 a와 b 문자열을 가지는 리스트를 넣고, columns에 a, b, c, d 4개의 문자열을 가지는 리스트를 넣습니다. 데이터프레임 객체를 만들어 변수 df에 할당합니다.

```
df = pd.DataFrame([[1,2,3,4],[5,6,7,8]],
                  index=list('ab'),
                  columns=list('abcd'))
```

만들어진 데이터프레임 객체를 조회하면 행과 열 인덱스에 이름인 레이블이 부여된 것을 볼 수 있습니다.

```
df
```

```
    a  b  c  d
  ┌──────────
a │ 1  2  3  4        ← 행과 열 레이블이 있고, 2행 4열의 데이터가 있다.
b │ 5  6  7  8
```

데이터프레임 객체의 데이터는 **values** 속성에 있습니다. 이 속성을 조회하면 다차원 배열을 보여줍니다. 메타 클래스 **type**으로 클래스를 확인하면 다차원 배열인 것을 알 수 있습니다.

```
df.values                              # values 속성 확인
```

```
array([[1,  2,  3,  4],
       [5,  6,  7,  8]], dtype=int64)    ← 다차원 배열로 관리
```

```
type(df.values)
```

```
numpy.ndarray
```

행과 열의 인덱스 정보와 배열의 메타 정보 확인

데이터프레임 객체의 행과 열의 이름인 레이블 index와 columns 속성을 조회합니다. 인덱스는 행과 열 모두 Index 클래스의 객체라는 것을 알 수 있습니다.

```
df.index                               # 행의 레이블은 Index 클래스 객체
```

```
Index(['a', 'b'], dtype='object')
```

```
df.columns                             # 열의 레이블도 Index 클래스 객체
```

```
Index(['a', 'b', 'c', 'd'], dtype='object')
```

데이터프레임의 형상(shape)은 2차원이라 2개의 원소를 가진 튜플로 표시합니다. 2행 4열을 의미합니다. 차원(ndim)은 2입니다. 전체 원소는 size의 개수인 8입니다.

```
df.shape, df.ndim, df.size
```

```
((2, 4), 2, 8)
```

색인 검색

데이터프레임을 색인 검색할 때는 주의해야 합니다. 데이터프레임은 색인 검색할 때 열의 레이블을 검색하는 방식입니다. 그래서 정수 0을 지정해서 검색하면 아무것도 조회되지 않습니다.

```
try :
    df[0]                                    # 시리즈와 차이점은 색인연산은 열을 기준으로 처리한다.
except Exception as e :
    print(e)
```
```
0
```

데이터프레임에 열의 이름을 직접 전달해서 조회하면 하나의 열을
조회할 수 있습니다. 하나의 열은 1차원인 시리즈 객체로 반환됩니
다. 열의 이름은 시리즈의 Name 속성에 들어갑니다.

```
df['a']                                  # 첫 번째 열의 이름을 넣고 색인연산을 수행하면 2개의 행을 출력
```
```
a    1                          ← 데이터프레임의 하나의 열은 시리즈 객체이다.
b    5
Name: a, dtype: int64
```

**데이터프레임의 행으로
검색**

데이터프레임의 행을 검색하려면 별도의 인덱서(indexer)를 사용합
니다. 행의 레이블로 색인 연산할 때는 loc 인덱서를 사용합니다.
먼저 행의 레이블 이름인 a를 인자로 전달해서 하나를 조회하면 하
나의 시리즈 객체를 반환합니다. 이 시리즈 객체를 보면 행의 레이
블은 열의 레이블 이름이 들어오고 이에 매핑되는 값이 나열됩니
다. 행 이름은 시리즈의 Name 속성에 들어간 것을 볼 수 있습니다.

```
df.loc['a']                              # 행을 조회할 때는 loc 인덱서를 기준으로 조회
```
```
a    1
b    2
c    3                          ← 데이터프레임의 하나의 행도 시리즈 객체
d    4
Name: a, dtype: int64
```

데이터프레임은 2차원이므로 색인 연산에 행과 열을 쉼표로 분리해
서 전달할 수 있습니다. 인덱서 loc에도 행에는 행의 레이블 이름,
열에는 슬라이스를 넣어서 위와 같은 검색을 할 수 있습니다.

```
df.loc['a',:]    # 하나의 행을 조회하는 것은 행의 이름 하나와 모든 열을 슬라이스하는 것과 같다.
```
```
a    1
b    2
c    3
d    4
Name: a, dtype: int64
```

두 개의 행과 두 개의 열을 조회하려면 행과 열의 인덱스 정보를 슬라이스로 처리해서 조회할 수 있습니다. 행은 a 부터 슬라이스로 처리해서 두 개의 행을 선택합니다. 열은 b와 c를 슬라이스 처리해서 두 개의 열을 선택합니다.

```
df.loc['a':,'b':'c']    # 모든 행을 슬라이스하고, 열은 b와 c를 슬라이스하면 레이블 이름에
                        # 해당하는 열이 모두 조회된다.

     b  c
     ─────                    ← 두 개의 열을 조회해서 1차원인 시리즈가 아닌 2차원인 데이터프레임이다.
  a  2  3
  b  6  7
```

슬라이스 검색을 통한 부분 집합일 때 메모리 공유

데이터프레임에서 슬라이스 검색하면 메모리를 공유하는지 알아봅니다. 하나의 행과 두 개의 열을 슬라이스 검색한 것을 변수에 할당합니다. 원본과 슬라이스 검색한 결과의 데이터가 같은 메모리를 사용하는지 may_share_memory 함수로 확인하면, 같은 메모리를 공유하므로 결과를 True로 표시합니다.

```
dfv = df.loc['a':,'b':'c']    # 행과 열을 기준으로 조회한 결과를 변수에 할당
```

```
import numpy as np
```

```
np.may_share_memory(dfv,df)    # 시리즈에서 슬라이스 검색의 결과는 뷰
```

True   ← 데이터프레임도 슬라이스 검색은 뷰를 제공해서 원본과 동일한 메모리를 공유한다.

슬라이스 검색한 결과에 특정 열인 b를 100으로 변경합니다. 결과를 확인하면 모든 열의 값이 동시에 변경된 것을 알 수 있습니다.

```
dfv['b'] = 100    # 슬라이스 검색한 열을 갱신
```

```
dfv
```

```
       b    c
     ───────
  a  100   3                    ← 열의 모든 원소가 갱신
  b  100   7
```

원본 데이터프레임을 확인하면 같은 b열이 변경된 것을 볼 수 있습니다. 슬라이스 검색은 사본을 만드는 것이 아니라 단순한 튜플 제공하는 것을 알 수 있습니다.

```
df                                      # 원본을 확인하면 b열이 변경
```

```
    a   b c d
a   1  100 3 4
b   5  100 7 8
```

인덱스 숫자 정보로 검색

데이터프레임의 행을 조회할 때 정수 인덱스로도 색인 연산을 할 수 있습니다. 이때는 정수 인덱스로 검색할 수 있는 인덱서 `iloc`를 사용해야 합니다. 첫 번째 행은 0을 전달해 조회합니다.

```
df.iloc[0]                      # 행과 열의 조회를 정수 인덱스로도 검색 가능
```

```
a       1
b       100
c       3                       ← iloc 인덱서에 정수 0을 넣어서 첫 번째 행을 조회
d       4
Name: a, dtype: int64
```

하나의 원소를 조회하려면 색인 연산에 행과 열을 쉼표로 분리해서 정수 인덱스를 전달합니다. 1행과 1열의 값을 조회할 때는 인덱스로 0, 0을 전달해서 조회합니다.

```
df.iloc[0,0]                # 하나의 행과 하나의 열을 지정
```

```
1                           ← 하나의 원소를 가져온다.
```

하나의 열을 조회할 때는 행에 모든 행을 검색하는 슬라이스를 지정한 후에 쉼표 다음에 0을 넣어서 첫 번째 열을 조회합니다.

```
s = df.iloc[:,0]        # 첫 번째 인자에 모든 행을 슬라이스 처리하고, 두 번째 인자에 0을 넣으면
```

```
s
```

```
a       1
b       5                   ← 하나의 열을 조회
Name: a, dtype: int64
```

정수 인덱스를 처리할 때도 슬라이스 검색을 사용합니다. 메모리를 공유하는지 확인하면 두 객체의 데이터가 공유된 것을 알 수 있습니다.

```
import numpy as np
```

```
np.may_share_memory(s, df)      # 인덱서로 조회한 슬라이스 결과도 뷰를 제공한다.
True
```

03 시리즈와 데이터프레임의 자료형 관리 기준

판다스 내의 시리즈나 데이터프레임도 넘파이의 다차원 배열처럼 다양한 자료형을 처리할 수 있습니다. 판다스의 데이터는 기본적으로 넘파이 모듈의 다차원 배열을 사용하므로 같은 자료형을 사용합니다.

예제 자료형 객체 만들기

판다스 모듈은 넘파이의 자료형을 기반으로 추가적인 자료형을 만듭니다. 자료형을 어떻게 만들고 변경하는지 알아봅니다.

자료형 관리 기준   판다스와 넘파이 모듈의 자료형 간의 매핑을 확인해봅시다.

Pandas dtype	Python type	Numpy dtype	설명
object	str	string_, unicode_	텍스트 처리
int64	int	int_, int8, int16, int32, int64, uint8, uint16, uint32, uint64	정수 처리
float64	float	float_, float16, float32, float64	실수 처리
bool	bool	bool_	불 처리
datetime64	N/A	datetime64[ns]	날짜 처리
timedelta64	N/A	N/A	날짜나 시간 차이 처리
category	N/A	N/A	범주형 처리

**데이터프레임의 자료형
변경**

2차원 배열을 리스트로 만들려면 리스트 내부에 리스트를 넣어 리스트 객체를 만들고 data 변수에 할당합니다. 그리고 열의 레이블로 사용할 문자열 두 개를 가진 리스트를 columns 변수에 할당합니다.

데이터프레임의 클래스 생성자에 매개변수 data와 columns에 두 변수 data, columns를 할당합니다. 생성된 객체를 변수 df_에 할당합니다.

```
data = [[1,3],[4,5]]          # 리스트 내에 리스트를 넣어서 리스트 생성
```

```
columns = ['A','B']           # 열의 레이블을 리스트로 생성
```

```
df_ = pd.DataFrame(data=data, columns=columns)
```
데이터프레임의 data와 columns 매개변수에 지정해서 객체 생성

데이터프레임 객체의 열 데이터 자료형을 **dtypes** 속성으로 확인할 수 있습니다.

```
df_.dtypes                    # 데이터프레임의 열의 자료형을 dtypes 속성으로 확인
```
```
A    int64
B    int64                    ← 두 개의 열에 대한 자료형이 별도로 표시
dtype: object
```

데이터프레임도 자료형을 지정하지 않으면 내부적으로 추론해서 자료형을 배정합니다. 내부의 값을 원하는 자료형으로 변경할 때는 **astype** 메소드를 사용합니다. 두 개의 열을 동시에 변경할 때는 두 열의 이름을 딕셔너리(dict)의 키로 전달하고 자료형을 값으로 전달합니다. 데이터프레임의 A열은 str, B열은 np.int32로 지정해서 변경해 봅시다.

```
df_c = df_.astype({'A': str, 'B': np.int32})
```
데이터프레임의 두 열의 자료형을 astype 메소드로 변경(열의 이름을 키로 하고 자료형을 값으로 넣어서 실행)

데이터프레임은 함수나 메소드로 객체를 변경하면 대부분 새로운 객체를 만듭니다. 새로 만들어진 데이터프레임의 속성 **dtypes**를 확인하면 문자열은 object, 정수는 int32로 변경된 것을 알 수 있습니다.

```
df_c.dtypes          # 변경된 데이터프레임을 dtypes로 조회
```

```
A     object
B     int32          ← A열은 문자열이라 object, B열은 int32로 변경
dtype: object
```

**시리즈로 데이터프레임
만들기**

데이터프레임 객체를 만들 때 시리즈 객체를 인자로 전달할 수 있습니다. 이때는 딕셔너리(dict)에 열의 이름을 키로 전달한 후에 값으로 시리즈 객체를 넣어야 합니다. 시리즈 객체를 만들 때 자료형을 문자열로 전달해 자료형을 지정했습니다. 문자열 int, floata으로 자료형을 지정하면 해당하는 OS에 따라 자료형을 추론해서 자동으로 부여합니다.

```
df = pd.DataFrame({'A':pd.Series([1,2,3], dtype='int'),
                   'B':pd.Series([7,8,9], dtype='float')})
```

```
df.dtypes          # 열의 자료형을 조회
```

```
A     int32          ← 딕셔너리의 키는 열의 레이블이고, 실제 값들의 열에 들어간다.
B     float64            (문자열 int는 int32이고, 문자열 float는 float64로 변환)
dtype: object
```

**하나의 열만 자료형
변경**

이번에는 두 개의 키를 가지는 딕셔너리(dict)를 만들 때 값에 리스트 객체를 전달했습니다. 별도의 자료형을 지정하지 않아서 자동으로 추론해서 자료형을 확정합니다.

```
data = pd.DataFrame({'date':[2016, 2017, 2018, 2019],
                     'type':['A', 'B', 'A', 'C']})
```

```
                                # 딕셔너리에 키와 값만 지정해서 데이터프레임 객체 생성
```

```
data
```

	date	type
0	2016	A
1	2017	B
2	2018	A
3	2019	C

데이터프레임 열의 자료형을 **dtypes**로 확인하면 문자열은 object이고 정수는 int64입니다.

```
data.dtypes          # 열의 자료형을 조회
```

```
date        int64      ← data는 int64이고, type은 object로 변환
type       object        (자료형을 지정하지 않아도 내부적으로 판단해서 최적의 자료형을 지정한다.)
dtype: object
```

이 데이터프레임의 **date** 열의 자료형을 **float64**로 변경합니다. 항상 새로운 객체가 만들어지므로 기존 열에 할당해 변경해야 합니다. 변경된 자료형을 **dtypes** 속성으로 확인하면 변경된 것을 알 수 있습니다.

```
data['date'] = data['date'].astype('float64')
```

자료형을 astype 메소드에 float64를 인자로 전달해서 변환(값도 변경하려면 date열에 변환시킨 값을 할당)

```
data.dtypes                        # 열의 자료형 조회
```

```
date      float64
type       object          ← 자료형이 변환
dtype: object
```

CHAPTER
5

데이터 구조 접근하기

넘파이 모듈과 판다스 모듈의 객체는 일반 배열과 다른 다차원 배열입니다. 색인 연산도 정수 인덱스 외에 배열도 인자로 받아서 검색할 수 있습니다.

배열을 인자로 처리하는 팬시 검색(Fancy Indexing)과 논리 검색(Boolean Indexing)을 알아봅니다.

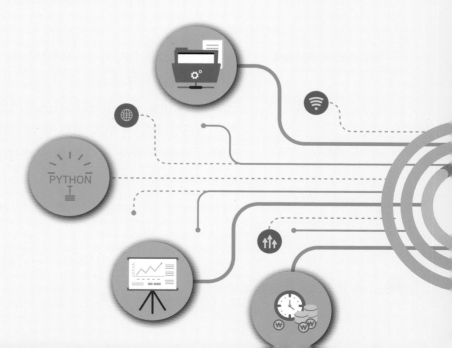

01 다차원 배열 팬시 검색과 논리 검색

넘파이 모듈의 다차원 배열은 여러 축으로 데이터를 쌓아서 다양한 차원의 배열을 지원합니다. 여러 개의 원소를 검색하는 방식이 필요합니다. 팬시 검색과 논리 검색이 어떻게 사용되는지 알아봅니다.

 팬시 검색

다차원 배열의 색인 연산에 인덱스 정보를 배열의 인자로 전달해 검색하는 방법을 알아봅니다.

2차원 배열 만들기

다차원 배열을 만드는 함수에 3개의 원소를 가진 리스트를 원소로 하는 리스트를 만들어서 다차원 배열을 만듭니다. 이 다차원 배열은 3개의 행과 3개의 열을 가진 2차원 배열을 만듭니다.

```
a = np.array([[1,2,3],[4,5,6],[7,8,9]])
```
                          # 3개의 원소를 가진 리스트를 3개 리스트 내에 넣어서 다차원 배열 객체 생성

```
a
```
```
array([[1, 2, 3],
       [4, 5, 6],        ← 3행 3열의 다차원 배열이다.
       [7, 8, 9]])
```

행을 중심으로 팬시 검색

하나의 인덱스를 정수와 하나의 원소를 가진 리스트를 가지고 색인 연산한 결과를 비교해 봅니다. 이 배열에 정수 0을 전달해서 조회하면 첫 번째 행을 표시합니다. 팬시 검색은 리스트를 색인 연산에 인자로 전달합니다. 첫 번째 행의 원소를 반환하지만 2차원 배열로 반환합니다. 이는 팬시 검색은 원본 행렬의 형상을 그대로 유지합니다.

```
a[0]                     # 정수 0으로 조회

array([1, 2, 3])    ← 첫 번째 행의 1차원 배열을 조회
```

```
a[[0]]                   # 리스트를 색인연산에 사용 가능(하나의 원소 0을 가진 리스트로 조회)

array([[1, 2, 3]])    ← 2차원 배열의 형상을 유지한 1행 3열의 2차원 배열
```

이번에는 두 개의 인덱스를 넣어 처리하는 방식을 비교해 봅니다. 정수만 넣고 조회하면 하나의 스칼라값을 반환합니다. [0, 2] 리스트를 전달한 팬시 검색은 두 개의 행을 가진 2차원 배열을 반환합니다. 이것은 팬시 검색은 항상 기존 배열의 형상을 유지하면서 주어진 인덱스 정보에 따라 행을 조회합니다.

```
a[0,2]                   # 행과 열을 정수로 넣어 조회

3                    ← 하나의 원소 값이
```

```
a[[0,2]]                 # 두 개의 정수가 들어있는 리스트로 조회

array([[1, 2, 3],
       [7, 8, 9]])    ← 0번 행과 2번 행을 가진 2차원 배열
```

팬시검색도 다차원 배열의 형상의 범위를 벗어날 경우는 예외가 발생하므로 인덱스 범위를 확인해서 조회해야 합니다.

```
try :
    a[[3]]          # 없는 인덱스 정보를 리스트에 넣어서 조회
except Exception as e :
    print(e)
```

index 3 is out of bounds for axis 0 with size 3   ← 예외가 발생

행과 열을 조합한 팬시 검색

다차원 배열에서 2차원 배열에는 행과 열의 축(axis)이 있습니다. 행과 열을 동시에 조회하려면 이 두 개의 축(axis)을 쉼표로 구분해야 합니다.

먼저 하나의 축인 행을 중심으로 리스트를 전달해 색인 연산을 수행해서 두 개의 행을 조회한 후에 변수에 할당합니다.

```
b = a[[0,2]]        # 리스트를 넣고 조회한 후에 변수에 할당
```

```
b

array([[1, 2, 3],
       [7, 8, 9]])
```

이번에는 모든 행을 조회하기 위해 행의 축에는 슬라이스를 처리합니다. 열의 축에는 3개의 열 중에 2개의 열을 리스트에 전달해 조회합니다. 그러면 2행 2열의 다차원 배열이 조회됩니다.

```
b[:, [0,2]]          # 배열의 모든 행은 슬라이스로 처리하고 열은 리스트로 처리

array([[1, 3],       ← 2행 2열의 2차원 배열 생성
       [7, 9]])
```

두 개의 팬시 검색을 행과 열에 전달

두 개의 리스트를 행과 열의 축에 전달해서 조회하면 두 개의 다차원 배열이 만들어지지 않습니다. 이런 결과가 나오는 것은 두 개의 리스트를 전달하면 순서쌍을 만들어서 해당하는 원소만 팬시 검색으로 처리하기 때문입니다.

```
a[[0,2],[0,2]]              # 행과 열에 리스트를 제공

array([1, 9])       ← 두 개의 리스트 순서쌍
```

두 개의 행과 두 개의 열을 검색하려면 넘파이에서 제공하는 `ix_` 함수를 사용해야 합니다.

```
a[np.ix_([0,2], [0,2])]  # 첫 번째 마지막 행과 열을 마지막 열로 검색을 할 때는 ix함수 사용

array([[1, 3],
       [7, 9]])
```

팬시 검색도 새 배열 사본을 생성

팬시 검색은 다차원 배열의 색인 연산과 달리 새로운 사본 객체를 만들므로 메모리를 공유하지 않습니다.

위의 `ix_` 함수를 사용한 팬시 검색 결과를 새로운 변수에 할당합니다. 기존 다차원 배열과 메모리 공유를 `may_share_memory` 함수로 확인해보면 False가 나옵니다. 두 다차원 배열은 전혀 다른 객체라는 것이죠.

```
c = a[np.ix_([0,2], [0,2])]   # 팬시 검색을 하면 새로운 객체 생성
```

```
np.may_share_memory(c,a)
```

```
False    ← 팬시검색은 원본과 새로운 사본을 생성하기 때문에 메모리를 공유하지 않는다.
```

예제 2 논리 검색

다차원 배열은 비교 연산과 관계 연산을 사용해 검색할 수 있습니다.

논리식 적용

위에서 만든 다차원 배열을 조회합니다.

```
a                                          # 위에서 만든 배열을 조회
array([[1, 2, 3],
       [4, 5, 6],
       [7, 8, 9]])
```

다차원 배열과 정수 5를 비교 연산으로 처리하면 같은 배열 형상을 갖지만, 내부의 원솟값이 모두 논리값인 True와 False로 표시됩니다. 이는 원소별로 비교한 결과를 보여주기 때문입니다.

```
a > 5                                       # 상수와 배열을 비교
array([[False, False, False],
       [False, False,  True],      ← 형상은 같지만 원소의 값이 논리 값으로 변경
       [ True,  True,  True]])
```

**논리식을 직접
검색연산자에 넣기**

위에서 비교 연산한 결과를 색인 연산에 넣으면 결과가 True인 것만 추출해서 1차원 배열로 조회할 수 있습니다.

```
a[a > 5]                                    # 배열의 색인연산에 넣어서 사용
array([6, 7, 8, 9])                 ← True인 결과만 추출
```

**논리 연산을 묶어서
처리하기**

논리식을 만들 수 있는 비교 연산과 관계 연산을 묶어서 하나의 조건식을 처리할 수 있습니다. 다차원 배열의 원소가 5보다 크거나 8보다 작은 결과를 확인합니다.

```
(a>5) & (a< 8)                             # 두 개의 비교를 연결해서 사용
array([[False, False, False],
       [False, False,  True],      ← 논리값이 배열 생성
       [ True, False, False]])
```

관계 연산에서는 예약어 **and**, **or**, **not**을 사용합니다. 논리 검색을 할 때는 예약어를 사용할 수 없습니다. 그래서 연산 기호인 **&**, **|**, **~**

를 사용해 처리합니다.

이 조건식을 색인 연산에 넣고 조회하면 1차원 배열의 원소가 6과 7입니다.

```
a[ (a>5) & (a< 8)]                        # 색인연산에 넣으면

array([6, 7])                             ← 참인 결과만 추출
```

논리 검색은 새로운 배열 사본을 생성

위의 결과를 보면 논리 검색을 수행하면 다른 차원의 배열이 만들어지는 것을 알 수 있습니다. 이 논리 검색도 원본과 다른 배열을 만드는지 may_share_memory 함수로 확인해 봅니다.

논리 검색으로 만들어진 배열을 다른 변수에 할당한 후에 원본 배열과 메모리를 공유하는지 may_share_memory 함수로 확인하면 False가 나옵니다. 새로운 다차원 배열 객체가 만들어지는 것을 확인할 수 있습니다.

```
d = a[ (a>5) & (a< 8)]                    # 결과를 변수에 할당
```

```
np.may_share_memory(d,a)                  # 원본 배열과 메모리를 공유하는지 확인

False                                     ← 공유하지 않는다.
```

검색연산자 내에 관계연산자 사용 여부

논리 검색일 때 예약어 and, or, not을 사용하면 처리된 결과를 제대로 인식하지 못하는 예외가 발생합니다.

```
try :
    a[ (a>5) and (a< 8)]
except Exception as e :
    print(e)
```

The truth value of an array with more than one element is ambiguous. Use a.
any() or a.all() ← 색인연산 내에는 and, or, not을 사용할 수 없다.(기호를 사용)

02 판다스의 팬시 검색과 논리 검색

판다스 모듈도 1차원인 시리즈와 2차원인 데이터프레임 클래스를 사용합니다. 이 말은 팬시 검색과 논리 검색으로 조회할 수 있다는 뜻입니다.

예제 1 판다스의 팬시 검색

다차원 배열처럼 판다스의 클래스도 팬시 검색을 실행하면 별도의 사본을 만들어 처리합니다.

다차원 배열로 2차원 배열 만들기

모듈 numpy와 pandas를 import합니다.

```
import numpy as np                    # 다차원 배열을 처리하는 넘파이 모듈 사용
```

```
import pandas as pd                   # 판다스 모듈 사용
```

먼저 10개의 원소를 가진 1차원 배열을 arrange 함수로 만든 후에 같은 원소를 가진 2차원 배열로 변환해서 변수에 할당합니다. 이 변수를 조회하면 2행 5열의 2차원 배열 객체인 것을 알 수 있습니다.

```
a = np.arange(10).reshape(2,5)        # 0부터 9까지의 1차원 배열을 생성하고 형상을
                                        reshape 메소드로 2차원으로 변형
```

```
a
```

```
array([[0, 1, 2, 3, 4],
       [5, 6, 7, 8, 9]])              ← 2행 5열의 다차원 배열
```

데이터프레임 만들기

데이터프레임 클래스 생성자에 2차원 배열을 인자로 넣습니다. 열의 레이블 이름을 문자열로 넣어서 객체를 생성합니다. 행의 레이블은 지정하지 않아서 정수 인덱스 정보를 자동으로 만듭니다.

```
df = pd.DataFrame(a, columns=list('abcde'))
```
다차원 배열과 열의 레이블을 지정해서 데이터프레임 생성

```
df
```

```
   a  b  c  d  e

0  0  1  2  3  4       ← 행의 레이블은 숫자로 자동 지정된다.
1  5  6  7  8  9
```

데이터프레임 검색

색인 연산으로 하나의 열을 조회하려면 열의 레이블 이름을 지정합니다. 하나의 시리즈 객체가 조회됩니다.

```
df['a']                        # 열의 레이블로 검색

0    0
1    5                          ← 시리즈로 하나의 열을 반환
Name: a, dtype: int64
```

팬시 검색으로 하나의 열을 조회하면 2차원 데이터프레임으로 출력하는 것을 알 수 있습니다.

```
df[['a']]                      # 문자열을 리스트에 넣어서 조회

   a

0  0                            ← 하나의 열을 가진 데이터프레임

1  5
```

여러 열을 임의로 검색

여러 개의 열 이름을 리스트에 넣어서 팬시 검색으로 조회하면 3개의 열을 가진 데이터프레임이 조회됩니다.

```
df[['a','c','d']]              # 3개의 문자열을 리스트에 넣어서 조회

   a  c  d

0  0  2  3                      ← 3개의 열을 가진 데이터프레임

1  5  7  8
```

예제 2 **판다스의 논리 검색**

판다스의 시리즈나 데이터프레임도 배열입니다. 논리 연산을 처리한 결과인 배열을 색인 연산의 인자로 전달해 검색할 수 있습니다.

논리식 수행 후 검색

먼저 다차원 배열에 논리 연산을 수행한 후에 변수에 할당합니다.

```
b = a > 5                    # 다차원 배열의 값을 정수와 비교
```

```
b
```

```
array([[False, False, False, False, False],     ← 5보다 큰 값만 불리언
       [False, True,  True,  True,  True]])       값 중에 True
```

논리 식을 데이터프레임에 넣어서 조회하면4개의원소를 조회하지 않습니다. 논리검색을처리하면행을기반으로처리합니다. 그래서 두 번째 행을 4번 연속해서 출력합니다.

```
df[b]                        # 논리 배열을 조회
```

```
   a b c d e
1  5 6 7 8 9
1  5 6 7 8 9           ← 두 번째의 행이 4번 출력하는 데이터프레임 생성
1  5 6 7 8 9
1  5 6 7 8 9
```

논리식 수행 후 검색

원하는 원소만 추출하려면 `flatten` 함수로 다차원 배열의 결과를 1차원으로 변형합니다.

```
c = b.flatten()              # 다차원 배열을 1차원으로 변형
```

```
c
```

```
array([False, False, False, False, False, False,  True,  True,  True,  True])
```

데이터프레임의 속성 `values`에 있는 다차원 배열을 `flatten` 메소드로 1차원으로 변형한 후에 논리 검색하면 1차원 배열로 반환합니다.

```
df.values.flatten()[c]       # values 속성의 다차원 배열을 1차원으로 생성해서 논리검색
array([6, 7, 8, 9])            ← 원소만 추출
```

03 데이터 구조 변경

다차원 배열과 데이터프레임으로 만들어진 객체를 하나로 결합하는 방법을 알아봅니다.

 예제 1 **다차원 배열에 데이터의 행과 열 추가**

**두 개의 다차원 배열
만들기**

두 개의 다차원 배열은 배열의 형상이 맞아야 결합할 수 있습니다.
9개의 원소를 가진 1차원 배열을 만든 후에 3행 3열의 2차원 배열
로 변환합니다.

```
A = np.arange(1,10).reshape(3,3)          # 3행 3열의 2차원 배열 생성
```

```
A
```

```
array([[1, 2, 3],
       [4, 5, 6],
       [7, 8, 9]])
```

3개의 원소를 가진 1차원 배열을 만든 후에 이를 1행 3열의 다차원
배열로 변환합니다.

```
b = np.arange(11,14).reshape(1,3)          # 1행 3열의 2차원 배열 생성
```

```
b
```

```
array([[11, 12, 13]])
```

두 배열을 하나로 합칠 때는 append 함수를 사용합니다. 이때 수직
축으로 결합할 때는 축을 axis=0을 지정합니다.

```
np.append(A,b, axis=0)          # append 함수를 사용해서 수직축으로 하나의 행렬 추가
```

```
array([[ 1,  2,  3],
       [ 4,  5,  6],
       [ 7,  8,  9],
       [11, 12, 13]])
```

수평 방향으로 결합하려면 축을 axis=1을 지정합니다.

```
np.append(A,b.T, axis=1)          # append 함수를 사용해서 수평축으로 하나의 행렬 추가
```
```
array([[ 1,  2,  3, 11],
       [ 4,  5,  6, 12],
       [ 7,  8,  9, 13]])
```

2 데이터프레임에 행과 열 추가

데이터프레임 객체 생성

데이터프레임은 행과 열의 레이블이 있어서 다차원 배열보다 결합할 때 예외가 많이 발생합니다. 실제 행과 열의 레이블에 따라 데이터가 결합할 수 있으므로 결합할 때는 주의해야 합니다.

2개의 행과 2개의 열을 가진 데이터프레임을 만듭니다.

```
df1 = pd.DataFrame([[1, 2], [3, 4]], columns=list('가나'))
```
2개의 원소를 가진 리스트를 리스트 내에 정의(열의 이름을 한글로 지정한 후에 데이터프레임 객체 생성)

```
df1                              # 한글로 열의 레이블에 붙어있는 데이터프레임을 확인
```

	가	나
0	1	2
1	3	4

같은 형상의 데이터프레임을 하나 더 만듭니다.

```
df2 = pd.DataFrame([[5, 6], [7, 8]], columns=list('가나'))
```
동일한 열의 이름을 가진 데이터프레임 생성

```
df2
```

	가	나
0	5	6
1	7	8

두 데이터프레임 결합

append 메소드를 사용해 두 데이터프레임을 결합하면 수직축 axis=0으로 결합됩니다. 행의 인덱스 정보는 원본 그대로 유지하는 것을 알 수 있습니다. 결합해서 만들어지는 데이터프레임은 새로운 사본 데이터프레임 객체이므로 원본은 변경되지 않습니다.

```
df1.append(df2)      # append 메소드로 두 개의 데이터프레임을 수직축으로 연결
```

```
   가  나

0  1  2
1  3  4
0  5  6          ← 행의 레이블은 원본과 동일
1  7  8
```

행의 레이블을 무시할 때는 ignore_index=True를 지정합니다. 새롭게 결합한 행의 인덱스 정보는 다시 만들어집니다.

```
df1.append(df2, ignore_index=True)
```
```
                    # 두 개의 데이터프레임을 연결할 때 행의 레이블을 다시 지정하려면
   가  나           매개변수 ignore_index=True 지정

0  1  2
1  3  4
2  5  6
3  7  8
```

같은 열 레이블을 가진 새로운 1행 2열의 데이터프레임을 만듭니다.

```
df3 = pd.DataFrame([[9,10]], columns=list('가나'))
```
```
                    # 하나의 행을 가진 데이터프레임 생성
```
```
df3
```
```
   가   나

0  9  10
```

이를 기존 배열에 수직축으로 연결합니다.

```
df1.append(df3, ignore_index=True)     # 두 개의 데이터프레임을 수직축으로 연결
```
```
   가   나

0  1   2
1  3   4
2  9  10
```

새로운 열 이름을 가진 데이터프레임을 하나 더 만듭니다.

```
df4 = pd.DataFrame([[11],[12]], columns=list('다'))
```
새로운 하나의 열을 가진 데이터프레임 생성

```
df4
```

	다
0	11
1	12

이를 수평으로 연결하기 위해 concat 함수에 axis＝1을 지정해 결합합니다. 매개변수 sort를 지정하지 않으면 경고창이 나옵니다.

```
pd.concat([df1,df4], sort=True,axis=1)
```
concat 함수로 두 개의 데이터프레임을 수형축으로 연결

	가	나	다
0	1	2	11
1	3	4	12

CHAPTER
6

시각화

다차원 배열 등의 데이터를 봐서는 어떤 의미인지를 파악하기 힘듭니다. 따라서 데이터의 경향과 분포 그래프를 그려서 데이터의 특징을 이해하는 것이 중요합니다.

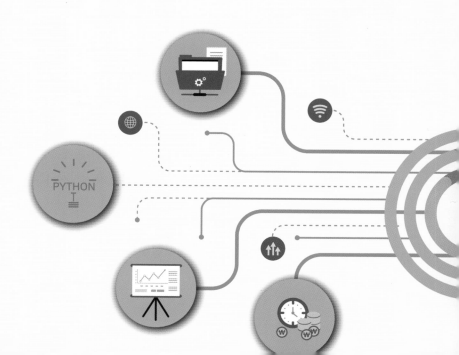

01 그래프의 기본

파이썬 시각화 모듈 중에 가장 기본인 matplotlib으로 그래프를 그려봅니다.

 그래프

다차원배열이나 데이터프레임의 데이터를 그래프를 통해 시각화할 필요가 있습니다. 주피터노트북에서 어떻게 시각화 하는지를 알아봅니다.

그래프 모듈과 주피터 노트북에 출력하기

주피터 노트북에 그래프를 출력하려면 먼저 주피터 노트북 `%matplotlib inline`을 실행합니다. 그러면 시각화 그래프가 주피터 노트북 내의 출력됩니다.

```
%matplotlib inline                    # 주피터 노트북 내부에 그래프를 출력하는 명령어 실행
```

그래프를 그리기 위해서는 `matplotbib` 모듈 내의 그래프 함수가 들어있는 내부 모듈 `pyplot`을 `import`합니다. 대개 이 모듈의 별칭(alias)으로는 `plt`를 사용합니다.

```
import matplotlib.pyplot as plt       # 파이썬 시각화 기본 모듈 사용
```

간단한 선 그래프 그리기

보통 그래프는 두 개의 축을 가지는 평면에 그립니다. 두 개의 좌표축에 데이터를 전달하기위해 두 개의 축에 맞게 두 개의 리스트 객체를 만들어 변수 x와 y에 할당합니다.

```
x = [1,2,3,4]                         # x축에 들어갈 값을 리스트로 생성
```

```
y = [2,3,4,5]                         # y축에 들어갈 값을 리스트로 생성
```

가장 일반적인 그래프가 선 그래프입니다. 이선그래프를 그리려면
함수 plot에 두 개의 인자를 전달해야 합니다. 먼저 x축과 y축에
맞게 인자를 전달한 후에 show 함수까지 작성한 후 실행합니다.

```
plt.plot(x,y)       # 2개의 축의 정보를 지정하면 두 만나는 점을 기준으로 직선 그래프 생성
plt.show()          # 그래프를 보여주는 함수 실행
```

주피터 노트북에 출력한 결과를 확인하면 평면에 선 그래프가 출력
됩니다.

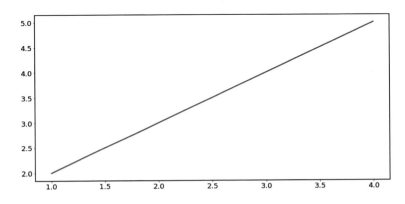

**배열을 이용해
그래프 그리기**

파이썬에서 제공하는 array 모듈의 array 클래스로 두 개의 배열
을 만듭니다.

```
import array        # 배열 함수 사용
```

```
a = array.array('i', x)    # 배열 객체 생성
```

```
b = array.array('i',y)
```

그래프를 그리는 plot 함수에 두 개의 인자를 전달해서 선 그래프
를 그립니다. 위에서 그린 리스트와 같은 그래프가 그려지는 것을
볼 수 있습니다.

```
plt.plot(a,b)              # 두 축에 배열을 인자로 전달해서 그래프 생성
plt.show()
```

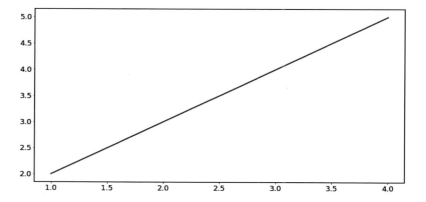

02 그래프 꾸미기

시각화 그래프는 다양합니다. 먼저 선 그래프를 그리고 이 그래프에 다양한 정보를 추가하는
방식을 알아봅니다.

예제 그래프 꾸미기

그래프를 설명하는 주요 정보와 그래프의 제목과 축의 상세 정보 등을 특정 함수로 지정하
면 그래프를 출력할 때 이 모든 정보를 합쳐 그래프를 그립니다.

한글 설정　　　　　`matplotlib`은 영어를 기반으로 하여 그래프를 그립니다. 한글로
그래프 설명을 추가하려면 별도의 폰트를 지정해야 합니다. 이 책
에는 Mac OS와 Windows OS를 기준으로 한글 폰트를 지정하는 방
식을 알아보겠습니다.

OS를 확인하기 위해서는 `sys` 모듈의 `platform` 속성으로 OS를
확인해 처리합니다. Mac OS는 darwin으로 platform에 설정하면 한
글을 처리합니다.

`font_manager`를 사용하려면 폰트가 저장된 위치에서 이 폰트의
정보를 가져와야 합니다. 폰트 정보를 `plt.rc` 함수의 family 매개
변수에 할당하면 됩니다. 한글을 지정할 경우 마이너스 정보가 깨
져 표시됩니다. 이때는 `maplotlib` 모듈 `rcParams` 내의 `axes.`
`unicode_minus` 속성을 False로 지정하면 됩니다.

```
%matplotlib inline
import matplotlib.pyplot as plt
import sys                          # 파이썬 엔진에 대한 정보를 관리하는 모듈 사용

from matplotlib import font_manager, rc
                                    # 폰트를 관리하는 함수와 설정 함수 사용
```

```
if sys.platform  == 'darwin':                        # MAC OS 이름 확인
    path = '/Library/Fonts/AppleGothic.ttf'
elif sys.platform == 'win32':                        # Windows 이름 확인
    path = "c:/Windows/Fonts/malgun.ttf"
else:
    print ('Unknown system... sorry~~~~')            # 폰트가 있는지 확인

font_name = font_manager.FontProperties (fname=path) .get_name()
rc('font', family=font_name)                  # 한글 폰트를 시각화 환경에 세팅
plt.rcParams['axes.unicode_minus'] = False
                              # 한글 처리 시 마이너스 값을 처리할 수 있도록 조정
```

그래프를 구성하는 객체

시각화 그래프를 그리려면 그래프가 어떻게 구성되는지 알아야 합니다. 그래프를 관리하는 캔버스 역할을 하는 클래스는 Figure입니다. 이 클래스의 객체를 먼저 만들어야 합니다. 캔버스의 크기에 맞춰 그래프를 그리므로 figsize 매개변수를 지정해서 그래프의 크기를 정해야 합니다.

```
fig = plt.figure(figsize=(8,4))     # 캔버스 객체 생성(사이즈를 figsize에 할당)
<Figure size 576x288 with 0 Axes>
```

다음 그림을 보면 캔버스 내부 그래프의 객체를 볼 수 있습니다. 실제 그래프는 **Axes** 클래스의 객체 내부에 들어갑니다. 이런 다양한 객체들을 조합해 하나의 그래프가 구성되는 것을 알 수 있습니다.

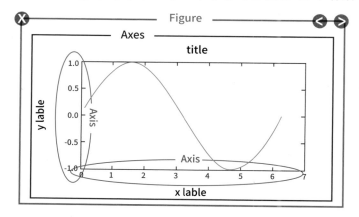

Axes 추가하기

Figure 객체를 하나 만들고 fig 변수에 할당하면 캔버스가 하나 만들어졌습니다. 이제 Axes 객체를 두 개 추가하기 위해 add_subplot 함수에 인자를 행과 열의 정보, 그리고 그래프 작성된 위치를 전달해서 두 개의 그래프 객체를 만듭니다.

그래프가 들어갈 Axes 객체를 만드는 **add_subplot** 함수가 실행되면 어떻게 그래프가 그려지는지 알아봅니다. 첫 번째 인자는 행을 표시하고, 두 번째 인자는 열을 의미합니다. 세 번째 인자는 실제 그래프가 들어갈 객체의 위치입니다. **show** 함수를 실행하면 그래프의 축이 두 개 그려지는 것을 볼 수 있습니다. 내부에 그래프를 그리지 않아도 축에 대한 객체는 먼저 만들어지는 것을 알 수 있습니다.

```
fig = plt.figure(figsize=(8,4))
ax1 = fig.add_subplot(2, 1, 1) # 그래프가 들어갈 AXES 객체를 2개 생성
ax2 = fig.add_subplot(2, 1, 2) # 2행 1열을 지정(그래프 위치를 마지막 인자로 지정)
plt.show()
```

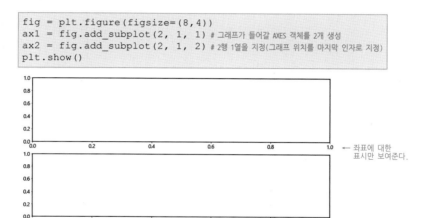

← 좌표에 대한
표시만 보여준다.

하나의 행에 두 개의 열을 그래프로 그리려면 **add_subplot**의 첫 번째 인자에 1을 넣어서 행을 하나 만듭니다. 두 번째 인자에는 2를 넣어 두 개의 열을 구성합니다. 이번 그래프는 수평으로 두 개의 그래프 틀이 만들어진 것을 볼 수 있습니다.

```
fig = plt.figure(figsize=(8,4))
ax1 = fig.add_subplot(1, 2, 1) # 수평으로 두 개의 그래프를 그리려면 하나의 행에
ax2 = fig.add_subplot(1, 2, 2)    열을 2개 지정
plt.show()
```

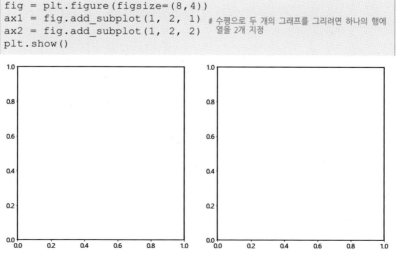

처음부터 캔버스와 그래프 객체 둘 다 지정할 수 있습니다. 이때는
`subplots` 함수를 사용합니다. 이때 인자로 행과 열 정보를 전달합
니다. 캔버스의 크기는 figsize로 지정할 수 있습니다.

```
fig, axes = plt.subplots(nrows=1, ncols=2,figsize=(8,4))
plt.show()                    # nrows, ncols 매개변수에 지정해서 표시 가능
```

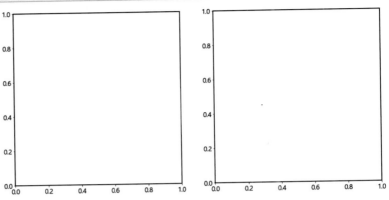

Figure 객체 재사용

하나의 Figure 객체를 만들고 변수에 할당한 후에 제목(title)과 그래
프(plot)를 그립니다. 그래프를 꾸미려면 먼저 색상, 만나는 점인 마
커, 그래프의 선 스타일 등을 문자열로 표시할 수 있습니다.

그래프의 선 색상은 r을 지정해서 빨간색, 만나는 점인 마커는 원을
표시하는 o를 사용하고 선 스타일은 :를 사용해서 점선을 그립니다.
기존에 사용한 Figure 객체를 다시 사용할 때는 `gcf` 함수를 사용해
서 현재 캔버스를 가져옵니다. 다시 그래프의 색깔(b)을 변환해서
그리면 두 개의 그래프가 동시에 하나의 Axes 객체 내에 2개의 선
그래프가 그려집니다.

```
f1 = plt.figure(figsize=(8,4))
plt.title(" Figure  ")           # 그래프의 제목 부여
plt.plot([1, 2, 3, 4], 'ro:')# 선 색상을 적색(r)과 두 점이 만나는 marker인 원 표시
f2 = plt.gcf()                   # 동일한 캔버스를 다시 불러온다.
plt.plot([4, 6, 8, 10], 'bo:') # 선 색상을 파란색(b)과 두 점이 만나는 marker인
plt.show()                        원 표시
```

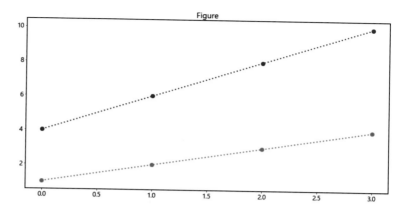

이번에는 **subplots** 함수로 Figure와 Axes 객체를 같이 만듭니다. Axes 객체를 axes 변수에 할당해서 **plot** 메소드로 그래프를 그립니다. 동일한 객체에 **plot** 메소드를 사용해서 두 번 그립니다.

```
fig, axes = plt.subplots(figsize=(8,4)) # 캔버스와 axes 객체 생성
plt.title(" Figure Axes  ")              # 제목 추가
axes.plot([1, 2, 3, 4], 'ro:')           # axes 객체를 사용해서 그래프 생성

f2 = plt.gcf()                           # 다시 캔버스를 가져오지 않아도 axes 변수를 사용 가능
axes.plot([4, 6, 8, 10], 'bo:')
plt.show()
```

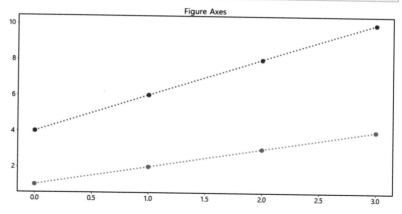

그래프의 제목을 한글로 붙이기

그래프를 그리기 위해 x축과 y축에 들어갈 값을 가진 두 개의 변수를 만듭니다. y의 값은 x의 값을 제곱한 결과입니다.

```
x = np.arange(1,10)    # 9개의 원소를 가진 1차원 배열 생성
y = x **2              # 이 배열을 제곱한 1차원 배열 생성(하나의 함수를 만드는 것과 동일)
```

Figure 객체의 크기를 지정해서 객체를 하나 생성합니다. 한글을 제목으로 붙이려면 title 함수에 한글 문자열을 전달합니다. 그래프의 상단에 한글 제목이 표시되는 것을 볼 수 있습니다.

```
fig = plt.figure(figsize=(8,4))
plt.title("제목을 한글로 표시")    # 한글로 제목 생성
plt.plot(x,y)                     # 그래프를 그리면 원래 원소의 제곱한 값이 생성
plt.show()
```

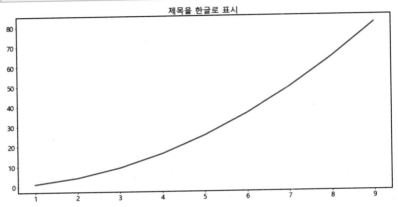

색깔, 선 스타일과 마커 처리

여러 개의 그래프를 동시에 표시하려면 그래프마다 색깔이 달라야 합니다.

이 모듈로 그래프를 여러 개 그리면 그래프마다 자동으로 색깔이 칠해집니다. 색상을 선택해서 특정한 색을 지정할 수도 있습니다. 선 그래프를 그릴 때 선 스타일을 지정해 변경할 수도 있습니다.

색깔 문자열	약어
blue	b
green	g
red	r
cyan	c
magenta	m
yellow	y
black	k
white	w

선 스타일 문자열	의미
–	solid line style
– –	dashed line style
–.	dash–dot line style
:	dotted line style

위에서 지정한 변수 x, y를 이용해서 새로운 그래프를 그립니다. 그래프를 그리는 **plot** 함수에 문자열로 인자를 전달합니다. 이 문자열에 표시된 r은 빨간색을 의미합니다. 선 그래프를 그릴 때 두 축이 만나는 점을 s로 표시해서 사각형으로 표시합니다. 또한, 선 스타일은 대시(--)로 정했으므로 그래프의 선도 대시로 표시됩니다.

```
fig = plt.figure(figsize=(8,4))
plt.title("라인 스타일의 plot ")
plt.plot(x,y, 'rs--')    # 문자열로 색상, 마커, 그리고 선스타일을 지정해서 그래프를 변경
plt.show()
```

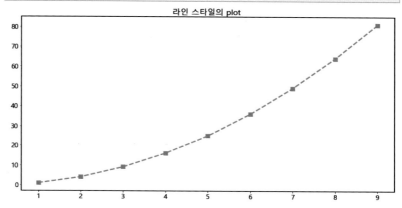

스타일의 매개변수

위에서는 색깔, 마커, 선 스타일을 하나의 문자열에 같이 표시했습니다.

매개변수를 알면 각 매개변수에 값을 할당해서 그래프의 스타일을 지정할 수 있습니다.

스타일 매개변수	약자 매개변수	의미
color	c	선 색깔
linewidth	lw	선 굵기
linestyle	ls	선 스타일
marker	n/a	마커 종류
markersize	ms	마커 크기
markeredgecolor	mec	마커 선 색깔
markeredgewidth	mew	마커 선 굵기
markerfacecolor	mfc	마커 내부 색깔

위에서 색깔, 마커, 선 스타일을 문자열에 넣어서 처리한 것을 이번에는 매개변수의 인자로 전달해서 처리합니다. 같은 결과가 그래프로 표시되는 것을 확인할 수 있습니다.

```
fig = plt.figure(figsize=(8,4))
plt.title("라인 스타일의 plot ")
plt.plot(x,y, color='r', marker='s', linestyle='--')
plt.show()                                    # 선의 굵기와 마커의 크기 등을 조정
```

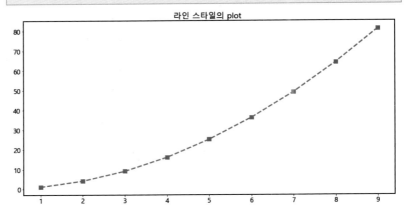

선의 폭을 굵게 할 수도 있고 두 점이 만나는 마커를 다양하게 꾸밀 수도 있습니다. 기본 모양을 표시하지만, 마커 사이즈(ms), 마커 선 색깔(mec) 등을 꾸밀 수 있습니다.

```
fig = plt.figure(figsize=(8,4))
plt.plot(x,y, c="r", lw=3,ls="--", marker="s", ms=6,
mec="b", mew=3, mfc ="r")                      # 선의 굵기와 마커의 크기 등을 조정
plt.title("스타일 적용 예제")
plt.show()
```

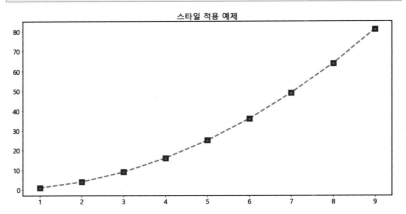

그래프의 범위 지정

그래프를 그릴 때 축의 정보는 `plot` 함수에 전달하는 변수 x, y의 값을 이용해서 임의로 표시합니다. 명시적으로 각 축의 범위를 지정할 수도 있습니다. 이때 사용하는 함수가 `xlim`과 `ylim`입니다. 세로축에 음수값도 처리하게 지정합니다. 마이너스 표시 대신에 박스가 붙어있는 것을 알 수 있습니다.

```
fig = plt.figure(figsize=(8,4))
plt.title("x축, y축의 범위 설정")
plt.plot(x,y, c="r", lw=3,ls="--", marker="s", ms=6,
mec="b", mew=3, mfc="r")
plt.xlim(0, 10)
plt.ylim(0, 100)                          # 좌표의 범위 조정
plt.show()
```

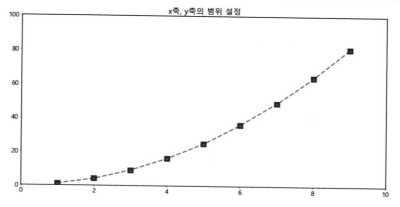

그래프 좌표에 대한 레이블 지정

축의 범위를 지정할 수도 있지만, 축에 표시되는 숫자를 명시적으로 표시할 수도 있습니다. 이때는 `xticks`와 `yticks` 함수로 좌표축의 레이블을 명기합니다.

```
fig = plt.figure(figsize=(8,4))
plt.plot(x,y, c="r", lw=3,ls="--", marker="s", ms=6,
mec="b", mew=3, mfc ="r")
plt.title("x축과 y축의 tick설정")
plt.xticks(x)
plt.yticks(y)                             # 좌표 내의 숫자의 값 지정
plt.show()
```

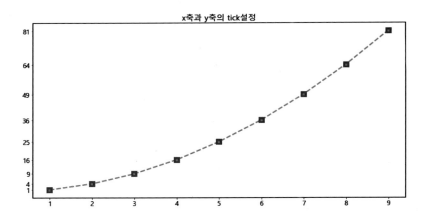

좌표에 그리드 지정

두 개의 좌표축이 만나는 선을 그리드로 표시할 수도 있습니다. grid 함수에 True 인자를 전달해 실행하면 그리드가 표시됩니다.

```
fig = plt.figure(figsize=(8,4))
plt.plot(x,y, c="r", lw=3,ls="--", marker="s", ms=6,
mec="b", mew=3, mfc ="r")
plt.title("x축과 y축의 tick설정")
plt.xticks(x)
plt.yticks(y)
plt.grid(True)                              # 좌표 내의 그리드 표시
plt.show()
```

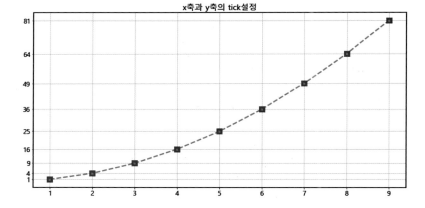

축의 제목 달기

그래프 전체에 제목을 붙일 수 있듯이 축에도 이름을 지정할 수 있습니다. 이때 사용하는 함수는 xlabel과 ylabel입니다. 레이블은 이름이므로 한글을 사용해서 표시할 수 있습니다.

```
fig = plt.figure(figsize=(8,4))
plt.plot(x,y, c="r", lw=3,ls="--", marker="s", ms=6,
mec="b", mew=3, mfc ="r")
plt.title("x축과 y축의 tick설정")
```

```
plt.xticks(x)
plt.yticks(y)
plt.grid(True)
plt.xlabel(" x 레이블 ")
plt.ylabel(" y 레이블 ")         # 좌표 축의 제목 부여
plt.show()
```

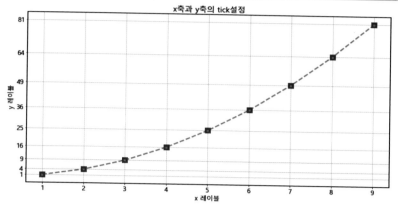

**두 그래프를 하나의
출력으로 표시하기**

여러 개의 그래프를 같이 비교하며 볼 수 있습니다. 이때는 하나의 Figure 객체 내에 여러 개의 Axes 객체를 추가하고 이 내부에 그래프를 그립니다.

사인과 코사인 그래프를 두 개의 Axes 객체에 그린 결과를 볼 수 있습니다.

```
x = np.linspace(0,10)
fig = plt.figure(figsize=(8,4))
ax1 = fig.add_subplot(1, 2, 1)
ax1.plot(x,np.sin(x))           # 사인 그래프 생성
ax2 = fig.add_subplot(1, 2, 2)
ax2.plot(x,np.cos(x))           # 코사인 그래프 생성
plt.show()
```

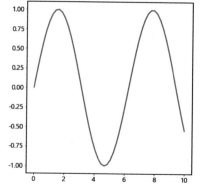 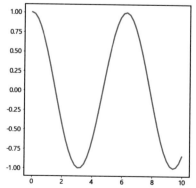

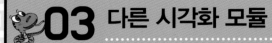

03 다른 시각화 모듈

시각화를 처리하는 모듈은 다양합니다. 이 중에서 seaborn 모듈과 pyecharts 모듈을 추가 해서 알아봅니다.

 예제 **다양한 시각화 그래프 알아보기**

보통 seaborn 모듈은 matplotlib 모듈과 연계해 작동됩니다. 동적인 결과를 확인하는 pyecharts 모듈도 추가로 알아봅니다.

그래프 모듈 설치

3개의 시각화 모듈을 import합니다. 이 모듈 중에 추가 설치해야 할 모듈이 있습니다. 빈 셀에 !pip install pyecharts를 작성 해서 실행해야 합니다.

```
%matplotlib inline
import matplotlib.pyplot as plt      # 기본 시각화 모듈 사용
import seaborn as sns                # 판다스 등에 특화된 시각화 모듈 사용
```

```
import numpy as np
import pandas as pd
```

```
import pyecharts.charts as cht       # 동적인 시각화 모듈 사용
from pyecharts import options as opts
```

스타일 처리

이번에는 그래프 스타일도 변경할 수 있는 style 사용해서 그래프 를 보기 좋게 꾸밉니다.

```
from matplotlib import style         # 그래프 스타일 R언어의 ggplot와 유사하도록 지정
style.use('ggplot')
```

파이 그래프 그리기

파이 그래프는 pie 함수에 비율과 레이블을 인자로 넣어 만듭니다.

```
labels = ['삼성전자', 'SK하이닉스', 'LG전자', '네이버', '카카오']
ratio = [50, 20, 10, 10, 10]    # 원 그래프에 들어갈 값을 비율에 맞춰 생성
```

```
plt.pie(ratio, labels=labels, shadow=True, startangle=90)
plt.show()                      # 파이 그래프 생성
```

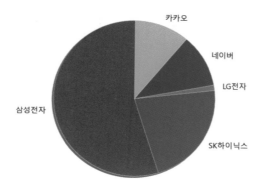

pyecharts로 파이 그래프 그리기

먼저 Pie 클래스로 객체를 하나 만듭니다. 그 내부에 정보를 추가하기 위해 add 메소드 내에 이 그래프의 이름, 레이블과 값을 zip 함수로 순서쌍을 만듭니다. 그래프의 반지름을 정수로 지정합니다. 그래프의 제목과 툴을 설정하기 위해 set_global_opts 함수를 사용합니다. 이 그래프의 제목은 title_opts 매개변수 opts.TitleOpts 에 제목과 부제목을 부여할 수 있습니다. 이 그래프의 툴 정보는 toolbox_opts 매개변수에 opts.ToolBoxOpts 객체를 지정합니다. 주 피터 노트북의 출력으로 하려면 render_notebook 메소드를 실행해야 합니다.

이 그래프의 특징은 마우스를 그래프 위에 놓으면 동적으로 내용을 볼 수 있다는 것입니다.

```
pie = cht.Pie()                              # 파이 그래프 객체 생성
pie.add("회사 규모 ", zip(labels, ratio), radius=100)
                                             # 그래프 내의 레이블과 데이터를 지정
pie .set_global_opts(title_opts=opts.TitleOpts
(title="주요 기업", subtitle= "2017-2018 Revenue"),
                                             # 제목과 부제목을 지정
                    toolbox_opts=opts.ToolboxOpts())
                                             # 툴박스 지정
pie.render_notebook()                        # 주피터 노트북에 출력
```

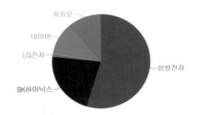

파이 그래프 원 내부 공간을 비우려면 반지름 radius 매개변수에 리스트로 인자를 전달해서 처리합니다.

```
pie = cht.Pie()
pie.add("회사 규모 ", zip(labels, ratio), radius=[40, 75])
                    # 파이 내부를 빈 공간으로 만들기 위해 반지름의 범위를 지정
pie .set_global_opts(title_opts=opts.TitleOpts
(title="주요 기업", subtitle="2017-2018 Revenue"),
                    toolbox_opts=opts.ToolboxOpts())
pie.render_notebook()
```

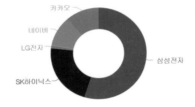

다른 데이터로 데이터 처리하기

모듈 seaborn 내에는 여러 데이터 세트를 가지고 있습니다. 4개의 데이터 세트에 저장된 데이터의 종류를 load_dataset에 문자열로 전달해 변수에 할당합니다.

```
iris = sns.load_dataset("iris")          # 붓꽃 데이터
titanic = sns.load_dataset("titanic")    # 타이타닉호 데이터
tips = sns.load_dataset("tips")          # 팁 데이터
flights = sns.load_dataset("flights")    # 여객운송 데이터
```

이 데이터 중에 tips를 조회하면 데이터프레임으로 만들어진 것을 알 수 있습니다.

이 데이터 5개를 조회할 때 head 메소드를 사용하면 5개의 행 정보

를 알려줍니다.

```
tips.head()                                          # 팁 데이터 확인
```

	total_bill	tip	sex	smoker	day	time	size
0	16.99	1.01	Female	No	Sun	Dinner	2
1	10.34	1.66	Male	No	Sun	Dinner	3
2	21.01	3.50	Male	No	Sun	Dinner	3
3	23.68	3.31	Male	No	Sun	Dinner	2
4	24.59	3.61	Female	No	Sun	Dinner	4

점그래프 그리기

데이터프레임 내에 `plot` 메소드를 제공합니다. 이 메소드의 x축에는 size, y축에는 total_bill 열을 전달해 데이터를 넣습니다. 그래프의 종류는 매개변수 kind에 문자열로 scatter를 전달합니다. 그리고 그래프의 크기는 figsize에 튜플로 지정합니다.

```
tips.plot(x='size', y='total_bill',kind='scatter', figsize=(8,4))
                              # 데이터프레임은 plot 메소드로 그래프를 바로 생성
plt.show()
```

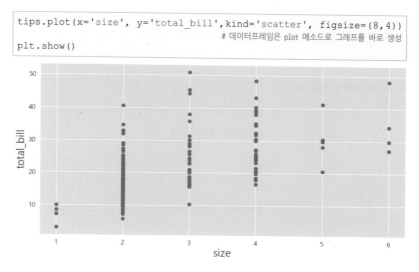

그래프를 자세히 알아보기 위해서 size 열에 속한 값의 발생 빈도를 `value_counts` 메소드로 확인합니다.

```
tips['day'].value_counts()                   # 요일에 대한 발생일 수 확인
Sat     87
Sun     76
Thur    62
Fri     19
Name: day, dtype: int64
```

위 그래프를 다른 방식으로 그릴 수도 있습니다. 판다스 모듈의 **plot** 메소드를 단순히 속성으로 사용하고 직접 **scatter** 메소드를 호출합니다. 앞 그래프의 x축, y축, figsize를 인자로 전달합니다.

```
tips.plot.scatter(x='size', y='total_bill', figsize=(8,4))
plt.show()                                      # scatter 메소드로 그래프 생성
```

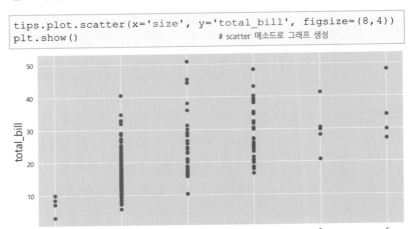

Seaborn 모듈로 점그래프 그리기

데이터프레임으로 그래프를 그릴 때 실제 정수나 실숫값일 경우에는 축의 정보로 들어갑니다. 문자열 등의 다른 정보를 전달하면 예외가 발생합니다.

```
try :
    tips.plot.scatter(x='day', y='total_bill', figsize=(8,4))
    plt.show()
except Exception as e :
    print(e)
```

scatter requires x column to be numeric   ← 숫자가 아닌 경우를 x축에 넣으면 예외가 발생

특정 요일에 대한 분포를 확인하기 위해 **value_counts** 메소드를 확인하면 요일 정보가 문자열로 들어간 것을 볼 수 있습니다.

```
tips['day'].value_counts()                      # 요일에 대한 발생일 수 확인
```

```
Sat     87
Sun     76
Thur    62
Fri     19
Name: day, dtype: int64
```

문자열도 처리하는 **seaborn** 그래프 모듈을 사용해서 요일별로 다시 그려봅니다. 먼저 **matplotlib**의 **subplots** 함수로 Figure, Axes 객체를 만들어 fig, ax 변수에 할당합니다.

점그래프를 그리기 위해 **sns.stripplot** 함수의 x축에 day, y축에 total_bill로 열 이름을 문자열로 전달합니다. 그리고 **data**에 데이터프레임이 저장된 변수 tips를 전달합니다. 그래프가 그려질 Axes 객체를 ax 매개변수에 전달해서 그립니다.

그래프의 제목은 **title** 함수에 정의했습니다. 이처럼 **matplotlib** 모듈과 **seaborn** 모듈이 연계되어 처리되는 것을 볼 수 있습니다.

```
fig, ax = plt.subplots(figsize=(8,4))          # 기본 그래프로 캔버스와 AXES 생성
sns.stripplot(x="day", y="total_bill", data=tips, jitter=True, ax=ax)
                                               # 시본에서 제공하는 stripplot 함수 사용
plt.title("요일 별 전체 팁의 Strip Plot")
plt.show()
```

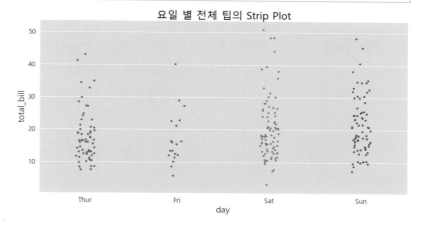

**Pyechars로 점그래프
그리기**

pyecharts 모듈로 그래프를 그려봅니다. 먼저 **Scatter** 클래스로 객체를 만들어야 합니다. 그래프에 들어가는 두 축의 정보는 **add_xaxis**에 size 열, **add_yaxis**에 total_bill 열을 전달합니다.

그래프에 표시되는 심벌의 크기는 **symbol_size** 매개변수에 정수로 전달합니다. 이 그래프의 특징은 점에 매칭되는 값을 보여준다는 것입니다.

그래프의 제목은 **set_global_opt** 메소드를 사용해 부여하고, 동

적으로 표시하는 툴박스 표시도 같이 전달해 처리합니다. 마지막으로 주피터 노트북에 출력하게 render_notebook 함수를 사용합니다.

```
scatter = cht.Scatter()                    # 파이 차트의 산포도 그래프 객체 사용

scatter.add_xaxis( tips['size']).add_yaxis("total bill",
tips['total_bill'], symbol_size=20)        # symbol의 크기 지정

scatter.set_global_opts(title_opts=opts.TitleOpts(title="Tips "),
                        toolbox_opts=opts.ToolboxOpts())
scatter.render_notebook()
```

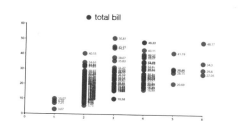

상자 그래프 그리기

데이터프레임의 plot 메소드가 matplotlib 모듈의 그래프를 그려주는 것을 알았습니다. 이번에는 상자 그래프를 그립니다. 실제 데이터가 들어가는 y축에 열의 정보를 문자열로 전달해서 실행합니다.

```
tips.plot.box(y= 'total_bill',figsize=(8,4))
plt.show()                                 # 데이터프레임에서 상자 그래프 생성
```

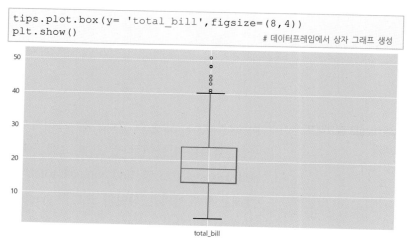

위 그래프를 요일별로 분리해서 나타내려면 seaborn 모듈의 boxplot 함수로 그래프를 그려야 합니다. 요일을 분리하는 day

를 x축에 넣고 y축에는 total_bill을 전달하고, 데이터프레임은
data=tips로 전달합니다. 그러면 요일별로 상자 그래프를 표시합니
다.

```
sns.boxplot(x="day", y="total_bill", data=tips)  # 시본을 사용해서
plt.title("요일 별, 성별 전체 팁의 Box Plot")           상자 그래프 생성
plt.show()                              # 요일별로 지정해서 4개의 상자 그래프 생성
```

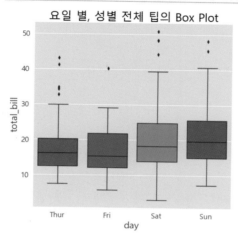

요일별, 성별로 상세화할 수도 있습니다. 매개변수 hue에 sex 열을
더 전달하면 요일에 따라 성별로 분리됩니다. 성별을 분리하므로
성별에 따라 다른 그래프가 그려진 것을 볼 수 있습니다.

```
sns.boxplot(x="day", y="total_bill", hue="sex", data=tips)
                    # hue에 sex 열을 지정하면 상자 그래프를 요일별 성별로 분리
plt.title("요일 별, 성별 전체 팁의 Box Plot")
plt.show()
```

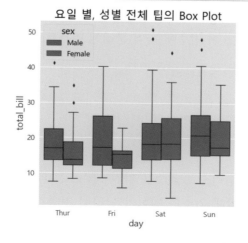

<table>
<tr><td>

Pycharts로 상자 그래프 그리기

</td><td>

Pyechart로 상자 그래프를 그리려면 데이터를 변환해야 합니다. 먼저 데이터프레임을 요일별로 그룹화하는 groupby 메소드를 사용합니다.

</td></tr>
</table>

```
gr = tips.groupby('day')                    # 데이터프레임을 요일별로 그룹화 처리
```

그룹화의 기준을 확인해보면 4개의 범주로 분리되는 것을 알 수 있습니다.

```
tips['day'].value_counts()                  # 실제 요일은 4개로 분류 가능
Sat     87
Sun     76
Thur    62
Fri     19
Name: day, dtype: int64
```

```
tips['day'].value_counts().index.categories      # 요일 그룹화 정보 확인
Index(['Thur', 'Fri', 'Sat', 'Sun'], dtype='object')
```

```
tips['day'].value_counts().index.categories.values
```

위 4개의 범주를 리스트로 변환해 변수에 저장합니다.

```
a = tips['day'].value_counts().index.categories.values.tolist()
                                            # 그룹화 정보를 하나의 리스트로 저장
```

```
a
['Thur', 'Fri', 'Sat', 'Sun']
```

빈 리스트를 하나 만듭니다. 실제 금액이 저장된 total_bill 열의 데이터를 이 범주에 맞춰 분리해 리스트 내부의 원소로 저장합니다.

```
y_axis = list()                             # 빈 리스트를 하나 생성
```

```
for  v in a :
    y_axis.append(gr.get_group(v)['total_bill'].tolist())
```
빈 리스트에 요일별 그룹화 정보를 넣는다.(리스트 내부에 리스트를 넣는다.)

4개의 리스트 원소를 가진 리스트를 데이터프레임 객체로 변환합니다. 이때 원소의 길이가 달라서 결측값이 발생합니다. 이 결측값을

0으로 변환한 후에 다시 행 단위로 읽어서 리스트로 변환합니다.

```
y_axis_ = pd.DataFrame(y_axis)          # 데이터 프레임으로 변환
```

```
y_axis_ = y_axis_.fillna(0)             # 결측값은 0으로 처리
```

```
y_axis_t = []
for i in range(4) :                     # 데이터프레임을 다시 리스트로 변환
    y_axis_t.append(y_axis_.iloc[i].tolist())
```

Boxplot 클래스로 객체를 하나 만듭니다. 그러고 나서 x축에
add_xaxis 메소드 인자로 4개의 요일에 대한 정보를 넣습니다.
실제 데이터값은 y축 **add_yaxis** 메소드로 넣습니다.

```
boxplot = cht.Boxplot()

boxplot.add_xaxis(tips['day'].value_counts().index.    # x축은 요일
categories.values.tolist())

boxplot.add_yaxis("total bill",y_axis_t)    # y축은 요일별로 가진 리스트

boxplot.set_global_opts(title_opts=opts.TitleOpts(title="Tips "),
                toolbox_opts=opts.ToolboxOpts())

boxplot.render_notebook()
```

요일별로 상자 그래프가 그려집니다.

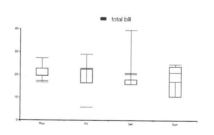

CHAPTER

7

수학 함수

데이터 분석의 기본 모듈인 넘파이(numpy)는 다양한 수학 함수를 지원합니다. 수학의 기호와 기본 함수를 이해하고 넘파이 모듈의 수학 함수도 알아봅니다.

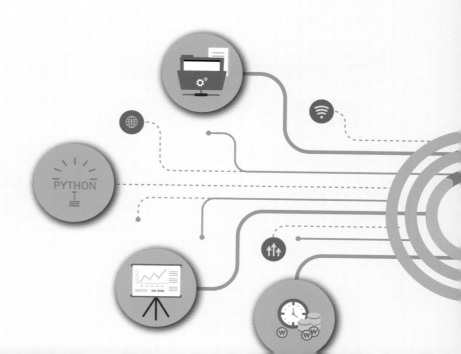

01 시그마와 파이 기호

연속하는 숫자를 더하거나 곱할 때는 간단한 기호인 대문자 시그마와 파이를 사용합니다. 두 기호가 어떤 수식으로 사용되는지 확인하고 넘파이 모듈의 함수 사용방법도 같이 살펴봅니다.

■ 수학의 계수와 항

수학 수식은 하나의 항으로 이루어진 단항식과 여러 개의 항으로 이루어진 다항식이 있습니다. 항에는 숫자 정보인 계수와 문자 정보인 항이 있습니다.

$$\underbrace{2x}_{} + \underbrace{(-5y)}_{} + \underbrace{3}_{}$$

x의 계수　　y의 계수　　상수항

■ 수식의 전개

어떤 수식이 인수분해 되어서 축약되어 있으면 이것을 항별로 표시하는 것을 전개한다고 합니다. 인수분해된 식을 전개해서 다항식으로 표시합니다.

$(a-b)^2 = (a-b)(a-b) = a^2 - 2ab + b^2$

예제 | 연속 계산하는 메소드

파이썬에서 연산 기호, 함수, 메소드를 사용하는 패턴을 먼저 알아본 후에 실제 수학의 함수들이 어떻게 처리되는지 확인합니다.

연산자와 스페셜 메소드　　`linspace` 함수로 1부터 10까지 10개의 원소를 가지는 1차원 배열을 생성합니다. 마지막 인자 10은 10개의 원소를 생성하라는 표시입니다.

```
y = np.linspace(1,10,10)          # 1부터 10까지의 숫자 중에 10개의 원소 생성
```

```
y
```
```
array([ 1.,   2.,   3.,   4.,   5.,   6.,   7.,   8.,   9.,  10.])
```

두 배열을 덧셈 연산자로 더하면 새로운 배열 객체를 반환합니다. 다차원 배열의 연산은 순환문이 필요 없어 원소별로 자동으로 계산하는 벡터화 연산을 실행합니다.

```
y + y                              # 동일한 배열을 덧셈 연산자로 더한다.
```
```
array([ 2.,   4.,   6.,   8.,  10.,  12.,  14.,  16.,  18.,  20.])
```

덧셈 연산자에 해당하는 스페셜 메소드는 **__add__** 입니다. 이 메소드로 계산하면 덧셈 연산자로 처리하는 것과 같습니다.

```
y.__add__(y)                       # 덧셈 스페셜 메소드를 사용한 계산
```
```
array([ 2.,   4.,   6.,   8.,  10.,  12.,  14.,  16.,  18.,  20.])
```

넘파이 모듈은 추가로 **add** 함수를 지원합니다. 이 함수로 두 배열을 계산해도 벡터화 연산으로 처리합니다.

```
np.add(y,y)                        # 덧셈 함수도 추가로 제공
```
```
array([ 2.,   4.,   6.,   8.,  10.,  12.,  14.,  16.,  18.,  20.])
```

시그마 기호

수학의 시그마 기호는 일반항을 표기할 수 있는 연속하는 수들의 합을 표시합니다. 첨자는 시작 항부터 마지막 항을 표시합니다.
아래 그림처럼 일반항을 만들어서 시작 항과 마지막 항의 값을 지정합니다. 일반항은 변수 k를 아래 첨자로 붙여서 연속하는 수를 표시합니다.

$$\sum_{k=1}^{n} a_k$$

마지막항
일반항, k에 대한 식
시작항
문자, 일반항에 사용된 문자

수식의 전개

아래 수식은 1부터 10까지 가지는 항을 일반항으로 전개한 것입니

다. 전개한 수식보다는 시그마를 사용해서 일반항으로 표시하는 게 더 간단하고 보기 좋습니다.

$$\sum_1^{10} x_i = x_1 + x_2 + ... + x_{10}$$

일반항을 처리하는 산식

연속하는 숫자를 시그마로 합산하면 마지막 항과 마지막 항+1을 곱한 후에 2로 나누면 실제 합산한 값이 됩니다.

$$\sum_{k=1}^{n} k = \frac{n(n+1)}{2}$$

일반항의 제곱을 표시할 때는 마지막 항과 마지막 항+1, 그리고 마지막 항에 2를 곱한 후에 +1을 하고 6으로 나누면 합산한 값이 됩니다.

$$\sum_{k=1}^{n} k^2 = \frac{n(n+1)(2n+1)}{6}$$

시그마 수식의 전개

2개의 항이 덧셈으로 시그마 기호 다음에 있을 때는 먼저 각 항으로 전개한 후에 상숫값을 시그마 기호 밖으로 이동합니다. 두 개의 덧셈을 따로 해서 합해도 전개하지 않는 것과 같은 결과가 나옵니다.

$$\sum_{k=1}^{10} (2a_k + 3b_k) = \sum_{k=1}^{10} 2a_k + \sum_{k=1}^{10} 3b_k = 2 \sum_{k=1}^{10} a_k + 3 \sum_{k=1}^{10} b_k$$

연속된 수의 누적합산 메소드

위에서 정의된 다차원 배열을 시그마 기호로 계산하는 메소드가 sum입니다. 이 배열을 sum 메소드로 계산하면 모든 원소의 합산을 반환합니다.

```
y.sum()                          # 모든 원소의 합은 sum 메소드 사용
55.0
```

원소를 합산해 누적하는 메소드는 cumsum입니다. 배열의 원소 위치까지 합산한 결과를 원소로 만들어서 배열을 반환합니다.

```
z = y.cumsum()                   # 누적에 대한 합은 cumsum 메소드 사용
```

```
z
```

```
array([ 1.,  3.,  6., 10., 15., 21., 28., 36., 45., 55.])
```

파이 기호

연속하는 곱셈은 어떻게 표시할까요? 이때는 연속하는 수나 미지수의 일반항을 만들고 그 앞에 대문자 파이 기호를 붙여서 표시합니다.

$$\prod_{1}^{10} x_i = x_1 \times \dots \times x_{10}$$

팩토리얼 계산을 대문자 파이 표기법으로 나타내기

팩토리얼은 1부터 특정한 수까지의 곱셈입니다. 대문자 파이로 표시할 때는 일반항 m을 1부터 n까지 곱하는 산식으로 변경할 수 있습니다.

$$n! = 1 \times 2 \times \dots \times (n-1) \times n = \prod_{m=1}^{n} m$$

두 개의 연속하는 곱을 하나로 표현하기

같은 개수의 두 연속하는 곱을 구한 후에 곱한 결과와 두 수를 곱한 결과를 연속으로 곱하나 결과는 같습니다.

$$\left(\prod_{k=m}^{n} a_k\right)\left(\prod_{k=m}^{n} b_k\right) = \prod_{k=m}^{n} (a_k b_k)$$

연속하는 수의 곱과 누적 곱

연속하는 숫자를 곱하는 메소드는 prod입니다. 누적된 곱을 처리하는 메소드는 cumprod입니다. 모든 원소를 곱해서 결과를 반환할 때는 prod를 사용합니다.

```
y.prod()                              # 원소들의 곱
```

```
3628800.0
```

각 원소의 위치까지 곱한 결과를 배열로 받을 때는 cumpord 메소드를 사용합니다.

```
w = y.cumprod()                       # 원소들이 누적된 곱
```

```
w
```

```
array([1.0000e+00, 2.0000e+00, 6.0000e+00, 2.4000e+01, 1.2000e+02,
       7.2000e+02, 5.0400e+03, 4.0320e+04, 3.6288e+05, 3.6288e+06])
```

02 지수, 로그와 삼각 함수

수학 함수는 입력값인 정의역과 출력값인 치역을 매핑하는 규칙입니다. 큰 수나 작은 수를 처리하는 지수와 로그를 사용합니다. 지수와 로그를 함수로 만들어서 사용할 수 있습니다.

특정 원주율의 비율이나 각의 값을 처리하는 삼각 함수도 알아봅니다. 삼각 함수를 계산할 때 각도를 사용할 수도 있고, 라디안(radian)으로도 처리할 수 있습니다.

 수학 함수

다차원 배열의 원소를 계산하는 수학 함수에 어떤 것이 있는지 알아보고 실행하면서 처리되는 방식을 알아봅니다.

사용하는 모듈 import

수학 함수를 가진 `math`와 넘파이 모듈을 `import`합니다.

```
import numpy as np                      # 다차원 배열을 관리하는 모듈 사용
import math                             # 수학 함수를 관리하는 모듈 사용
```

주피터 노트북으로 그래프를 그리기 위해 `matplotlib` 모듈을 사용합니다.

```
%matplotlib inline
import matplotlib.pyplot as plt         # 시각화 그래프를 그리는 모듈 사용
```

1차원 배열 만들기

`array` 함수를 사용해 6개의 원소를 가지는 리스트로 다차원 배열 데이터를 만듭니다. 이 배열의 원소 자료형은 매개변수 dtype을 float로 지정하면 실수로 처리합니다.

```
x = np.array([3,4,5,6,7,8], dtype=float)   # 리스트와 자료형을 전달해서
                                           # 1차원 배열 생성
```

```
x.dtype                                 # 파이썬 float는 넘파이 모듈에서는 float64 자료형이다.
dtype('float64')
```

```
x
array([3., 4., 5., 6., 7., 8.])
```

지수 함수

수학의 지수함수는 밑과 지수로 이루어져 있습니다. 대부분의 경우 밑은 정수로 하고 지수는 미지수인 변수 x로 구성하는 함수입니다. 보통 결과 값은 변수 y로 표시합니다.

산식은 2와 자연상수 e를 밑으로 하는 지수 함수를 표시한 것입니다.

$$y = 10^x, \quad y = 2^x, \quad y = e^x$$

지수의 계산

넘파이 모듈에서 **power** 함수를 이용해서 지수의 곱을 계산합니다.

```
np.power(10,2)                    # 하나의 숫자를 제곱 함수로 계산
100
```

```
np.power(x,2)                     # 다차원 배열을 인자로 받으면 모든 원소를 제곱
array([ 9., 16., 25., 36., 49., 64.])
```

수학 모듈 **math**를 사용할 경우는 스칼라값을 처리합니다. 넘파이 모듈을 사용할 때는 다차원 배열의 모든 원소를 계산합니다.

```
math.pow(2,x[0])                  # 밑을 2로 넣고 제곱을 1차원 배열의 첫번째 원소로 처리
8.0
```

```
np.power(2,x)                     # 넘파이는 배열의 모든 원소를 제곱으로 처리
array([  8.,  16.,  32.,  64., 128., 256.])
```

지수의 법칙

지수가 0이면 모든 값은 1입니다. 지수가 1이면 항상 밑이 됩니다. 지수가 음수이면 분모가 지수가 되고 분자는 1입니다. 지수가 분수이면 제곱근으로 표시된 무리수 표현입니다.

$$a^0 = 1 \quad, \ a^1 = a, \ a^{-1} = \frac{1}{a}, \ a^{\frac{1}{n}} = \sqrt[n]{a},$$

지수의 법칙을 알아봅니다. 다양한 수식에서 지수로 표현되면 이 산식을 이용합니다.

같은 밑을 가지는 지수의 곱셈은 지수를 덧셈한 결과입니다. 특정 밑을 지수로 표시하고 이를 괄호로 묶은 것을 다시 특정 정수로 지수화하면 두 지수를 곱한 결과를 볼 수 있습니다.

$$a^n \times a^m = a^{n+m}, \ (a^n)^m = a^{n \times m}$$

두 개의 다른 밑을 n만큼 곱한 결과는 두 밑을 각각 n 만큼씩 제곱한 결과와 같습니다.

$$(ab)^n = a^n b^n$$

지수가 분수일 경우는 분모와 분자에 n을 제곱합니다.

$$\left(\frac{b}{a}\right)^n = \frac{b^n}{a^n}$$

지수의 차를 구할 때 m〉n이면, 양수이므로 그대로 빼서 구합니다.

$$a^m \div a^n = a^{m-n}$$

m〈n보다 작으면 음수가 나옵니다. 지수가 음수이면 분수로 바뀌고, m−n의 값은 절댓값으로 변환해서 양수로 표현합니다.

$$a^m \div a^n = \frac{1}{a^{m-n}}$$

지수의 법칙 계산

지수가 0이면 밑에 상관없이 모두 1입니다. 지수가 1이면 항상 자기 자신의 값이 됩니다.

```
10 ** -1                          # 연산자를 -1로 처리
0.1
```

```
x ** -1                 # 다차원 배열도 제곱에 대한 연산으로 음수 처리 가능
array([0.33333333, 0.25      , 0.2       , 0.16666667, 0.14285714,
       0.125     ])
```

넘파이 power 함수는 지수를 음수로 표시할 수 없어 연산자 **를 사용해 음수를 표시합니다. 지수가 음수이면 유리수 값을 표시합니다.

```
10 ** -1                          # 연산자를 -1로 처리
0.1
```

```
x ** -1                 # 다차원 배열도 제곱에 대한 연산으로 음수 처리 가능
array([0.33333333, 0.25      , 0.2       , 0.16666667, 0.14285714,
       0.125     ])
```

지수를 분수로 표시하면 무리수의 제곱근 표현입니다. 가장 유사한 무리수를 유리수로 표시합니다.

```
np.power(x,1/2)          # 제곱근 처리는 분수를 인자로 전달해서 처리 가능
array([1.73205081, 2.  , 2.23606798, 2.44948974, 2.64575131,
       2.82842712])
```

다차원 배열의 지수 함수 처리

넘파이 모듈에서 자연 상수 e를 밑으로 하는 지수 함수는 exp입니다. 이 함수에 인자로 다차원 배열을 전달하면 모든 원소의 값을 지수 함수로 계산합니다.

```
np.exp(x)            # 자연상수의 지수함수에 배열을 넣으면 모든 원소의 값 계산
array([ 20.08553692,  54.59815003, 148.4131591 , 403.42879349,
       1096.63315843, 2980.95798704])
```

파이썬의 기본 수학 모듈인 exp 함수는 한 번에 하나의 값만 계산할 수 있어서 순환문으로 다차원 배열을 지정해 원소를 하나 꺼내서 함수에 인자로 전달해야 값을 계산합니다. 위의 결과와 같지만, 소수점 이하 자릿수 값에 차이가 있는 것을 볼 수 있습니다. 소수점 이하까지 계산하는 기준에 차이가 있어서 계산하는 범위가 다른 것입니다.

```
for i in x :          # math 모듈은 스칼라 값 하나를 기준으로 계산하므로 배열의
    print(math.exp(i))    원소를 순환문으로 전달

20.085536923187668
54.598150033144236
148.4131591025766
403.4287934927351
1096.6331584284585
2980.9579870417283
```

지수 함수의 밑을 2로 할 경우, 넘파이 모듈은 exp2 함수를 제공합니다. 수학 함수 math 모듈은 pow 함수를 사용합니다. 첫 번째 인자는 밑을 넣고 그다음에 지수를 전달하면 배열의 첫 번째 원소의 계산 결과가 같습니다.

넘파이 모듈의 power 함수를 이용해서 exp2 함수와 같은 값을 처리할 수도 있습니다.

```
np.exp2(x)                        # 밑이 2인 지수함수
array([  8.,  16.,  32.,  64., 128., 256.])
```

```
math.pow(2,x[0])                  # 밑을 2로 넣고 제곱을 1차원 배열의 첫 번째 원소로 처리
8.0
```

```
np.power(2,x)                     # 넘파이는 배열의 모든 원소를 제곱으로 처리
array([  8.,  16.,  32.,  64., 128., 256.])
```

입력값을 1에서 10 사이의 1차원 배열을 만들고 자연 상수의 지수 함수에 대한 그래프를 그려봅니다.

```
x_ = np.linspace(1,10, 300)
y_ = np.exp(x_)
```

```
plt.plot(x_,y_)                   # 지수함수 그래프 생성
plt.show()
```

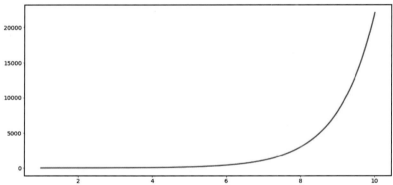

로그함수

로그함수는 지수 함수의 역함수입니다. 지수 함수는 밑을 기준으로 지수를 변화시켜 값인 진수를 구하지만, 로그함수는 밑을 기준으로 진수에 대한 지수를 구합니다. 데이터 분석에서 로그함수를 주로 사용하는 것은 큰 수를 작은 수로 바꿔서 정규성을 높이고 분석에서 정확한 값을 구하기 위해서입니다.

오른쪽 그림은 지수와 로그의 매핑 관계를 나타낸 것입니다.

$$a^x = b$$
$$\log_a b = x$$

밑수(base)   진수(value)   지수(exponent)

이때도 정수 10을 밑으로 하거나 자연 상수 e를 밑으로 처리할 수 있습니다. 자연상수 e로 로그로 처리할 때는 ln으로 사용합니다. 나머지 지수는 log 다음에 정수를 표시해서 사용합니다.

$$y = log_{10} x$$
$$y = log_e x = \ln x$$

로그의 일반 정의에서 밑 a가 0보다 클 때 진수가 1이면 지수가 0이고, 밑과 진수가 같으면 지수는 1입니다.

$$\log_a 1 = 0, \log_a a = 1$$

로그의 진수가 두 수의 곱으로 구성되면 진수의 값으로 로그를 전개해서 처리할 수 있습니다.

$$\log_a MN = \log_a M + \log_a N$$

로그의 진수가 분수로 표시되면 로그를 전개해서 분자에서 분모를 빼면 같은 결과가 나옵니다.

$$\log_a \frac{M}{N} = \log_a M - \log_a N$$

로그의 진수가 밑과 지수로 표현되면 진수에 있는 지수는 로그 밖으로 나올 수 있습니다.

$$\log_a M^k = k \log_a M$$

로그의 밑 변환공식은 기존 로그에 다른 수를 밑으로 하는 로그를 만드는 것입니다. 기존 로그의 밑 a로 분모의 로그를 만들고 진수 M으로 분자의 로그를 만듭니다.

$$\log_a M = \frac{\log_b M}{\log_b a}$$

이런 밑 변환공식을 활용해서 진수를 밑으로 하는 새로운 로그를 만들 수도 있습니다. 그러면 분모만 남고 분자는 1로 바뀝니다.

$$\log_a b = \frac{\log_b b}{\log_b a} = \frac{1}{\log_b a}$$

지수에 로그가 올 때 문제 풀이

양변의 밑이 다르지만, 지수가 로그이고 밑은 c, 진수는 a와 b입니다.

$$a^{\log_c b} = b^{\log_c a}$$

양변의 밑을 a로 하는 로그에 기존 값을 진수로 처리합니다. 같은 로그를 반영해서 값이 변하지 않습니다.

$$\log_a a^{\log_c b} = \log_a b^{\log_c a}$$

지수를 로그 밖으로 뺍니다.

$$\log_c b \ \log_a a = \log_c a \log_a b$$

좌변의 $\log_a a$는 밑과 진수가 같아서 값이 1로 변합니다. 우변을 밑을 c로 하는 밑변환을 $\log_a b$에 적용하면 $\dfrac{\log_c b}{\log_c a}$ 로 변환합니다. 우변의 동일한 로그가 제거되면 양변에 같은 로그가 됩니다.

$$\log_c b = \log_c a \ \frac{\log_c b}{\log_c a} = \log_c b$$

로그의 밑과 진수가 지수일 경우 문제 풀이

로그의 밑과 진수가 지수로 구성될 수 있습니다. 먼저 밑 변환공식을 반영해서 처리하고 지수를 로그 밖으로 내보낸 후에 밑 변환을 정상으로 처리하면 밑 a^m과 진수의 b^n의 지수 부분으로 분수가 만들어지는 것을 볼 수 있습니다.

$$\log_{a^m} b^n = \frac{\log_c b^n}{\log_c a^m} = \frac{n\log_c b}{m \log_c a} = \frac{n}{m}\log_a b$$

로그에서 연속하는 곱 표현 처리

로그의 성질에 따라 진수가 여러 수의 곱셈으로 분리될 수 있습니다. 이 로그를 전개하면 진수들이 분해된 것을 로그의 합으로 만들 수 있습니다.

$$\log_a MN = \log_a M + \log_a N$$

이런 진수를 연속적인 곱셈 기호인 대문자 파이로 표시할 수 있습니다. 로그의 합으로 분리되면 로그의 연속적인 합산으로 표시할 수 있어 시그마 표기법으로 바꿀 수 있습니다.

$$\log\left(\prod_{n=10}^{m} a_n\right) = \log a_1 + \log a_2 + \cdots + \log a_m = \sum_{n=0}^{m} \log a_n$$

다차원 배열의 로그함수

넘파이의 **log** 함수에 배열을 전달하면 자연 상수 e를 기준으로 지수를 구합니다.

```
np.log(x)                        # 로그함수 확인
```
```
array([1.09861229, 1.38629436, 1.60943791, 1.79175947,
1.94591015, 2.07944154])
```

파이썬의 기본은 하나의 값을 기준으로 로그함수를 계산하므로 배열을 처리하려면 순환문을 사용해야 합니다.

```
for i in x :
    print(math.log(i) )          # math 모듈의 log 함수로 값 계산
```
```
1.0986122886681098
1.3862943611198906
1.6094379124341003
1.791759469228055
1.9459101490553132
2.0794415416798357
```

로그의 밑을 10으로 할 경우는 별도의 함수인 log10에 다차원 배열을 전달해서 계산합니다. 모듈 **math**의 log10은 하나의 값을 기준으로 계산합니다.

```
np.log10(x)                      # 밑이 10인 경우는 log19 사용
```
```
array([0.47712125, 0.60205999, 0.69897, 0.77815125, 0.84509804,
    0.90308999])
```

```
math.log10(x[0])
```

```
0.47712125471966244
```

1부터 20000까지의 진수를 1차원 배열로 만들어 자연 상수를 밑으로 하는 로그함수에 전달한 후에 그래프를 그립니다. 지수 함수와 대칭적인 그래프가 그려지는 것을 볼 수 있습니다.

```
x_ = np.linspace(1,20000, 300)
y_ = np.log(x_)
```

```
plt.plot(x_,y_)                    # 로그함수의 그래프 사용
plt.show()
```

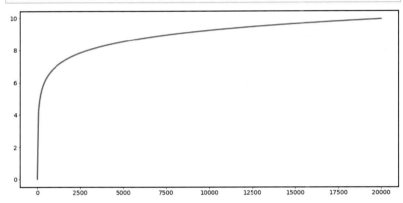

삼각 함수

특정한 각의 변화를 함수로 만든 것을 삼각 함수라고 합니다. 삼각비를 구하는 공식을 사용해서 값을 구합니다. 빗변과 높이의 비는 sin 함수, 빗변과 밑변의 비는 cos 함수를 구합니다. 밑변과 높이의 비는 tan 함수로 표시합니다.

보통 오른쪽 그림에서 반지름 r이 1일 때를 기준으로 삼각비를 구합니다.

삼각 함수의 공식은 다음과 같습니다.

$$y = \sin\theta, \quad y = \cos\theta, \quad y = \tan\theta$$

**다차원 배열에서의
삼각 함수**

삼각 함수 sin, cos 값을 확인하기 위해 0을 넣어 결과를 확인하면
sin 함수는 0이고, cos 함수는 1입니다.

```
np.sin(0)                    # 사인함수에 0을 전달해서 값을 구한다.
0.0
```

```
np.cos(0)                    # 코사인함수에 0을 전달해서 값을 구한다.
1.0
```

각도를 라디안으로 변환하려면 deg2rad 함수를 사용해 30도를 라
디안으로 변환해서 계산합니다.

```
np.sin(np.deg2rad(30))       # 사인 함수에 30도를 라디언으로 변경해서 값을 구한다.
0.49999999999999994
```

```
np.cos(np.deg2rad(30))       # 코사인 함수에 30도를 라디언으로 변경해서 값을 구한다.
0.8660254037844387
```

위에서 정의한 1차원 배열에 저장된 변수 x의 값을 확인합니다.

```
x
array([3., 4., 5., 6., 7., 8.])
```

하나의 스칼라를 각으로 보고 라디안으로 변환을 pi/180로 곱해서
구합니다.

```
np.sin(5 *np.pi/180)
0.08715574274765817
```

각을 라디안으로 변환한 함수의 값이 맞는지 확인하면 같은 것을
알 수 있습니다.

```
5 *np.pi/180
0.08726646259971647
```

```
np.deg2rad(5)
0.08726646259971647
```

1차원 배열을 sin 함수에 넣으면 해당하는 값을 각도로 보고 라디안으로 변환해 계산합니다. 이를 확인하기 위해 math 모듈의 sin 함수를 사용해서 검증합니다.

```
np.sin(x* (np.pi / 180.))   # 1차원 배열을 라디안으로 변경해서 사인 함수의 값을 구한다.
array([0.05233596, 0.06975647, 0.08715574, 0.10452846,
        0.12186934, 0.1391731 ])
```

```
for i in x :
    print(math.sin(i*(math.pi / 180.)) )
```
```
0.052335956242943835      # math 모듈의 사인 함수를 사용해서 값을 구한다.
0.0697564737441253          (소수점 이하 자릿수의 계산이 넘파이 모듈보다 정밀)
0.08715574274765817
0.10452846326765347
0.12186934340514748
0.13917310096006544
```

예제 2 함수 그래프 그리기

일반적인 수학 함수를 알아봤습니다. 수학 함수를 그래프로 그리는 방법을 알아봅니다.

수학 함수를 그래프로 표시

수학 함수를 그래프로 그리려면 축을 조정해야 합니다. 먼저 1차원 배열을 만들고 이것을 sin 함수로 변환합니다.

```
x = np.linspace(-10,10,500)
```

```
y = np.sin(x)
```

하나의 Figure 객체와 Axes 객체를 subplots 함수로 생성합니다. Axes 객체의 plot 메소드로 sin 함수의 그래프를 그립니다. 그래프의 좌표가 좌측과 아래에 있어 사인 함수의 값과 제대로 매칭되지 않습니다.

```
fig, ax = plt.subplots(figsize=(8,4))
ax.plot(x,y, linewidth=2)                    # 사인 함수의 그래프 생성
plt.show()
```

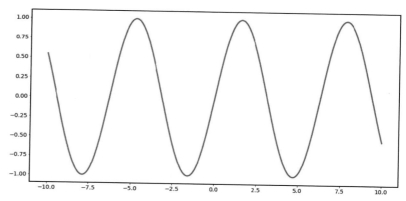

좌표 조정

좌표를 조정하는 속성은 **spines**입니다. 우측과 상단을 지우기 위해 **set_color** 메소드에 **none**을 지정해서 축을 제거합니다.

```
fig, ax = plt.subplots(figsize=(8,4))
ax.plot(x,y, linewidth=2)
ax.spines['right'].set_color('none')    # 오른쪽 그래프의 좌표 삭제
ax.spines['top'].set_color('none')      # 상위 그래프의 좌표 삭제
plt.show()
```

좌표축 이동

좌측과 하단의 축을 이동하려면 **set_position** 메소드에 튜플 인자로 **data** 문자열과 0을 넣어 처리합니다. 실행한 결과 수학 함수에서 그리는 좌표가 만들어졌습니다.

```
fig, ax = plt.subplots(figsize=(8,4))
ax.plot(x,y, linewidth=2)

ax.spines['right'].set_color('none')
ax.spines['top'].set_color('none')

ax.spines['bottom'].set_position(('data',0))   # 좌표축을 0.0으로 이동
ax.spines['left'].set_position(('data',0))
plt.show()
```

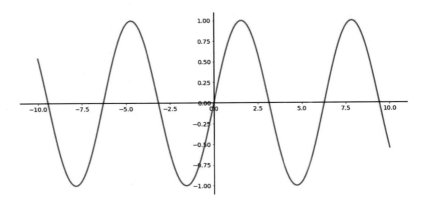

좌표축 레이블 변경

Axis 객체의 **set_xticks**, **set_yticks** 메소드에 좌표축에 들어갈 좌표 레이블을 리스트로 넣어 지정하면 좌표의 레이블이 변경됩니다.

```
fig, ax = plt.subplots(figsize=(8,4))
ax.plot(x,y, linewidth=2)

ax.spines['right'].set_color('none')
ax.spines['top'].set_color('none')

ax.spines['bottom'].set_position(('data',0))
ax.spines['left'].set_position(('data',0))

ax.set_xticks([-10,-5, 5,10])          # 좌표축에 표시되는 레이블 변경
ax.set_yticks([-1,-0.5,0.5, 1])

plt.show()
```

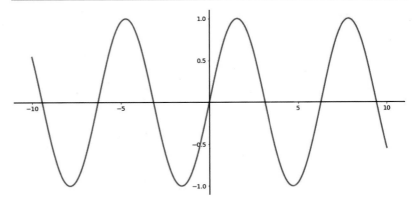

03 축 기준으로 함수 처리

다차원 배열과 데이터프레임은 여러 축을 가지고 있어 축에 해당하는 계산을 할 수 있습니다. 두 모듈은 연산자 이외의 함수 또는 메소드에 매개변수를 지정할 수 있습니다.

예제 1 **다차원 배열의 축에 따른 원소 계산 방식**

2차원 배열을 하나 만듭니다.

```
a = np.arange(1,11).reshape(2,5)    # 1차원 배열을 만들고 형상을 바꿔서
                                      2차원 배열로 변경
```

```
a
```
```
array([[ 1,  2,  3,  4,  5],
       [ 6,  7,  8,  9, 10]])
```

2차원 배열을 축에 따라 계산하기

열을 기반으로 합산하려면 축 axis=0으로 지정해서 처리해야 합니다. 열 단위 계산이라 축을 1로 지정해야 할 것 같지만, 열 단위 계산은 첫 번째 축을 고정해서 수직 방향으로 원소를 계산합니다.

```
np.sum(a,axis=0)                    # 배열의 축을 기준으로 합산(0번 축은 열을 합산)
array([ 7,  9, 11, 13, 15])
```

행을 기반으로 합산하려면 축 axis=1로 지정해서 열을 고정한 후에 합산해야 행의 결과가 나옵니다.

```
np.sum(a,axis=1)                    # 1번 축을 지정해서 행을 합산
array([15, 40])
```

최댓값을 구할 때도 같은 방식으로 행과 열의 최댓값 원소를 찾습니다.

```
np.max(a, axis=0)                    # 열의 최댓값을 구한다.
```
```
array([ 6,  7,  8,  9, 10])
```

```
np.max(a, axis=1)                    # 행의 최댓값을 구한다.
```
```
array([ 5, 10])
```

예제 2 데이터프레임의 레이블에 따른 원소 계산방식

데이터프레임도 2차원으로 구성된 배열입니다. 열이 숫자 자료형이면 다차원 배열처럼 두 개의 데이터프레임 계산을 할 수 있습니다. 데이터프레임은 행과 열에 레이블인 이름이 부여되어 있어 먼저 이름을 체크해서 같은 경우에만 계산할 수 있습니다. 일치하지 않을 때는 NaN으로 처리되어 모든 값을 NaN으로 대체합니다.

두 개의 데이터프레임 객체 생성

데이터프레임의 데이터는 다차원 배열로 3행 3열을 만듭니다. 열의 레이블은 b, c, d로 부여하고, 행의 레이블 3개는 한글로 부여합니다. 배열을 만들고 이것을 sin 함수로 변환합니다.

```
df = pd.DataFrame(np.arange(9.).reshape((3, 3)),
                              # 데이터프레임 객체를 만들기 위해 3행 3열의 데이터를 지정
                  columns=list('bcd'),           # 열의 레이블
                  index=['제주도', '서울시', '경기도'])  # 행의 레이블
```

```
df
```

	b	c	d
제주도	0.0	1.0	2.0
서울시	3.0	4.0	5.0
경기도	6.0	7.0	8.0

다른 데이터프레임은 앞서 만든 데이터프레임에 없는 열과 행을 가집니다.

```
df1 = pd.DataFrame(np.arange(9.).reshape((3, 3)),
            columns=list('acd'),                      # 열의 레이블
            index=['충청남도', '서울시', '경기도'])    # 행의 레이블
```

```
df1
```

	a	c	d
충청남도	0.0	1.0	2.0
서울시	3.0	4.0	5.0
경기도	6.0	7.0	8.0

연산자와 메소드를 사용하여 계산

두 데이터프레임을 더하면 행과 열이 일치될 때만 계산합니다. 일치하지 않는 값은 기본으로 결측값 NaN이 들어가므로 연산하면 모두 NaN으로 처리합니다.

```
df + df1   # 행과 열의 동일한 레이블이 있는 경우에만 합산(행과 열의 레이블을 가진 데이터프레임 생성)
```

	a	b	c	d
경기도	NaN	NaN	14.0	16.0
서울시	NaN	NaN	8.0	10.0
제주도	NaN	NaN	NaN	NaN
충청남도	NaN	NaN	NaN	NaN

← 일치하지 않는 것은 NaN

추가로 메소드를 제공해서 결측값 발생을 제어할 수 있습니다. 먼저 메소드를 사용해 덧셈을 계산하면 연산자 처리와 같습니다.

```
df.add(df1)                         # add 메소드를 사용해서 계산한 경우도 동일
```

	a	b	c	d
경기도	NaN	NaN	14.0	16.0
서울시	NaN	NaN	8.0	10.0
제주도	NaN	NaN	NaN	NaN
충청남도	NaN	NaN	NaN	NaN

축을 기준으로 계산하기 위해 axis='index' 행의 이름으로 계산해도 일치하는 않는 레이블은 NaN으로 처리합니다.

```
df.add(df1, axis='index')           # 인덱스 레이블을 기준으로 합산을 해도 동일
```

	a	b	c	d
경기도	NaN	NaN	14.0	16.0
서울시	NaN	NaN	8.0	10.0
제주도	NaN	NaN	NaN	NaN
충청남도	NaN	NaN	NaN	NaN

데이터프레임에 값이 있을 때 없는 레이블 값을 특정 값으로 지정할 수 있습니다. 매개변수 fill_value=0으로 지정해서 레이블이 매칭되지 않으면 0으로 처리해 계산합니다. 행과 열의 레이블이 둘 다 없는 경우는 그대로 NaN으로 처리하는 것을 알 수 있습니다.

```
df.add(df1, fill_value=0)           # 해당값을 지정한 경우 한 곳이 있으면 계산
```

	a	b	c	d
경기도	6.0	6.0	14.0	16.0
서울시	3.0	3.0	8.0	10.0
제주도	NaN	0.0	1.0	2.0
충청남도	0.0	NaN	1.0	2.0

← 두 곳이 불일치하는 곳은 NaN

CHAPTER
8

확률의 기초와 원리

확률(Probability)은 일어날 가능성을 예측하는 수학입니다. 확률을 계산하려면 특정 확률이 발생할 모든 경우를 표본 공간에 정의합니다. 특정 사건이 발생하고 나서 표본공간의 가능한 경우를 뽑아서 가능성을 계산하면 확률이 됩니다. 확률을 구할 때에는 표본 공간과 사건을 구분하는 집합을 사용합니다. 또한, 발생할 수 있는 경우의 수를 구하며, 순열과 조합을 사용하여 그 경우의 수를 계산합니다.

확률의 원리를 알아보고 이 원리에 따른 법칙을 사용해서 계산하는 방법을 이해한 후에 복합사건에 대한 조건부 확률까지 알아봅니다.

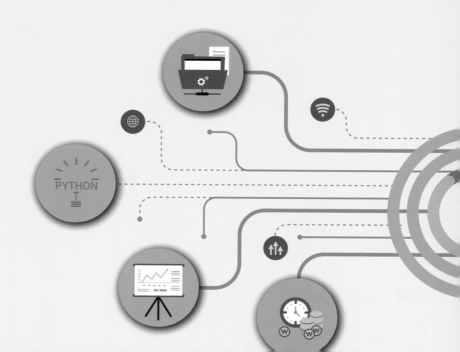

01 집합

특정한 그룹을 묶어서 정의할 때는 집합을 기본으로 사용합니다. 집합(Set)은 유일한 원소만 가지는 특정 묶음이나 모임입니다. 수학에서의 집합의 특징을 알아보면서 넘파이 모듈의 다차원 배열에서 제공하는 집합 함수를 사용해 봅니다.

예제 집합

다차원 배열은 인덱스 정보가 있으므로 값의 중복이 의미가 없지만 중복된 값을 처리하지 않고 유일한 값만 처리할 때도 있습니다.

다차원 배열로 유일한 원소를 가지는 집합 만들기

넘파이 모듈의 `array` 함수를 사용해서 2행 3열의 다차원 배열을 만듭니다.

이 다차원 배열의 모든 원소를 확인해서 유일한 값만 처리하는 함수가 `unique`입니다. 이 함수에 다차원 배열을 인자로 전달하면 결과를 1차원 배열로 반환합니다.

```
a = np.array([[1,2,3],[3,2,1]])          # 2행 3열의 2차원 배열
```

```
np.unique(a)                              # 원소의 값 중에 유일한 값 조회
array([1, 2, 3])
```

집합과 원소의 관계

집합의 원소는 영어알파벳 소문자로 표시합니다. 집합의 원소인지는 엡실론 기호를 사용해서 나타냅니다. 원소가 아닐 경우는 엡실론 기호에 슬래시를 붙입니다. '아니다'라는 표시입니다.

$$a \in A, \qquad a \notin A$$

**다차원 배열에서 원소의
포함관계**

다차원 배열에서 집합의 원소인지 확인할 때는 포함관계로 확인합니다. 함수 `in1d`에 다차원 배열과 정수 3을 전달해 내부에 있는 원소 중에 3과 일치하는 것이 있는지 확인합니다. 같은 값이 2개가 있어 **True**가 두 군데 표시합니다. 결과는 1차원 배열인 것을 알 수 있습니다.

```
np.in1d(a, 3)                          # 배열 내에 포함된 값 확인
array([False, False,  True,  True, False, False])
```

단순히 같은 원소가 다차원 배열 안에 포함되었는지는 함수 `isin`으로 확인할 수 있습니다. 결과도 2차원 배열의 형상을 그대로 유지한 체 동일한 값만 **True**로 표시합니다.

```
np.isin(a, 3)
array([[False, False,  True],
       [ True, False, False]])
```

차집합

두 집합을 연산해서 새로운 원소를 가진 집합을 만듭니다. 하나의 집합에 속하지만 다른 집합에 없는 것을 추출하는 집합 연산이 차집합(differnce)입니다. 수학에서는 두 집합의 차집합 표기에 마이너스 기호를 사용합니다. 집합 연산의 특징은 연산을 수행한 결과도 집합으로 처리한다는 겁니다.

A − B

오른쪽 그림에서 집합 A와 B의 차집합은 집합 A에만 속한 원소로 집합을 만드는 것을 나타냅니다.

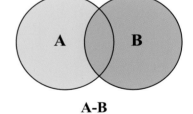

A-B

2차원 배열을 하나 더 만듭니다.

```
b = np.array([[1,2,7],[4,5,6]])        # 2행 3열의 2차원 배열을 하나 더 생성
```

변수 a, b에 저장된 2차원 배열의 형상이 같은지 비교하면 같으므로 **True**를 반환합니다.

```
a.shape == b.shape                    # 다차원 배열의 형상 비교
True
```

두 배열의 차집합을 계산하는 함수 setdiff1d입니다. 두 개의 2차원 배열을 인자로 전달하면 첫 번째 배열을 기준으로 두 번째 배열의 원솟값에 없는 것을 출력합니다.

```
np.setdiff1d(a, b)          # 다차원 배열을 사용해서 차집합을 구한다.
                            (동일한 것을 빼고 a 배열 중에 있는 원소만 추출)
array([[3])
```

교집합

교집합(intersection)은 두 집합의 원소가 같을 때 이를 추출해서 새로운 집합을 반환하는 연산입니다.

$$A \cap B$$

오른쪽 그림에서 A 집합과 B 집합의 교집합은 두 집합에 모두 속한 원소를 집합으로 만듭니다.

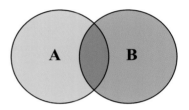

$A \cap B = \{x | x \in A \text{ 그리고 } x \in B$

위에서 만든 두 다차원 배열에서 공통하는 원소를 추출하려면 intersect1d 함수로 공통 원소만 추출해 1차원 배열을 만듭니다.

```
np.intersect1d(a, b)          # 다차원 배열의 교집합을 구한다.
array([1, 2])
```

합집합

두 집합에 공통하는 원소가 있으면 이를 유일한 원소로 표시하고 두 집합에만 있는 원소도 포함해서 합집합(union)을 처리합니다.

$$A \cup B$$

오른쪽 그림처럼 합집합은 두 집합 A와 B의 모든 원소를 집합으로 다시 만든 것을 말합니다.

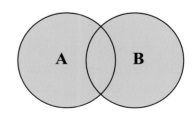

$A \cup B = \{x | x \in A \text{ 또는 } x \in B$

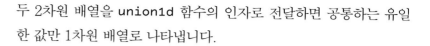

두 2차원 배열을 `union1d` 함수의 인자로 전달하면 공통하는 유일한 값만 1차원 배열로 나타냅니다.

```
np.union1d(a, b)          # 다차원 배열의 합집합을 구한다.
array([1, 2, 3, 4, 5, 6, 7])
```

대칭차집합

두 집합에 공통하는 원소를 제거하고 두 집합에서 개별적으로 가진 원소만으로 처리하는 연산이 대칭차집합(symmetric difference)입니다.

A ∧ B

오른쪽 그림처럼 A와 B 집합의 대칭차집합을 연산하면 두 집합의 교집합을 뺀 나머지 원소로 집합을 만듭니다. 즉 두 집합의 합집합에서 교집합과의 차집합을 구한 결과와 같습니다.

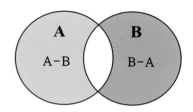

$$(A \cup B) - (A \cap B)$$

대칭차집합은 `setxor1d` 함수에 다차원 배열을 넣고 실행하면 두 집합 중 하나에는 속하지만, 모두에는 속하지 않은 원소를 추출합니다.

```
np.setxor1d(a, b)          # 두 다차원 배열의 대칭 차집합을 구한다.
array([3, 4, 5, 6, 7])
```

02 경우의 수

일이 일어날 수 있는 가짓수를 구할 때 경우의 수를 사용합니다. 경우의 수에서 특정 순서가 중요할 때는 순열(Permutation), 순서가 없는 경우는 조합(Combination)을 사용할 수 있습니다. 경우의 수가 어떻게 계산이 되는지 알아봅니다.

 예제 1 **경우의 수**

경우의 수

경우의 수는 순서와는 상관없이 발생할 수 있는 모든 경우를 계산합니다. 수학 기호는 팩토리얼(!)로 표시해서 연속하는 숫자를 곱해서 결과를 만듭니다.

특정 경우가 발생할 수가 자연수 n인 경우를 계산하려면 1부터 자연수 n까지 전체를 곱셈합니다.

$$n! = 1 \times 2 \times \cdots \times n$$

1차원 배열을 넘파이 모듈의 aragne 함수로 만듭니다. aragne 함수로 1부터 10까지의 원소를 만들려면 인자로 1과 11을 전달하면 마지막 인자 11-1까지의 원소를 만듭니다.

```
l = np.arange(1,11)          # 10개 원소를 가지는 1차원 배열 생성
```

넘파이 모듈의 prod 함수를 사용하면 1차원 배열의 모든 원소를 곱해서 팩토리 계산을 합합니다.

```
np.prod(l)                   # 모든 원소를 곱한 결과를 계산
```
3628800

파이썬에서 팩토리 계산을 하기 위해 모듈 math를 import합니다. 이 모듈의 함수 factorial에 10을 인자로 전달하면 1부터 10까지 곱셈한 결과를 처리합니다. 넘파이 모듈의 prod 함수로 계산한 것과 같은 결과를 반환합니다.

```
import math                          # 수학 모듈 사용

math.factorial(10)                   # 1부터 10까지 연속적인 곱셈인 팩토리얼을 계산
```
3628800

수학의 순열(Permutation)

순열이란 서로 다른 n개 중에 r개를 선택해 순서대로 나열한 것입니다. 이때 분자는 모든 경우를 계산하는 팩토리얼 연산을 처리하지만, 분모는 전체 개수에서 선택된 개수를 뺀 경우를 계산한 후에 분자를 분모로 나눕니다.

순열은 대문자 P를 사용하고 전체 원소는 앞에, 선택한 숫자는 뒤에 표시합니다.

$$_nP_r = n \times (n-1) \times (n-2) \times \cdots \times (n-r+1)$$
$$= \frac{n!}{(n-r)!}$$

단, $n \geq r, 0! = 1$이고 $_nP_{0=1}$

순열을 나타내는 표기법이 하나 더 있습니다. 대문자 P 다음에 괄호를 사용해서 전체 원소의 개수와 선택된 원소의 개수를 표시하는 방법입니다. 계산하는 방식은 같습니다.

$$P(n, r) = \frac{n!}{(n-r)!}$$

전체 원소 개수를 변수 n에 할당하고 선택된 원소를 변수 r에 할당합니다. 1차원 배열을 만드는 arange 함수에 1과 n+1을 전달해 1차원 배열을 만듭니다.

```
n = 10                                      # 원소의 개수
```

```
r = 3
```

```
p = np.arange(1,(n+1))                      # 1부터 10까지의 원소를 가지는 1차원 배열 생성
```

순열을 계산하기 위해 분모는 1과 n-r+1을 전달해서 배열을 만듭니다. 두 배열의 팩토리 계산을 분자와 분모를 prod 함수로 처리하면 순열을 계산합니다.

```
np.prod(p)/np.prod(np.arange(1,(n-r+1)))            # 순열 계산
720.0
```

계산 결과를 검증하기 위해 `math` 모듈의 `factorial` 함수를 사용해서 분자를 전체 숫자의 팩토리얼로 계산하고 분모를 팩토리얼로 계산하면 같은 결과가 나옵니다.

```
math.factorial(n)/math.factorial(n-r)           # 팩토리얼을 사용한 수열 계산
720.0
```

조합(Combination)

조합을 처리할 때는 n개의 원소를 가지는 집합에서 k개의 부분집합을 선택합니다. 순서가 없으므로 순서가 중복된 것을 제외한 경우의 수를 처리해 조합을 구합니다.

위에서 구한 순열에 분모로 선택된 개수의 팩토리얼 계산한 값을 넣어서 나눠도 조합의 결과를 구할 수 있습니다.

$$_nC_r = \frac{_nP_r}{r!} = \frac{n!}{r!\,(n-r)!}$$

조합을 구하는 다른 표기법은 괄호에 전체 원소의 개수와 선택된 원소의 개수를 수직으로 표시할 수 있습니다.

$$\binom{n}{k} = \frac{P(n,k)}{k!} = \frac{n!}{k! \cdot (n-k)!}$$

순열을 구할 때와 같은 방식으로 다차원 배열을 만들어 분자를 구하고 분모에 선택된 원소를 추가해서 **prod** 함수를 사용해 팩토리 계산을 처리하면 조합의 경우의 수를 계산합니다.

```
np.prod(p)/ (np.prod(np.arange(1,(n-r+1)))*np.prod(np.
arange(1,(r+1))))                                  # 조합 계산
```
120.0

수학의 함수 **factorial**을 사용해서 검증하면 같은 값을 계산합니다.

```
math.factorial(n)/ (math.factorial(n-r)*math.factorial(r))
```
120.0

03 확률의 원리

확률(probability)이란 어떤 사건이 우연히 발생할 가능성 즉 불확실성을 말합니다. 파이썬에서 제공하는 lea 모듈로 이산확률을 기준으로 확률의 원리를 알아봅니다.

■ 확률 기본용어

● 시행(trial)

같은 조건에서 여러 번 반복할 수 있고 그 결과가 우연에 의해 결정되는 실험이나 관찰입니다.

● 표본 공간(sample space)

어떤 시행에서 일어날 수 있는 모든 가능한 결과의 집합. 또한, 표본 공간은 어떤 시행이 반드시 일어나는 사건이므로 전사건이라고도 합니다.

$$S = \{ \ E_1 \quad E_2 \quad E_3 \quad \cdots \quad E_n \ \}$$

● 사건(event)

어떤 시행에서 얻어지는 결과. 이 결과는 표본 공간의 부분집합이 됩니다.

● 근원사건(fundamental event)

표본 공간의 부분집합 중 한 개의 원소로 이루어진 것을 말합니다.

$$E = \{ \ 1 \ \}$$

● 여사건(complementary event)

어떤 사건 A가 일어나지 않는 사건을 말합니다.

$$A^c = S - A$$

● 공사건(null event)

절대로 일어나지 않는 사건을 말합니다.

$$E = \ \emptyset$$

확률

확률을 구하는 산식을 알아본 후에 이를 다차원 배열을 사용해서 처리하는 방법을 알아봅니다.

확률 기본 산식

확률은 어떤 시행에서 사건 A가 일어날 가능성을 수로 나타낸 것을 말합니다. 이것을 사건 A가 일어날 확률이라고 합니다. 이때 이 시행의 모든 사건의 집합인 표본 공간의 개수는 n(S)이고, 사건 A가 발생할 개수는 n(A)입니다. 이를 수식으로 표현하면 표본 공간이 분모에 들어가고 사건 A가 발생하는 개수는 분자에 들어갑니다. 이 비율이 사건 A가 일어날 확률입니다.

$$P(A) = \frac{n(A)}{n(S)}$$

$$P(A) = \frac{A가\ 발생할\ 경우의\ 수}{표본\ 공간의\ 크기}$$

기본 확률 계산

다차원 배열을 사용해서 전체 표본 공간에 들어가는 원소 개수를 `array` 함수로 만듭니다. 스칼라값을 전달하므로 일반적인 정수와 같은 값입니다. 사건의 발생 건수도 3을 입력해서 만듭니다.

```
S = np.array(10)                    # 스칼라로 다차원 배열 생성
```

```
A = np.array(3)
```

확률은 사건의 크기를 표본 공간의 크기로 나눈 값을 말합니다. 확률의 결과는 0부터 1 사이의 실숫값으로만 표시됩니다.

```
P_A = A/S                           # 두 개의 값을 나눈다.
```

```
P_A
```
```
0.3
```

확률의 기본 성질

표본 공간 S에서 임의의 사건 A가 발생하면 이 사건의 확률은 0과 1 사이의 실숫값입니다.

$$0 \ \leq P(A) \leq 1$$

표본 공간이 발생할 수 있는 확률의 값은 항상 1입니다.

$$P(S) = \frac{n(S)}{n(S)} = 1$$

이 표본 공간에서 아무것도 발생하지 않을 공사건의 확률은 항상 0
입니다.

$$P(\emptyset) = 0$$

확률의 곱사건

두 개의 사건이 동시에 발생할 경우와 둘 중에 한 사건이 발생할 경
우를 확률로 표시할 수 있습니다.

사건 A와 B가 동시에 일어날 확률을 두 사건의 곱사건(product
event)이라고 합니다. 이 복합사건을 표시할 때는 교집합, and 또는
쉼표를 사용합니다.

$$P(A \cap B) = P(A\ and\ B) = P(A, B)$$

A 사건과 사건 B 사건이 동시에 일어나지 않는 경우를 배반사건
(exclusive event)이라고 합니다. 배반사건을 표시할 때는 곱사건은 0
입니다.

$$P(A \cap B) = P(A\ and\ B) = 0$$

확률의 합사건

A와 B 두 사건에서 하나가 발생할 사건을 합사건(sum event)이라고
합니다. 합사건은 합집합 기호 또는 or를 사용합니다.

$$P(A \cup B) = P(A\ or\ B)$$

두 사건이 같이 일어날 확률은 덧셈의 법칙에 따라 표시합니다. 두
사건의 합을 구할 때 곱사건이 두 번 더해지므로 한 번은 빼줍니다.

$$P(A\ \cup\ B) = P(A) + P(B) - P(A \cap B)$$

배반사건

이 두 사건이 서로 배타성을 가지는 배반사건일 경우는 곱사건은 0
입니다.

$$P(A\ \cap\ B) = 0$$

그래서 덧셈 법칙에서 공통하는 원소를 제거하고 두 확률이 발생할 것만 합을 할 수 있습니다.

$$P(A \cup B) = P(A) + P(B) - P(A \cap B) = P(A) + P(B)$$

04 확률 변수와 확률분포

동전을 두 번 던지면 표본 공간에 동전의 앞면과 뒷면이 순서쌍으로 구성됩니다.
표본 공간에는 모두 4개의 근원사건이 들어갑니다. 이 근원사건을 기준으로 앞면이 나오지
않을 경우를 함수로 만들어서 매핑하면 숫자로 0, 1, 2 세 가지 경우가 만들어집니다. 이렇
게 특정 분류를 숫자로 변환하는 것을 확률 변수라고 합니다.

이 확률 변수에 발생할 확률을 매핑하는 것을 확률분포라고 합니다. 이 관계는 아래 그림과
같습니다.

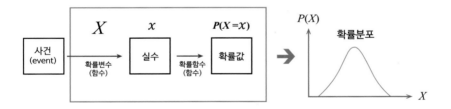

■ 확률 변수(random variable)

개별 근원사건에 실숫값을 대응시키는 함수가 확률 변수입니다. 보통 확률 변수는 대문자로
표시합니다. 또한, 셀 수 있는 숫자로 변환하는 경우와 연속하는 숫자로 변환하는 경우가 있
습니다.

이산확률변수: 정수나 실수 등 값이 유한하고 셀 수 있는 경우
연속확률변수: 연속하는 구간의 모든 값을 가지는 경우

■ 확률분포(Probability distribution)

확률 변수의 값과 대응하는 확률값을 나타내는 표 또는 수식을 확률분포라고 합니다. 보통
표로 만들어서 사용합니다.

예제 1	이산확률

주사위처럼 셀 수 있는 값의 확률을 처리하는 것을 이산확률이라고 합니다.
이산확률을 처리하는 모듈 **lea**를 사용해서 확률을 처리해봅니다. 이 모듈의 사용 방법은
〈https://bitbucket.org/piedenis/lea/src/dev_lea3/〉을 참조하기 바랍니다.

이산확률 모듈 사용

파이썬에서 필수적으로 제공하는 모듈이 아니라서 사용하기 전에 설치해야 합니다. 주피터 노트북 셀에서는 〈느낌표(!)+pip install lea〉 즉〈!pip install lea〉로 입력해서 실행합니다. 느낌표를 붙이는 이유는 shell 실행 명령이라는 것을 말합니다.
이 **lea** 모듈과 **lea** 모듈에 있는 **leaf**를 **import**합니다.

```
from lea import leaf                    # 이산확률을 처리하는 모듈 사용
import lea
import numpy as np
```

주사위를 한 번 굴릴 경우

모듈 **lea**는 주사위 던지기 등을 만드는 **dice** 함수를 제공합니다.
주사위를 한 번 던지는 경우이므로 정수 1을 넣고 출력은 분수로 표시하므로 매개변수 prob_type='r'을 전달합니다.
생성된 변수를 조회하면 확률 변수가 1부터 6이면 각각의 확률은 균등하므로 1/6로 표시된 것을 볼 수 있습니다.

```
dice = leaf.dice(1,prob_type='r')
              # 주사위를 한 번 더질 경우의 확률과 확률값을 구한다.(prob_type='r'을 지정해서 분수로 표시)
```

```
dice
```

```
1 : 1/6
2 : 1/6
3 : 1/6
4 : 1/6
5 : 1/6
6 : 1/6
```

이 객체의 확률 변수는 속성 **support**로 조회합니다. 각각의 확률은 **ps** 속성으로 확인합니다. 모든 확률의 합은 **p_sum** 속성으로 확인합니다.

```
dice.support                              # 주사위의 구성된 값 확인
```

```
(1, 2, 3, 4, 5, 6)
```

```
dice.ps                                   # 주사위의 결과들이 나올 확률 확인
```

```
(1/6, 1/6, 1/6, 1/6, 1/6, 1/6)
```

```
dice.p_sum                                # 모든 확률과 모든 근원사건의 합은 항상 1이어야 한다.
```

```
1
```

확률분포표를 만들기 위해 `pandas` 모듈을 `import`합니다. 2차
원 배열의 DataFrame을 만들기 위해 값으로 확률을 관리하는 dice.
ps를 넣고 인덱스에 확률 변숫값을 할당합니다. 실제 열의 이름을
f(dice)로 표시합니다.

2차원 배열을 전치 즉 행렬의 축을 변경해서 출력하도록 데이터프
레임의 속성 `T`를 사용해 출력합니다.

```
import pandas as pd                        # 데이터프레임을 처리하기 위해 판다스 모듈 사용
```

```
df = pd.DataFrame(dice.ps, index=dice.support, columns=['f(dice)'])
```
확률값을 데이터로 지정(인덱스에는 주사위가 나올 숫자를 지정하고 열에는 확률이 나올 이름 부여)

```
df.T
```

	1	2	3	4	5	6
f(dice)	1/6	1/6	1/6	1/6	1/6	1/6

이 데이터프레임을 그래프로 그리려면 `plot` 메소드를 사용합니다.
확률이 같으므로 막대그래프의 크기도 같습니다.

```
dice.plot()                               # 데이터프레임 내의 plot 함수를 사용해서 확률분포를 시각화
```

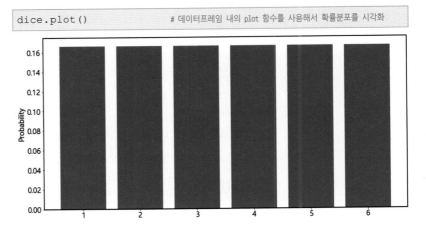

주사위를 굴려서 나오는 값을 확인하려면 random_draw 메소드에 1을 전달해서 주사위의 값을 선택하면 6이 나옵니다. 이 값을 p 메소드에 인자로 전달해서 확률을 구하면 1/6을 반환합니다.

```
x = dice.random_draw(1)          # 하나의 주사위를 굴려서 결과를 가져온다.
```

```
x
```

```
(1,)
```

```
dice.p(x[0])                     # 주사위 결과에 대한 확률 확인
```

```
1/6
```

주사위를 두 번 굴리는 경우

주사위를 두 번 굴려서 두 주사위의 합을 기준으로 확률을 확인할 수도 있습니다. 주사위를 두 번 굴려서 발생하는 경우의 수는 36입니다. 이 중에서 합산을 발생하는 최소의 값은 2이고 최대의 값은 12입니다.

중간에 발생하는 숫자들은 발생할 수 있는 개수에 따라 분자를 표시합니다. 모든 확률을 더하면 1이 되는 것을 p_sum 메소드로 확인할 수 있습니다.

```
dice2 = leaf.dice(2,prob_type='r')    # 주사위를 두 번 던져서 두 주사위의
                                      # 합의 확률을 객체로 생성
```

```
dice2
```

```
 2 : 1/36
 3 : 2/36
 4 : 3/36
 5 : 4/36
 6 : 5/36
 7 : 6/36
 8 : 5/36
 9 : 4/36
10 : 3/36
11 : 2/36
12 : 1/36
```

```
dice2.p_sum                      # 모든 확률값의 합은 1
```

```
1
```

확률분포를 pandas 모듈을 사용해서 만들고 확률분포를 출력합니다. 이 분포를 기준으로 그래프를 그리면 막대 크기가 확률에 따라 달라지는 것을 볼 수 있습니다.

```
df2 = pd.DataFrame(dice2.ps, index=dice2.support, columns
=['f(dice2)'])                              # 데이터프레임으로 만들어서 확률분포를 확인
```

```
df2.T
```

	2	3	4	5	6	7	8	9	10	11	12
f(dice2)	1/36	1/18	1/12	1/9	5/36	1/6	5/36	1/9	1/12	1/18	1/36

```
dice2.plot()
```

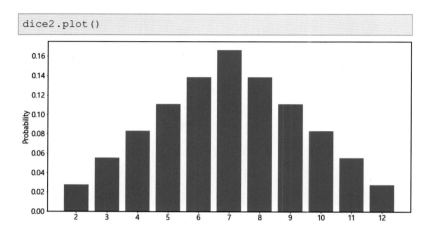

이 기준으로 주사위를 굴리면 8이 나왔습니다. 이 8에 대한 확률은 5/36가 나옵니다.

```
x = dice2.random_draw(1)                    # 주사위 두 개를 던져서 합산한 값을 구한다.
```

```
x
```

```
(8,)
```

```
dice2.p(x[0])                              # 값의 확률을 확인
```

5/36

특정 심벌을 사용해서 이산확률 만들기

이산확률을 만들 때는 **vals** 함수를 사용합니다. 이때는 특정 이벤트를 영어 대문자로 직접 작성할 수 있습니다. 확률의 값을 유리수로 표시하기 위해 **prob_type**을 매개변수로 지정합니다.

만들어진 확률 정보를 확인하면 발생할 수 있는 전체 값이 6이어서 확률을 구하는 분모로 처리됩니다. 분자는 각 문자열의 개수로 만듭니다.

각각의 확률을 구해서 더하면 전체 확률 변수의 값은 1.0이라는 것을 알 수 있습니다.

```
symbol = lea.vals("A","B","B","C","C","C",prob_type='r')
```
특정 값을 입력해서 확률분포 생성(전체 원소 개수 중에 중복된 것을 합산해서 확률을 구한다.)

```
symbol
```
```
A : 1/6
B : 2/6
C : 3/6
```

```
symbol.p_sum
```
```
1
```

```
symbol.p('A') + symbol.p('B') + symbol.p('C') # 확률을 모두 더하면 1
```
```
1
```

**확률질량함수를 이용해
이산확률 만들기**

pmf 함수에 넣어서 위와 같은 방법으로 이산확률을 만들 때는 문자
열을 키로, 발생할 개수는 값으로 딕셔너리에 넣어 처리합니다. 이
번에는 유리수로 처리하지 않아서 실숫값으로 확률을 표시합니다.

```
symbol2 = lea.pmf({"A":1, "B":2, "C":3})    # 이를 pmf(확률질량함수)함수로
                                              객체 생성 가능
```

```
symbol2                              # 확률에 대한 값을 실수로 표시
```
```
A : 0.16666666666666666
B : 0.3333333333333333
C : 0.5
```

```
symbol2.p_sum
```
```
1.0
```

동전 던지기

동전 앞면(Head)과 뒷면(Tail)을 처리하는 이산확률을 vals 함수로
만듭니다. 확률을 조건식으로 확인하는 P 함수를 사용해서 뒷면이
발생하는 조건을 확인합니다. 또한, 특정 값으로 확률을 구하는 p
메소드도 실행합니다.

```
flip = lea.vals('Head','Tail',prob_type='r')    # 동전을 처리하는
                                                   이산확률 생성
```

```
flip                              # 두 사건의 확률은 균등해서 1/2이다.
```
```
Head : 1/2
Tail : 1/2
```

```
flip.p_sum
```
```
1
```

```
lea.P(flip == 'Tail')        # 확률을 구하는 함수 P에 flip에 뒷면이 같은 경우를 전달해서
                               확률을 구한다.
```
1/2

```
flip.p('Tail')               # 메소드 p를 사용해서 구할 수 있다.
```
1/2

데이터프레임을 사용해 확률분포표를 만듭니다.

```
df = pd.DataFrame(flip.ps, index=flip.support, columns=['coin'])
```

```
df.T
```

	Head	Tail
coin	1/2	1/2

임의로 동전을 던질 때 발생하는 것을 확인합니다. 이것을 검증하기 위해서는 같은 결과가 나와야 합니다. 난수를 발생시키는 random 모듈을 import한 후에 seed 함수를 사용해서 같은 결과가 나오게 처리합니다.

동전의 앞면과 뒷면이 무작위로 나오게 random 메소드로 처리하지만, seed 함수에 전달된 인자가 같으면 같은 상태를 반환하는 것을 볼 수 있습니다.

```
import random
```

```
random.seed(100)             # 특정 무작위 값일 경우 동일한 값을 유지하기 위해 seed를 부여
flip.random(5)               # 동전을 5번 던진 결과 확인
```
('Head', 'Head', 'Tail', 'Tail', 'Tail')

```
random.seed(200)
flip.random(5)
```
('Head', 'Head', 'Tail', 'Head', 'Tail')

```
random.seed(100)             # 동일한 seed일 때는 동일한 결과
flip.random(5)
```
('Head', 'Head', 'Tail', 'Tail', 'Tail')

P 함수는 특정 조건인 짝수를 구하기 위해 dice==2 or dice ==4 or dice==6 즉 주사위의 짝수에 해당하는 숫자가 나오는 확률을 구합니다. 또한, 짝수가 나올 때 그중에 2가 나올 확률도 구할 수 있

습니다.

```
b = lea.P((dice== 2) | (dice == 4)| (dice==6))
```
           # 주사위를 굴릴 때 짝수가 나올 확률을 구한다.

```
b                    # 전체의 반이므로 1/2이 나온다.
```
1/2

```
lea.P(dice==2) / lea.P((dice== 2) | (dice == 4)| (dice==6))
```
1/3   # 주사위를 두 번 굴릴 때 짝수가 나온 후, 다시 2가 나올 경우를 계산(전체 발생하는
        경우가 짝수가 나올 경우로 축소된다.)

특정 값이 4일 경우도 구할 수 있는데, 나머지 연산으로 주사위의 숫자 값을 2로 나눠 나머지가 0인 경우도 처리할 수 있습니다.

확률을 구하는 함수나 메소드를 사용하지 않고 비교 연산을 처리하면 True, False에 대한 확률을 표시합니다.

특정 조건이 정해졌을 때는 조건부 확률인 given을 사용합니다. 연속해서 조건부 확률이 주어질 때 다른 사건이 발생하는 것을 p 메소드에 인자로 전달해 확률을 구할 수 있습니다. 조건식만 연결한 경우보다 쉽게 구할 수 있는 것을 알 수 있습니다.

```
lea.P(dice == 4)        # 비교연산으로 특정 조건의 확률을 구한다.
```
1/6

```
lea.P(dice % 2 == 0)        # 짝수일 경우는 모드연산을 사용해서 처리 가능
```
1/2

```
dice == 4        # 비교연산을 사용하면 참과 거짓인 경우에 확률값이 표시
```
False : 5/6
True : 1/6

```
dice.given((dice % 2 ==0)).p(4)
```
1/3   # 짝수가 주어진 조건인 조건부 확률은 given 메소드를 사용해서 한정한다.(그 다음에 p 메소드로
      분자를 계산하면 조건부 확률이 처리된다.)

특정 범위의 숫자를 확률로 표시

특정 숫자의 범위를 처리하려면 interval 함수를 사용합니다. 두 개의 범위를 표시하는 숫자를 지정하면 이산확률을 만듭니다. 1부터 6까지 지정해서 주사위 한 번 던지기와 같은 결과를 만듭니다.

기존에 만들어진 이산확률의 사본을 하나 더 만들 때는 new 메소드를 사용합니다. 두 개의 주사위를 하나로 합할 때는 joint 함수를

사용합니다.

```
die1 = lea.interval(1,6,prob_type='r')    # 두 개의 확률 생성
die2 = die1.new()                          # new로 하나 더 생성
```

```
die12= lea.joint(die1,die2)                # 두 확률 결합
```

두 개의 확률을 합한 것을 확률분포로 확인하기 위해 데이터프레임으로 변환합니다. 두 개의 주사위가 결합된 확률의 총합은 항상 1입니다.

```
df = pd.DataFrame(die12.ps, index=die12.support, columns=
['dice joint'])                            # 확률 분포표 생성
```

```
df.T
```

	1						2				...	5					6	
	1	2	3	4	5	6	1	2	3	4	...	3	4	5	6	1	2
dice joint	1/36	1/36	1/36	1/36	1/36	1/36	1/36	1/36	1/36	1/36	...	1/36	1/36	1/36	1/36	1/36	1/36

1 rows × 36 columns

```
die12.p_sum
```

1

특정 조건부 확률을 구하기 위해 given 메소드에 조건식을 제공하면 조건에 맞는 확률만 보여줍니다. 조건부 확률은 주어진 결과의 확률의 합이 항상 1로 변하는 것을 알 수 있습니다.

```
die12.given(die1 <= 2)    # 첫 번째 주사위가 2보다 작은 수가 나올 조건부 확률을 구한다.
```

```
(1, 1) : 1/12
(1, 2) : 1/12
(1, 3) : 1/12
(1, 4) : 1/12
(1, 5) : 1/12
(1, 6) : 1/12
(2, 1) : 1/12
(2, 2) : 1/12
(2, 3) : 1/12
(2, 4) : 1/12
(2, 5) : 1/12
(2, 6) : 1/12
```

```
die12.given(die1 <= 2).p_sum    # 조건부 확률이 합을 구하면 1
```

1

05 베이지안

두 사건의 확률을 처리할 때는 두 사건을 합쳐서 복합사건으로 처리합니다. 사건이 동시에 일어난 경우와 사건이 개별적으로 일어난 경우에 따라 확률을 처리하는 법칙이 다를 수 있습니다. 이러한 확률 법칙인 조건부 확률과 베이지안 확률의 기본 개념을 알아본 후에 파이썬 lea 모듈로 예제를 살펴봅니다.

■ 조건부 확률

사건 A가 일어난 후에 사건 B가 일어날 확률을 조건부 확률이라고 합니다. 수식을 보면 사건 A가 발생하면 전체 표본 공간이 사건 A로 줄어듭니다. 이 표본 공간에서 사건 B가 발생한 것을 구하는 것입니다.

$$P(B|A) = \frac{P(A \cap B)}{P(A)}$$

조건부 확률을 사용해서 두 사건이 동시에 발생할 수 있는 곱사건을 수식으로 표현할 수 있습니다. 조건부 확률에서 A가 발생할 확률을 조건부 확률에 곱하면 곱사건을 구하는 수식으로 전환됩니다.

$$P(A \cap B) = P(A) \cdot P(B|A)$$

■ 독립사건

두 사건이 독립되어 있어서 서로 만나는 경우가 없을 때 조건부 확률의 결과는 사건 A 내의 표본 공간에서 구할 수 없어서 사건 B를 구하는 확률이 됩니다.

$$p(B|A) = P(B)$$

독립사건일 때 곱사건은 두 사건이 발생할 확률을 곱하는 것과 같습니다.

$$P(A \cap B) = P(A) \cdot P(B)$$

■ 상호 보완적인 이벤트

사건 A가 발생할 때 발생하지 않는 모든 사건은 여사건(complementary event)입니다. 여사건은 전체 확률에서 사건 A가 발생할 확률을 빼서 구할 수 있습니다.

$$P(A^c) = 1 - P(A)$$

■ 총확률정리

표본 공간이 n개의 B의 사건으로 분할 또는 분해되었을 때 사건 A가 B 사건에 분포되어 있을 수 있습니다. A 사건이 발생할 수 있는 총합을 구하려면 모든 B 사건과 A 사건의 교집합을 구하고 합산하면 됩니다.

$$P(A) = \sum_{i=1}^{n} P(A \cap B_i) = \sum_{i=1}^{n} P(A|B_i)P(B_i)$$

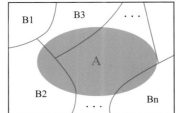

■ 베이지안 정리

특정 표본 공간에서 사전 확률이 명확히 분해된 경우, 즉 두 확률이 배반사건일 경우에 다른 사건이 발생할 때 이 사건의 결과로 기존 원인 사건을 역으로 계산하는 방식입니다.
베이지안을 처리하기 위해서는 먼저 표본 공간에 사건들이 분해되고 이 분해된 사건과 결합하는 B 사건이 있는 경우에 분해된 사건에 대하여 곱사건으로 표시할 수 있습니다.

$$P(A_1 \cap B) = P(B \cap A_1)$$

이 곱사건을 조건부 확률을 이용해서 곱사건을 대체합니다.

$$P(A_1 \cap B) = P(A_1|B)P(B), \qquad P(B \cap A_1) = P(B|A_1)P(A_1)$$
$$P(A_1|B)P(B) = P(B|A_1)P(A_1)$$

이 수식에서 P(B)를 양변에 나눕니다.

$$P(A_1|B) = \frac{P(B|A_1)P(A_1)}{P(B)}$$

임의의 분해된 사건이 두 개 있으면 P(B)를 총확률정리로 변환할 수 있습니다.

$$P(A_1|B) = \frac{P(B|A_1)P(A_1)}{P(B|A_1)P(A_1) + P(B|A_2)P(A_2)}$$

두 그릇에 있는 쿠키의 베이지안 처리

■ 베이지안 방식

특정 결과에서 원인을 찾는 가장 쉬운 쿠키 문제를 베이지안 정리에 따라 계산해봅니다.
그릇 1에는 바닐라 쿠키 30개와 초콜릿 쿠키가 10개, 그릇 2에는 바닐라 쿠키와 초콜릿 쿠키가 20개씩 들어있습니다. 하나를 선택했을 때 바닐라 쿠키가 나올 경우, 이 결과를 보고 그릇 1에서 바닐라 쿠키를 선택할 확률을 구하는 것이 베이지안 방식입니다.

P(A1)는 데이터를 보기 전 가설의 확률인 사전 확률

이산확률을 처리하는 `lea` 모듈을 사용해 처리해 봅니다. 먼저 사전 확률에 해당하는 두 그릇에 대한 가설을 확률로 만들기 위해 `vals` 함수에 두 그릇의 정보를 넣습니다. 분수로 표시하기 위해 `prob_type`에 r을 지정합니다.

```
bowl = lea.vals("bowl1","bowl2",prob_type='r')   # 두 번째 그릇의 쿠키
                                                   에 대한 확률 생성
```

```
bowl
```

```
bowl1 : 1/2
bowl2 : 1/2
```

두 그릇 중에 하나의 그릇을 선택할 확률을 p 메소드로 확인합니다.
그러면 두 개 중 하나일 확률 1/2이 출력됩니다.

```
bowl.p('bowl1')
```

```
1/2
```

P(B|A1)는 데이터가 가설에 포함될 확률인 우도 또는 가능도

그릇 1에 들어갈 확률은 바닐라 쿠키와 초콜릿 쿠키를 30개와 10개로 지정해서 확률을 구했습니다. 조건부 확률로 표시하지 않았지만, 별도의 그릇에 대한 확률로 지정해서 같은 결과가 나옵니다.

```
bowl1 = lea.pmf({"V":30,"C":10}, prob_type='r')
```

```
bowl1
```

```
C : 1/4
V : 3/4
```

```
bowl1 .p_sum
```
1

```
bowl1 .p('V')
```
3/4

```
bowl1 .p('C')
```
1/4

그릇 2에는 바닐라 쿠키 20개와 초콜릿 쿠키 20개를 배정해서 확률을 구합니다.

```
bowl2 = lea.pmf({"V":20, "C":20}, prob_type='r')
```

```
bowl2
```
C : 1/2
V : 1/2

확률분포 그리기　　두 그릇에 든 내용을 기초로 확률분포를 만듭니다. 두 그릇의 확률 정보는 ps 속성으로 확인해서 두 개의 열에 각각 넣습니다. 행의 인덱스 이름은 초콜릿과 바닐라로 지정해 데이터프레임을 생성합니다. 확률분포를 보기 위해 데이터프레임의 전치 속성인 T를 이용해서 확인합니다.

```
import pandas as pd
```

```
data = { 'bowl1':bowl1.ps, 'bowl2': bowl2.ps}
```

```
data
```
{'bowl1': (1/4, 3/4), 'bowl2': (1/2, 1/2)}

```
df = pd.DataFrame(data,index=["chocolate","vanilla"])
```
확률분포표 생성

```
df
```

	bowl1	bowl2
chocolate	1/4	1/2
vanilla	3/4	1/2

이 분포를 막대그래프로 그릴 때 유리수를 처리하지 못하므로 실수

로 자료형을 변환합니다. 그다음에 막대그래프를 그리면 각 그릇에 들어간 비율에 맞는 막대그래프가 그려집니다.

```
df_ = df.astype('float')                # 시각화하기 위해 분수를 실수로 변환
```

```
df_.plot(kind='bar')
```

```
<matplotlib.axes._subplots.AxesSubplot at 0x1164a50f0>
```

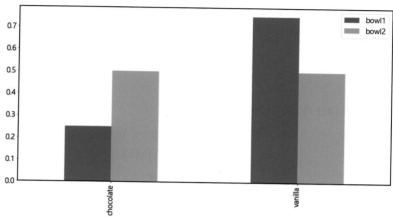

P(B)는 어떤 가설에든 포함되는 데이터의 비율인 한정 상수

전체 쿠키에 대한 확률을 만들기 위해 `pmf` 함수를 이용해서 쿠키 전체의 확률을 구합니다. 쿠키가 모두 80개이므로 이 쿠키에 맞는 확률이 구해집니다. 바닐라 일 경우는 5/8가 나옵니다.

```
cookie = lea.pmf({'vanilla':50, 'chocolate':30},prob_type='r' )
                                        # 전체 쿠키에 대한 확률 생성
```

```
cookie
```

```
chocolate : 3/8
vanilla   : 5/8
```

```
cookie.p('vanilla')
```

```
5/8
```

P(A1|B)는 계산하고자 하는 데이터를 확인한 후 가설 확률인 사후 확률

베이지안 확률에서 구하는 사후 확률은 바닐라 쿠키 전체 중에 그릇 1에 해당하는 경우를 구하는 것입니다.

각각의 확률을 별도로 구성해서 조건부 확률로 표시되지 않지만, 전체 쿠키 중에서 바닐라를 선택할 확률을 구하고 그중에 그릇 1이 선택될 때 그 안에 바닐라 쿠키의 비율을 구하면 같이 됩니다.

```
bowl1.p('V')
```

3/4

```
bowl.p('bowl1')
```

1/2

```
bowl1.p('V') * bowl.p('bowl1')
```

3/8

```
bowl1.p('V') * bowl.p('bowl1') / cookie.p('vanilla')
```

3/5   # 바닐라 쿠키를 선택했을 때(바닐라 쿠키가 첫 번째 그릇에 있을 확률을 구한다.)

다시 쿠키에 대한 베이지안 처리

확률분포표를 만들기 위해 T, F 변수에 True와 False를 할당합니다. 두 개의 그릇에 두 종류의 쿠키를 넣어서 처리해야 하므로 4개로 구분해 쿠키를 표시해야 합니다. 그릇 1을 첫 번째 위치에 표시했고 그릇 2를 두 번째 위치에 표시했습니다. 바닐라 쿠키는 세 번째 위치에 표시했고 초콜릿 쿠키는 네 번째 위치에 표시했습니다.

중요한 쿠키 정보는 그대로 처리하기 위해 정규화 과정을 False로 처리했습니다.

```
(T,F) = (True,False)                   # 변수에 논리값 할당
```

```
_bowl = lea.pmf({ (T,F,T,F): 30, (T,F,F,T), (F,T,T,F):
20, (F,T,F,T) : 20}, normalization=False,prob_type='r')
```

```
_bowl
```

```
(False, True , False, True ) : 20
(False, True , True , False) : 20
(True , False, False, True ) : 10
(True , False, True , False) : 30
```

as_joint 메소드에 그릇의 이름과 쿠키의 이름을 부여하면 전체 쿠키의 확률이 구해집니다.

```
bowl = _bowl.as_joint('bowl1','bowl2','vanilla','chocolate')
```

                                       # 논리값의 열에 대한 이름 생성

```
bowl
```

```
 bowl1, bowl2, vanilla, chocolate
(False, True , False  , True   ) : 2/8
(False, True , True   , False  ) : 2/8
(True , False, False  , True   ) : 1/8
(True , False, True   , False  ) : 3/8
```

그릇과 쿠키의 표시가 명확한지 support 속성으로 확인합니다. True는 해당 그릇과 쿠키의 확률을 표시할 수 있는 값입니다.

```
bowl.support                    # 발생한 사건을 확인하면 이름과 논리값으로 표시

(_(bowl1=False, bowl2=True,  vanilla=False, chocolate=True),
 _(bowl1=False, bowl2=True,  vanilla=True,  chocolate=False),
 _(bowl1=True,  bowl2=False, vanilla=False, chocolate=True),
 _(bowl1=True,  bowl2=False, vanilla=True,  chocolate=False))
```

조건을 처리하는 P 함수에 그릇 1과 바닐라 쿠키의 결합확률을 넣어 확률을 구해봅니다. 전체 분포에서 해당하는 전체 확률을 가져왔기 때문에 실제 원하는 값을 구한 결과는 아닙니다.

만들어진 확률분포의 전체 확률을 ps 속성으로 확인하면 결합확률로 구한 값이 제일 마지막 확률값으로 들어간 것을 알 수 있습니다.

```
lea.P(bowl.bowl1 & bowl.vanilla)
```
3/8

```
bowl.ps
```
(1/4, 1/4, 1/8, 3/8)

바닐라 쿠키가 주어질 때 조건부 확률을 구하면 그릇 1의 확률과 그릇 2의 확률이 나옵니다. 조건부 확률을 처리했으므로 바닐라 쿠키 50개를 기준으로 정규화 처리를 하는 것을 볼 수 있습니다.

```
bowl.given(bowl.vanilla)            # 바닐라 쿠기일 경우의 확률을 구한다.

 bowl1, bowl2, vanilla, chocolate
(False, True , True  , False  ) : 2/5
(True , False, True  , False  ) : 3/5
```

이제 사후 확률로 조건부 확률을 given으로 지정하고 그중에 그릇 1이 선택될 확률을 계산하면 최종 결과를 처리합니다.

```
lea.P(bowl.bowl1)
```
1/2

```
lea.P(bowl.bowl1.given(bowl.vanilla) )    # 그릇 1이  바닐라 쿠기일 경우의
                                             확률을 구한다
```
3/5

CHAPTER
9

선형 대수로 넘파이 모듈 이해하기

벡터(vector)나 행렬(matrix)을 계산하는 수학을 선형대수(linear algebra)라고 합니다. 파이썬은 선형
대수를 계산할 수 있는 모듈인 넘파이를 제공합니다. 벡터나 행렬을 다차원 배열(ndarray)로 지원합
니다.
벡터와 행렬은 텐서(tensor)라는 수학 용어의 특정 차원의 표현입니다. 더 큰 개념인 텐서를 알아봅
니다.

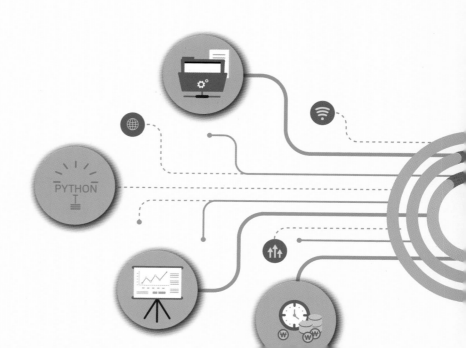

01 벡터와 1차원 배열

수학에서 사용하는 정수, 실수는 하나의 크기인 값을 표시합니다. 이러한 수를 스칼라(Scalar)라고 합니다. 스칼라는 크기만 있고 방향이 없으므로 별도의 차원은 없습니다.

스칼라를 대괄호로 묶어서 새로운 형태를 만들 수 있습니다. 1차원 공간에 수를 나열해서 벡터를 만듭니다. 벡터는 같은 원소를 가진 영역을 관리합니다. 이를 벡터 공간(vector space)이라고 하며, 같은 벡터 공간에 있어야 기본적인 산술연산을 할 수 있습니다.

예제 1 벡터

수학적인 벡터 표기

수학의 벡터는 파이썬에서 넘파이 모듈의 다차원 배열을 사용해서 만들 수 있습니다. 벡터는 다차원 배열에서는 1차원 배열로 만듭니다.

선형대수에서 벡터는 크기와 방향을 가지는 수의 집합입니다. 숫자로 나열할 때는 가로축과 세로축으로 수를 나열할 수 있습니다. 가로로 수를 나열하면 행벡터(row vector), 세로로 수를 나열하면 열벡터(column vector)라고 합니다.

수학에서는 주로 열벡터 표기법을 사용하지만, 넘파이의 다차원 배열은 행벡터를 기반으로 처리합니다.

$$v = \begin{bmatrix} a_1 & a_2 & ... & a_n \end{bmatrix}, \quad v = \begin{bmatrix} a_1 \\ a_2 \\ ... \\ a_n \end{bmatrix}$$

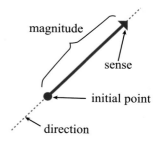

오른쪽 그림처럼 벡터는 기하적인 표기법을 사용합니다. 기하적인 벡터는 크기를 선분으로 표시합니다. 벡터의 방향은 선분에 화살표를 사용합니다.

모듈 numpy로 벡터 만들기

넘파이 모듈을 사용할 때는 `import numpy as np`를 먼저 처리합니다. 수학의 벡터는 다차원 배열로는 1차원 배열입니다. 1차원 배열은 `arange` 함수로 만듭니다. 이 함수의 인자는 보통 종료점만 넣고 만들면 0부터 종료점 −1까지의 원소를 가진 1차원 배열을 만듭니다. 첫 번째 배열은 10개의 원소를 갖는 1차원 배열을 만듭니다.

```
a = np.arange(10)          # 10개의 원소를 가지는 1차원 배열 생성
```

```
a
```

```
array([0, 1, 2, 3, 4, 5, 6, 7, 8, 9])
```

두 번째 배열은 9개의 원소를 가지는 1차원 배열을 만듭니다.

```
b = np.arange(9)           # 9개의 원소를 가지는 1차원 배열 생성
```

```
b
```

```
array([0, 1, 2, 3, 4, 5, 6, 7, 8])
```

벡터 간의 연산

만들어진 두 개의 1차원 배열을 더하면 예외가 발생합니다. 예외 메시지의 내용은 두 배열의 형상 즉 원소의 개수가 달라 계산할 수 없다는 것입니다. 벡터 간의 연산할 때는 두 벡터가 같은 벡터 공간(vector space)에 있어야 합니다. 벡터 공간은 벡터의 차원 즉 원소가 같아야 합니다.

```
try :
    a + b                  # 다차원 배열의 덧셈은 원소별로 계산하므로 동일한 원소를 가져야 한다.
except Exception as e :
    print(e)
```

```
operands could not be broadcast together with shapes (10,) (9,)
```

같은 벡터 공간을 만들어 연산

두 배열의 형상(shape) 즉 원소를 같게 만들 필요가 있습니다. 1차원 배열의 원소를 하나 추가할 때는 **append** 함수를 사용합니다. 이 함수를 사용하면 새로운 배열을 반환합니다. 그래서 동일한 변수 **b**에 이 배열을 할당합니다. 이제 이 다차원 배열은 10개의 원소를 가집니다.

```
b = np.append(b,9)          # 두 번째 배열에 원소를 하나 추가
```

```
b
```

```
array([0, 1, 2, 3, 4, 5, 6, 7, 8, 9])
```

수학 벡터의 덧셈

선형대수에서 벡터는 같은 벡터 공간에 있어야 연산이 가능합니다. 선형대수의 벡터간의 연산은 항상 동일한 인덱스를 가진 원소끼리 (element-wise) 계산합니다. 두 벡터의 원소는 2개입니다. 이 벡터를 더하면 동일한 인덱스에 해당하는 원소끼리 더합니다. 그리고 결과를 동일한 인덱스에 위치해서 2개의 원소를 가지는 벡터가 만들어집니다.

$$\begin{bmatrix} a_1 \\ a_2 \end{bmatrix} + \begin{bmatrix} b_1 \\ b_2 \end{bmatrix} = \begin{bmatrix} a_1 & + b_1 \\ a_2 & + & b_2 \end{bmatrix}$$

1차원 배열의 원소 개수가 같아져서 덧셈 연산을 하면 같은 인덱스의 원소를 합산한 것을 알 수 있습니다.

```
c = a + b          # 두 배열의 원소가 동일해서 덧셈연산이 수행
```

```
c
```

```
array([ 0,  2,  4,  6,  8, 10, 12, 14, 16, 18])
```

다차원 배열의 연산은 원본 데이터를 변경하지 않음

위에서 두 개의 1차원 배열을 덧셈해서 새로운 1차원 배열을 만들었습니다. 계산에 사용한 원본의 배열은 변하지 않은 것을 알 수 있습니다. 이처럼 대부분의 연산은 새로운 배열을 만듭니다.

```
a
```

```
array([0, 1, 2, 3, 4, 5, 6, 7, 8, 9])
```

```
b
```
```
array([0, 1, 2, 3, 4, 5, 6, 7, 8, 9])
```

스칼라를 벡터에 곱하기

벡터와 스칼라(scalar)를 곱하면 스칼라값을 벡터의 원소마다 상숫값을 곱한 결과를 보여줍니다.

$$3 \times \begin{bmatrix} a_1 \\ a_2 \end{bmatrix} = \begin{bmatrix} 3 \times a_1 \\ 3 \times a_2 \end{bmatrix}$$

이것은 스칼라값을 벡터와 같은 차원을 만들어 같은 인덱스의 원소를 곱하는 것과 같습니다. 이렇게 스칼라값이 벡터의 형상(shape)과 같게 확장되는 것을 브로드캐스팅(broadcasting)이라고 합니다.

$$\begin{bmatrix} 3 \\ 3 \end{bmatrix} \times \begin{bmatrix} a_1 \\ a_2 \end{bmatrix} = \begin{bmatrix} 3 \times a_1 \\ 3 \times a_2 \end{bmatrix}$$

1차원 배열의 상수배

변수 a에는 10개의 원소를 가진 1차원 배열이 저장돼 있습니다. 이 배열에 정수 5를 곱하면 배열의 원소에 5를 곱한 결과를 볼 수 있습니다.

```
d = a * 5                    # 하나의 배열과 상수를 곱셈연산(상수를 원소별로 처리를 하기 위해서는
                               동일한 배열로 만든 후에 곱셈을 수행)
```
```
d
```
```
array([ 0,  5, 10, 15, 20, 25, 30, 35, 40, 45])
```

상수 5개 계산될 때 내부에서 발생하는 방식을 알아봅니다. 정수 5가 10개의 원소로 된 1차원 배열을 만듭니다. 그리고 이 원소를 기존 배열과 곱하면 각 원소에 5를 곱한 결과가 나옵니다.

```
f = np.array([5,5,5,5,5,5,5,5,5,5])    # 동일한 상수를 가지는 배열로 변환
```
```
a * f                                  # 두 배열 간의 원소별로 곱셈을 수행
```
```
array([ 0,  5, 10, 15, 20, 25, 30, 35, 40, 45])
```

스칼라(scalar) 이해하기

벡터는 1차원 배열로 만들어지는 것을 알아봤습니다. 그러면 스칼라는 다차원 배열에서 어떻게 만들어지는지 알아봅니다. 함수 `array`에 숫자만 넣고 만들면 차원이 없는 정수만 표시합니다. 스

칼라는 차원이 없어서 하나의 값만 표시합니다.

```
aa = np.array(0)                          # 스칼라 값을 배열로 생성
```

```
aa
```
array(0)

스칼라 값을 가지고 다차원 배열을 만든 것을 type 클래스로 확인하면 ndarray 클래스입니다. 스칼라도 다차원 배열로 만들 수 있다는 것을 확인할 수 있습니다. 먼저 만들어진 1차원 배열의 첫 번째 원솟값 0과 스칼라를 만든 값을 비교하면 True로 표시합니다.

```
type(aa)                                  # 스칼라 값을 넣고 배열을 만들어도 다차원 배열
```
numpy.ndarray

```
aa == a[0]                                # 스칼라 값은 일반 정수 값과 동일
```
True

02 행렬과 2차원 배열

행렬은 벡터보다 축이 하나 많아져서 2차원 배열로 만듭니다. 행과 열의 인덱스를 첨자로 표시한 곳에 원소가 들어가면 행렬이 만들어집니다.

예제 1 행렬

선형대수의 행렬과 다차원 배열의 2차원 배열이 같은 방식으로 처리되는지 확인해 봅니다.

행렬의 구조

일반적으로 선형대수는 행렬을 표시할 때 대괄호를 사용합니다. 행렬의 원소는 소문자를 사용하고 첨자로 붙이는 인덱스 정보는 2개 표시합니다. 첨자의 첫 번째는 행, 두 번째는 열의 인덱스입니다.

$$\begin{bmatrix} a_{11} & \cdots & a_{1n} \\ \vdots & \ddots & \vdots \\ a_{m1} & \cdots & a_{mn} \end{bmatrix}$$

아래 그림은 m행 n열의 행렬 구조입니다. 행은 수평으로 인덱스를 가지고, 열은 수직으로 같은 인덱스 정보를 유지합니다. 이 행과 열의 인덱스를 첨자로 해서 원소가 들어간 것을 볼 수 있습니다.

$$\text{Row } i \begin{array}{c} \\ \\ \end{array} \overset{\text{Column } j}{\begin{bmatrix} a_{11} & \cdots & a_{1j} & \cdots & a_{1n} \\ \vdots & & \vdots & & \vdots \\ a_{i1} & \cdots & a_{ij} & \cdots & a_{in} \\ \vdots & & \vdots & & \vdots \\ a_{m1} & \cdots & a_{mj} & \cdots & a_{mn} \end{bmatrix}} = A$$

$$\begin{array}{ccc} \uparrow & \uparrow & \uparrow \\ a_1 & a_j & a_n \end{array}$$

**다차원 배열로
2차원 배열인 행렬 만들기**

1차원 배열을 만드는 **arange** 함수로 10개의 원소를 가진 배열을 만듭니다. 1차원 배열을 만들었지만, 형상(shape)을 변경해서 2차원 배열을 만들 수 있습니다. 이때 전체 원소 개수는 항상 같아야 합니다.

형상을 변경할 때는 **reshape** 메소드에 인자로 행과 열의 정보를 입력하고 실행하면 새로운 배열 객체를 생성합니다. 변수에 할당된 객체를 확인하면 2행 5열인 2차원 배열로 변경된 것을 알 수 있습니다.

```
a = np.arange(10).reshape(2,5)    # 10개의 원소를 가진 1차원 배열을 만든 후에
                                   2행 5열의 행렬로 변환
```

```
a
```

```
array([[0, 1, 2, 3, 4],
       [5, 6, 7, 8, 9]])
```

전치행렬

벡터를 만들면 1차원입니다. 이는 하나의 축(axis)을 가진 구조입니다. 행렬은 행과 열이라는 두 개의 축을 가지므로 행과 열의 축을 변환할 수 있습니다. 이렇게 축을 변환하는 것을 전치(transpose)라고 합니다. 원본 행렬의 축을 변경해서 만든 행렬을 전치행렬이라고 합니다.

전치행렬은 원본 행렬(A)에 위첨자로 T를 붙여서 기존 행렬과 다른 전치행렬을 표시합니다.

$$A^T$$

전치행렬과 원본 행렬의 구조는 행과 열이 교환되어 표시됩니다. 원소는 변하지 않고 구조만 변경되는 것을 알 수 있습니다.

$$\begin{bmatrix} a_{11} & \cdots & a_{1n} \\ \vdots & \ddots & \vdots \\ a_{m1} & \cdots & a_{mn} \end{bmatrix}^T = \begin{bmatrix} a_{11} & \cdots & a_{m1} \\ \vdots & \ddots & \vdots \\ a_{1n} & \cdots & a_{mn} \end{bmatrix}$$

**2차원 배열로 전치하는
방법**

위에서 만든 2행 5열 행렬의 전치행렬은 속성 T로 확인할 수 있습니다. 행과 열의 축이 변경되어 5행 2열의 배열을 보여줍니다.

```
a.T                   # 행렬의 행과 열을 변경해서 조회(전치행렬)
```

```
array([[0, 5],
       [1, 6],
       [2, 7],    ← 내부의 원소 값은 변경되지 않고 축만 변경해서 보여준다
       [3, 8],
       [4, 9]])
```

축을 변경하는 함수

다차원 배열의 축을 변경하는 `transpose` 함수도 있습니다. 이 함수에 인자를 2차원 배열로 전달하고 변수에 할당하면 전치행렬이 저장됩니다.

두 개의 행렬을 비교하면 원소별로 비교해서 같은 값이면 True로 표시합니다. 비교 연산을 하면 행렬의 형상은 유지되고 내부의 원소가 논릿값으로 표시됩니다.

```
t = np.transpose(a)    # 함수를 사용해서 다차원 배열의 축 변경 가능
```

```
t == a.T
```

```
array([[ True,   True],
       [ True,   True],
       [ True,   True],
       [ True,   True],
       [ True,   True]])
```

수학 행렬의 합

벡터의 합처럼 행렬도 원소별로 덧셈을 처리합니다. 두 행렬의 행과 열을 조합한 인덱스 정보가 일치하는 원소를 합산합니다.

$$\begin{bmatrix} a_{11} & a_{12} \\ a_{21} & a_{22} \end{bmatrix} + \begin{bmatrix} b_{11} & b_{12} \\ b_{21} & b_{22} \end{bmatrix} = \begin{bmatrix} a_{11}+ b_{11} & a_{12} + b_{12} \\ a_{21} + b_{21} & a_{22} + b_{22} \end{bmatrix}$$

2차원 배열의 합 구하기

10개의 원소를 가지는 1차원 배열을 만듭니다. 이 배열의 형상을 `reshape` 메소드로 5행 2열의 행렬로 변경합니다.

```
b = np.arange(10).reshape(5,2)          # 다른 2차원 배열 생성
```

```
b
```

```
array([[0, 1],
       [2, 3],
       [4, 5],
       [6, 7],
       [8, 9]])
```

두 행렬의 형상을 보면 2행 5열과 5행 2열입니다. 행렬은 전체의 원소 개수가 같다고 연산이 가능하지 않습니다. 항상 행과 열의 개

수가 같아야 두 개의 행렬을 계산할 수 있습니다.

```
try :
    a + b
except Exception as e :          # 두 배열을 더하면 형상이 달라서 계산 불가능
    print(e)
```

operands could not be broadcast together with shapes (2,5) (5,2)

같은 형상으로 맞추기 위해 reshape 함수를 사용합니다. 2차원 배열이므로 인자로 형상의 정보인 (2,5)를 두 번째 인자로 전달해서 변환합니다.

```
b = np.reshape(b,(2,5))          # 두번째 행렬의 형상을 첫번째 행렬과 동일하게 변경
```

```
b
```

array([[0, 1, 2, 3, 4],
       [5, 6, 7, 8, 9]])

이제 두 배열의 형상이 2행 5열로 같아집니다. 두 배열의 덧셈 연산을 처리하면 원소별로 합산해서 같은 인덱스에 원소를 표시합니다. 다른 변수에 할당하는 이유는 두 배열의 덧셈은 새로운 배열을 만들기 때문입니다.

```
c = a + b                        # 동일한 형상에 가져야 원소별로 계산 가능
```

```
c
```

array([[0, 2, 4, 6, 8],
       [10, 12, 14, 16, 18]])

두 원본 행렬을 확인하면 덧셈 연산을 수행한 후에도 변하지 않는 것을 알 수 있습니다.

```
a
```
array([[0, 1, 2, 3, 4],
       [5, 6, 7, 8, 9]])

```
b
```
array([[0, 1, 2, 3, 4],
       [5, 6, 7, 8, 9]])

수학 행렬의 상수배

행렬에 상수 5를 곱하는 것은 행렬의 모든 원소가 5인 경우와 같습니다. 이 스칼라인 5를 2행 2열의 행렬의 원소로 만듭니다. 그 후에 행렬의 원소와 정수가 곱해집니다.

$$\begin{bmatrix} a_{11} & a_{12} \\ a_{21} & a_{22} \end{bmatrix} \times 5 = \begin{bmatrix} a_{11} & a_{12} \\ a_{21} & a_{22} \end{bmatrix} \times \begin{bmatrix} 5 & 5 \\ 5 & 5 \end{bmatrix} = \begin{bmatrix} a_{11} \times 5 & a_{12} \times 5 \\ a_{21} \times 5 & a_{22} \times 5 \end{bmatrix}$$

2차원 배열의 상수배

2차원 배열도 상수인 5를 곱하면 새로운 객체인 다차원 배열을 만듭니다. 다른 변수를 확인하면 배열의 원소가 5배 증가한 것을 알 수 있습니다.

```
d = a * 5          # 2차원 배열로 동일한 상수를 원소로 가진 2차원 배열과의 원소별 곱셈 처리
```

```
d
```
```
array([[ 0,  5, 10, 15, 20],
       [25, 30, 35, 40, 45]])
```

스칼라와 배열의 연산을 하려면 스칼라와 행렬의 형상이 같아지게 브로드캐스팅을 처리합니다. 정수 5가 10개 들어간 리스트를 array 함수에 인자로 전달해서 1차원 배열을 만든 후에 reshape 메소드로 형상을 맞춥니다. 이때 형상에 대한 정보를 정수 2와 5로 전달합니다. 두 개의 2차원 배열을 곱하면 상수를 모든 원소에 곱한 것을 알 수 있습니다.

```
f = np.array([5,5,5,5,5,5,5,5,5,5]).reshape(2,5)
```

```
a * f
```
```
array([[ 0,  5, 10, 15, 20],
       [25, 30, 35, 40, 45]])
```

행렬의 종류

선형대수의 행렬에는 행렬 구성에 따라 이름이 있습니다. 어떤 행렬이 있는지 알아봅니다.

단위행렬(identity matrix)

수학에서는 덧셈하거나 곱셈해도 같은 값을 유지하는 수를 항등원이라고 합니다. 선형대수에서는 행렬곱을 처리해도 같은 행렬을 유지하는 것을 단위행렬이라고 합니다.

단위행렬은 행과 열이 같은 정사각 행렬 때만 사용합니다. 이 단위행렬의 구조는 행과 열의 인덱스가 같은 대각선 원소만 1이고 나머지 원소는 모두 0입니다. 보통 단위행렬은 대문자 I로 표시합니다.

$$I = \begin{bmatrix} 1 & 0 \\ 0 & 1 \end{bmatrix}$$

다차원 배열로 단위행렬 만들기

다차원 배열에서 **eye** 함수와 **identity** 함수로 단위행렬을 만듭니다. 단위행렬은 기본이 정사각 행렬이라 하나의 인자를 전달해 만듭니다.

```
e = np.eye(3)          # 대각선의 원소가 1이고 나머지는 0인 단위행렬 생성
```

```
e
```
```
array([[1., 0., 0.],
       [0., 1., 0.],
       [0., 0., 1.]])
```

함수 **identity**도 하나의 인자를 받아서 정사각 행렬인 단위행렬을 만듭니다.

```
ide = np.identity(4)
```

```
ide
```
```
array([[1., 0., 0., 0.],
       [0., 1., 0., 0.],
       [0., 0., 1., 0.],
       [0., 0., 0., 1.]])
```

선형대수의 삼각 행렬 (triangular matrix)

삼각 행렬도 정사각 행렬로 만들어집니다. 이 행렬의 원소는 대각선을 중심으로 0이 아닌 숫자가 위나 아래에 위치하고 나머지 원소

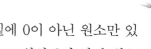

는 0으로 처리합니다. 행렬의 대각원소의 밑에 0이 아닌 원소만 있
는 경우를 하삼각 행렬(lower triangular matrix), 위의 0이 아닌 원소
만 들어가면 상삼각 행렬(upper triangular matrix)이라고 합니다.

$$tril = \begin{bmatrix} a_{11} & 0 \\ a_{21} & a_{22} \end{bmatrix} \qquad triu = \begin{bmatrix} a_{11} & a_{12} \\ 0 & a_{22} \end{bmatrix}$$

**다차원 배열로
삼각 행렬 만들기**

다차원 배열로 삼각 행렬을 만드는 기본 함수는 **tri**입니다. 삼각
행렬도 정사각 행렬로 구성되므로 인자를 하나만 넣으면 만들어집
니다.

```
tri = np.tri(3)          # 대각선과 그 밑의 원소가 1인 삼각행렬 생성
```

```
tri
```

```
array([[1., 0., 0.],
       [1., 1., 0.],
       [1., 1., 1.]])
```

대각선의 위치 정보를 지정하면 원소의 위치를 변경할 수 있습니
다. 이때는 인자 **k**에 양수를 넣으면 대각선보다 위에 있는 원소도 0
이 아닌 값이 들어갑니다.

```
tri = np.tri(3,k=1)   # k 매개변수에 양수로 지정하면 대각선 범위 위의 원소도 1이 들어간다.
```

```
tri
```

```
array([[1., 1., 0.],
       [1., 1., 1.],
       [1., 1., 1.]])
```

리스트를 인자로 받아서 하삼각 행렬을 만들 수 있습니다. 이때는
tril 함수에 리스트를 인자로 받습니다.

```
tril = np.tril([[1,2,3],[4,5,6],[7,8,9]])
              # 하삼각 행렬을 만들면 대각선과 그 밑의 인덱스 정보에만 원소의 값이 들어간다.
```

```
tril
```

```
array([[1, 0, 0],
       [4, 5, 0],
       [7, 8, 9]])
```

하삼각 행렬에도 **k** 인자를 –1로 전달하면 대각선보다 더 아래의 작은 대각선부터 원솟값이 들어갑니다. 대각선을 포함해서 대각선 위를 0으로 처리합니다.

```
tril_1 = np.tril([[1,2,3],[4,5,6],[7,8,9]],-1)
```
하삼각 행렬도 k 매개변수에 -1을 주면 대각선보다 더 밑에 원소를 세팅한다.

```
tril_1
```
```
array([[0, 0, 0],
       [4, 0, 0],
       [7, 8, 0]])
```

상삼각 행렬은 **triu** 함수를 이용해서 만듭니다.

```
tru = np.triu([[1,2,3],[4,5,6],[7,8,9]])          # 상삼각 행렬 생성
```

```
tru
```
```
array([[1, 2, 3],
       [0, 5, 6],
       [0, 0, 9]])
```

대각선의 위치를 변경할 수 있습니다. 인자에 양수 1을 전달하면 대각선보다 하나 위부터 원소가 만들어집니다.

```
tru_1 = np.triu([[1,2,3],[4,5,6],[7,8,9]],1)
```
상삼각 행렬도 대각선의 위치를 변경 가능(이때 양수를 사용)

```
tru_1
```
```
array([[0, 2, 3],
       [0, 0, 6],
       [0, 0, 0]])
```

예제 3 LU(LU decomposition) 분해

LU 분해를 위한 모듈 사용

하나의 행렬을 둘로 분해할 수 있습니다. 가장 간단한 분해는 두 개의 삼각 행렬로 분해하는 것입니다. 이런 분해를 LU 분해라고 합니다. 분해되면 하삼각 행렬과 상삼각 행렬의 곱으로 표현합니다. 하삼각 행렬은 L(Lower), 상삼각 행렬은 U(Upper)로 표시합니다.

하나의 행렬을 LU 분해하려면 `scipy` 내의 `linalg` 모듈을 사용합니다.

```
import scipy.linalg as LA          # 선형대수 모듈 사용
```

아래 그림처럼 하나의 행렬을 두 개의 행렬로 분해합니다. 하삼각 행렬의 대각선은 1로 처리하고, 대각선 아래의 값은 분해한 값으로 들어가고 대각선 위의 값은 0입니다. 상삼각 행렬은 대각선 위에 값이 들어가고 나머지는 0으로 처리됩니다.

$$
\begin{bmatrix} A00 & A01 & A02 \\ A10 & A11 & A12 \\ A20 & A21 & A22 \end{bmatrix} = \begin{bmatrix} 1 & 0 & 0 \\ L10 & 1 & 0 \\ L20 & L21 & 1 \end{bmatrix} = \begin{bmatrix} U00 & U01 & U02 \\ 0 & U11 & U12 \\ 0 & 0 & U22 \end{bmatrix}
$$

Lower Triangular

Upper Triangular

2차원 배열 중에 4행 4열의 정사각 행렬을 하나 만듭니다.

```
A = np.array([ [7, 3, -1, 2], [3, 8, 1, -4], [-1, 1, 4,
-1], [2, -4, -1, 6] ])          # 4행 4열의 다차원 배열 생성
```

```
A
```

```
array([[ 7,  3, -1,  2],
       [ 3,  8,  1, -4],
       [-1,  1,  4, -1],
       [ 2, -4, -1,  6]])
```

이 배열을 LU 분해를 위해 `lu` 함수를 사용합니다. 반환되는 값은 3개입니다.

```
P, L, U = LA.lu(A)          # LU 분해를 통해 하삼각 행렬과 상삼각 행렬로 분해
```

첫 번째 반환되는 P는 단위행렬입니다.

```
P          # 첫 번째 행렬은 단위행렬
```

```
array([[1., 0., 0., 0.],
       [0., 1., 0., 0.],
       [0., 0., 1., 0.],
       [0., 0., 0., 1.]])
```

나머지 두 개의 행렬은 하삼각 행렬인 L과 상삼각 행렬인 U입니다.

```
L                                        # 두 번째 행렬은 하삼각 행렬
array([[ 1.        ,  0.        ,  0.        ,  0.        ],
       [ 0.42857143,  1.        ,  0.        ,  0.        ],
       [-0.14285714,  0.21276596,  1.        ,  0.        ],
       [ 0.28571429, -0.72340426,  0.08982036,  1.        ]])
```

```
U                                        # 세 번째 행렬은 상삼각 행렬
array([[ 7.        ,  3.        , -1.        ,  2.        ],
       [ 0.        ,  6.71428571,  1.42857143, -4.85714286],
       [ 0.        ,  0.        ,  3.55319149,  0.31914894],
       [ 0.        ,  0.        ,  0.        ,  1.88622754]])
```

분해된 하삼각 행렬과 상삼각 행렬을 행렬곱 함수인 matmul로 연산을 하고 변수에 할당합니다. 원본 행렬과 동일한 값을 비교하면 부동소숫점 연산이 있어 오차가 발생합니다. 그래서 두 값을 비교할 때는 allclose 함수로 동일한 행렬인지 비교합니다.

```
A_ = np.matmul(L,U)                      # 분해된 값을 다시 행렬곱한다.
```

```
np.allclose(A_ , A)                      # 분해된 결과를 합산한 것과 원본이 같은지 확인
True
```

03 텐서와 다차원 배열

텐서(Tensor)는 1차원 벡터와 2차원 행렬을 포함하는 더 상위 개념입니다. 선형대수는 벡터와 행렬을 기반으로 설명합니다. 차원이 더 높은 경우도 벡터와 행렬을 이해하면 텐서도 쉽게 접근할 수 있습니다. 이제 다차원 배열로 텐서를 표시하는 방법을 알아봅니다.

■ 텐서의 구조

선형대수는 스칼라, 벡터, 행렬에 대한 연산을 주로 처리합니다. 다양한 차원을 지원하는 명칭은 실제 텐서(tensor)입니다. 그래서 텐서 0차원은 스칼라, 텐서 1차원은 벡터, 텐서 2차원 행렬이고 텐서 3차원 이상부터는 별도의 명칭이 없어 텐서와 차원을 함께 부여해서 이름을 정의합니다.

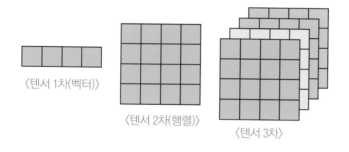

〈텐서 1차(벡터)〉

〈텐서 2차(행렬)〉

〈텐서 3차〉

예제 텐서와 다차원 배열

넘파이의 random 모듈을 사용해 3차원 이상 다차원 배열의 임의의 값을 원소로 만들어 텐서 구조를 알아봅니다.

텐서의 구조

3차원 배열은 축이 3개입니다. 난수를 만드는 `random` 모듈의 `randn` 함수에 3개의 인자를 전달해서 3차원 배열을 만듭니다. 배열의 차원(ndim)이 3개라는 것은 형상(shape)의 값이 3개의 원소를 가지는 튜플입니다. 자료형(dtype) 속성을 확인하면 float64를 표시합니다.

```
a = np.random.randn(3,3,3)          # 3차원 형상을 가지는 다차원 배열 생성
```

```
a.ndim, a.shape, a.dtype            # 3차원, 형상, 자료형을 속성으로 조회
```
```
(3, (3, 3, 3), dtype('float64'))
```

3차원 배열의 구성을 알아보기 위해 0번 행을 조회하면 3행 3열의 행렬을 반환합니다. 이는 0번 축을 기준으로 행렬이 원소로 들어가는 구조입니다.

```
a[0]                                # 3차원 행렬의 첫 번째 원소는 2차원 배열
```
```
array([[-0.3150773 ,  0.316396  ,  0.88055137],
       [-1.20889598,  0.98288513, -1.57711652],
       [-1.83989152,  0.24356761, -0.74681728]])
```

색인 연산에 0번 축과 1번 축의 인덱스를 쉼표로 구분해서 전달하면 하나의 벡터를 반환합니다.

```
a = np.array([1,2,3,4])             # array 함수로 1차원 배열 생성
```

```
b = np.arange(1,5)                  # arange 함수로 1차원 배열 생성
```

```
np.add(a,b)                         # 두 개의 1차원 배열을 더하면
```
```
array([2, 4, 6, 8])                 ← 순환문 없이 같은 인덱스를 가진 원소별로 합산
```

세 번째 축까지 정보를 넣어서 조회하면 1차원 배열 내부의 원소인 스칼라값을 출력합니다.

```
a[0][0][0]                          # 색인연산자를 사용해서 내부의 원소를 조회
```
```
-0.3150773038154812
```

```
a[0,0,0]                            # 정수 인덱스를 쉼표로 구분해서 내부의 원소를 조회
```
```
-0.3150773038154812
```

4차원 배열 만들기

4차원 텐서는 축 정보를 4개 전달해서 만듭니다. 이번에는 난수를 만드는 rand 함수로 만들었습니다. 차원(ndim)은 4이고 형상(shape)은 4개의 원소를 가지는 튜플입니다.

```
b = np.random.rand(3,3,3,3)                    # 4차원 배열 생성
```

```
b.ndim, b.shape                                # 차원과 형상을 속성으로 확인
```
```
(4, (3, 3, 3, 3))
```

위에서 만든 다차원 배열의 **strides** 속성은 4개의 원소를 가지는 튜플로 구성됩니다. 4개의 축을 가진 4차원 배열을 확장하면 그 내부의 구성 원소인 3차원 배열의 크기로 확장됩니다. 이 튜플을 구성하는 첫 번째 원소는 3차원 배열의 크기이고 두 번째 원소는 2차원 배열의 크기, 세 번째 원소는 1차원 배열의 크기, 네 번째 원소는 하나의 원소 크기를 표시합니다.

```
b.strides        # 4차원을 3차원 배열로 구성(배열을 확장할 때 3차원 요소의 바이트에 대한 정보 관리)
```
```
(216, 72, 24, 8)
```

```
b.itemsize                                     # 하나의 원소는 8바이트로 구성
```
```
8
```

```
b.itemsize *3                                  # 1차원 배열은 3개의 원소를 가지므로 24바이트
```
```
24
```

```
b.itemsize *3 *3                               # 2차원 배열은 9개의 원소를 가지므로 72바이트
```
```
72
```

```
b.itemsize *3 *3 *3                            # 3차원 배열은 27개의 원소를 가지므로 216바이트
```
```
216
```

04 유니버설 함수(universal function)

파이썬 리스트를 원소별로 처리하려면 순환문을 사용해서 원소를 하나씩 꺼내서 로직을 처리해야 합니다. 넘파이 모듈은 다차원 배열의 벡터화 연산을 지원하므로 순환문 없이도 모든 원소를 처리합니다.

벡터 연산을 지원하는 함수나 메소드 등을 유니버설 함수(universal function)라고 합니다. 이 함수의 특징은 순환문 없이 벡터 연산을 처리한다는 것과 추가적인 메소드가 있어서 함수가 아닌 객체로 사용할 수 있다는 것입니다.

예제 │ 유니버설 함수

파이썬에서 제공하는 함수는 함수 클래스의 객체입니다. 넘파이 모듈은 벡터 연산을 처리하는 함수인 유니버설 함수 클래스(numpy.ufunc)를 제공합니다.
유니버설 함수의 작동원리와 유니버설 함수에서 제공하는 메소드를 알아봅니다.

유니버설 함수 클래스　　넘파이 모듈에 있는 유니버설 함수 클래스를 확인합니다.

```
np.ufunc                          # 넘파이 모듈에 있는 ufunc 함수 클래스를 확인
numpy.ufunc
```

```
type(np.ufunc)
type
```

파이썬 함수 클래스 `types.Functype`과 유니버설 함수 클래스가 같은지 확인하면, 두 클래스가 다르게 구현된 것을 알 수 있습니다.

```
import types          # 파이썬 내부에서 작동하는 객체들을 가진 클래스 모듈 사용
```

```
types.FunctionType is np.ufunc    # 함수와 유니버설 함수의 클래스가 동일한지 확인
```
False   ← 일반적인 함수와 유니버설 함수는 다른 클래스

유니버설 함수 확인

넘파이 모듈의 **add** 함수를 만든 클래스를 메타 클래스 **type**으로 확인하면 numpy.ufunc로 표시합니다. 유니버설 클래스와 생성 관계를 **isinstance** 함수로 확인하면 참을 표시합니다.

```
type(np.add)              # 넘파이의 add 함수를 만든 클래스 확인
```
numpy.ufunc

```
isinstance(np.add, np.ufunc)      # 유니버설 함수 클래스와의 생성관계 확인
```
True

하나의 1차원 배열은 **np.array** 함수로, 다른 1차원 배열은 **np.arange** 함수로 만듭니다. 두 배열은 4개의 원소를 가집니다. 함수 **add**에 두 배열을 인자로 전달해서 계산하면 같은 인덱스에 있는 원소를 더해서 새로운 배열 객체를 반환합니다. 순환문 없이 4개의 원소를 덧셈 처리하는 벡터 연산이 자동으로 실행되는 것을 볼 수 있습니다.

```
a = np.array([1,2,3,4])          # array 함수로 1차원 배열 생성
```

```
b = np.arange(1,5)               # arange 함수로 1차원 배열 생성
```

```
np.add(a,b)                      # 두 개의 1차원 배열을 더하면
```
array([2, 4, 6, 8])   ← 순환문 없이 같은 인덱스를 가진 원소별로 합산

유니버설 함수도 하나의 객체입니다. 이 유니버설 객체가 사용할 수 있는 속성과 메소드를 제공합니다. 이 함수 객체의 메소드 **accumulate**를 사용해서 배열의 누적값을 구합니다. 결과를 1차원 배열로 출력하는 것을 볼 수 있습니다.

```
np.add.accumulate(a)     # 유니버설 함수 내부의 메소드를 사용해서 1차원 배열의 누적 합산
```
array([1, 3, 6, 10], dtype=int32)

또한, 배열의 원소를 합산한 결과를 반환하는 **reduce** 메소드도 있습니다. 많이 사용하는 **sum** 함수와 같은 기능을 처리합니다.

```
sum(a)                          # 파이썬 내장함수 sum으로 1차원 배열의 합을 구한다.
10
```

```
np.add.reduce(a)                # 유니버설 함수 add 내의 reduce 메소드로 1차원 배열의 합을 구한다.
10
```

05 선형대수 연산인 내적과 외적

선형대수의 두 벡터의 벡터곱 연산인 내적(scalar product)을 구하고 벡터의 방향성을 확인합니다. 또한, 두 벡터의 수직인 벡터를 구하는 외적(vector procduct)도 알아봅니다.

 예제 1 내적

먼저 두 벡터의 내적을 계산하는 수식을 이해합니다. 그다음에 내적을 활용하는 방식을 알아봅니다.

선형대수에서 벡터 크기

벡터는 크기와 방향을 가집니다. 벡터를 숫자로 표시할 때는 여러 개의 숫자를 대괄호 안에 나열합니다.

$$v = [a \quad b]$$

같은 벡터를 가지고 내적을 구할 수 있습니다. 두 벡터에 연산자인 점(.)을 표시하면 벡터의 내적을 계산하라는 뜻입니다. 벡터의 인덱스가 같은 원소를 곱한 후에 더하면 내적을 구합니다.

$$v \cdot v = [a \quad b] \cdot [a \quad b] = a \times a + b \times b = a^2 + b^2$$

벡터는 방향과 크기를 가지므로 벡터의 크기를 구할 수 있습니다. 벡터의 크기를 구하라는 기호는 벡터 이름 앞뒤에 절댓값 기호를 표시합니다. 벡터의 크기를 구하는 산식은 벡터 내의 원소의 제곱을 구하고 모두 더한 후에 제곱근을 처리하는 것입니다. 결과는 같은 벡터의 내적을 계산하는 것과 같습니다.

$$|v| = \sqrt{a^2 + b^2} = \sqrt{v.v}$$

**다차원 배열로
벡터의 크기 구하기**

원소가 10개인 두 개의 1차원 배열을 만들고 변수 a, b에 할당합니다. 변수의 개수가 같은지 size 속성으로 확인합니다.

```
a = np.arange(1,10)              # 9개의 원소를 가진 1차원 배열 생성
```

```
b = np.arange(11,20)
```

```
a.size == b.size                 # 두 배열의 원소의 개수가 동일한지 비교
```
```
True
```

벡터의 크기를 구하는 함수는 linalg 모듈에 있습니다. 이 모듈을 import합니다. 보통 별칭으로 대문자 LA를 사용합니다.

```
from numpy import linalg as LA  # 넘파이 모듈 내부의 선형대수를 관리하는 모듈 사용
                                 (이 모듈의 별칭을 LA로 작성)
```

벡터의 크기를 구하는 함수는 norm(노름)입니다. 이 함수에 변수 a를 전달하면 벡터의 크기를 구합니다. 이를 함수로 표시하면 변수 a를 제곱한 후에 합산하고 이를 제곱근 함수를 표기해서 실행합니다. 벡터의 크기를 구한 결과가 같은 것을 알 수 있습니다.

```
LA.norm(a)           # 하나의 1차원 배열은 벡터로 사용(벡터의 크기를 norm 함수로 구한다.)
```
```
16.881943016134134
```

```
np.sqrt(np.square(a).sum())      # 벡터의 크기를 수식으로 풀면 벡터의 제곱을 하고 합산
                                 # 다시 이 값에 제곱근을 처리한다.
```
```
16.881943016134134
```

두 벡터의 내적 구하기

두 개의 벡터를 스칼라 곱연산으로 처리하는 것은 벡터의 내적입니다. 내적을 구하면 두 벡터가 같은 방향인지 아니면 반대 방향인지의 정보를 확인할 수 있습니다.

벡터의 내적은 점 연산을 사용해 벡터 사이에 점을 표시합니다. 두 벡터를 원소별로 곱하고 더하므로 두 벡터를 원소별로 표시한 후에 대문자 시그마 기호를 사용합니다.

$$[a_1 \quad a_2] \cdot [b1 \quad b1] = \sum_1^2 a_i \cdot b_i = a_1 \times b_1 + a_2 \times b$$

**다차원 배열로
내적 구하기**

두 개의 1차원 배열을 내적인 inner 함수에 인자로 전달해서 실행하면 스칼라값을 반환합니다. 내적은 dot 함수로 구할 수 있습니다. 또한, 내부의 dot 메소드로 계산해도 됩니다.

```
np.inner(a,b)                          # 두 벡터의 내적을 inner 함수로 구한다.
735
```

```
np.dot(a,b)                            # inner 함수는 보통 dot 연산으로 처리
735
```

```
a.dot(b)                               # dot 메소드 제공
735
```

파이썬의 닷 연산에 해당하는 연산자 @도 추가해서 두 배열을 연산자로 계산해도 같습니다. 연산자가 작동한다는 것은 연산자에 해당하는 스페셜 메소드가 있습니다는 뜻입니다.

```
a @ b                                  # dot 함수와 동일한 연산자를 사용해서 구할 수 있다.
735
```

```
a.__matmul__(b)                        # 스페셜 메소드 __matmul__은 닷연산자를 호출했을 때 처리된다.
735
```

**벡터의 크기와 두 벡터의
사잇각으로 내적 구하기**

기하학에서 두 벡터의 내적을 구할 때는 삼각 함수를 사용합니다. 두 벡터 내적은 두 벡터의 크기와 두 벡터의 사잇각에 cos 함수를 곱해서 구합니다.

이것은 한 벡터를 다른 벡터에 수직으로 사영(project)시킨 후에 두 벡터의 크기를 곱한 산식과 같습니다.

$$v \cdot w = |v| * |w| * cos\theta$$

이 cos 함수의 값은 두 벡터의 크기와 내적값을 기준으로 구할 수 있습니다.

$$cos\theta = \frac{v \cdot w}{|v| \cdot |w|}$$

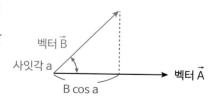

**다차원 배열로
사잇각 구하기**

벡터의 크기는 내부 원소를 제곱한 후에 제곱근 처리하면 나옵니다. 이것은 같은 벡터의 내적을 구한 후에 제곱근으로 처리해도 결과는 같습니다.

```
c = np.sqrt(np.dot(a,a))          # 벡터의 내적은 dot 함수와 sqrt 함수 사용
```

```
LA.norm(a)
```
16.881943016134134

```
d = np.sqrt(np.dot(b,b))          # 벡터의 크기를 구한다.
```

```
LA.norm(b)
```
45.661800227323496

두 벡터의 스칼라 곱을 계산해 분자에 넣고 각 벡터의 크기를 곱해서 분모에 넣습니다. 이 결과가 cos 함수로 처리한 결과와 같은지 확인하면 사잇각이 17.6 정도입니다.

```
e = np.dot(a,b) / (c*d)     # 두 벡터 사이의 각을 구할 때 분모는 두 벡터의 크기의 곱이고
                            분자는 두 벡터의 내적이다,
```

```
e
```
0.9534806402407423

```
np.cos(np.deg2rad(17.6))          # 구한 값의 각도 확인
```
0.953190667792947

라디안과 각 변환

삼각 함수를 처리할 때 각을 라디안으로, 라디안을 각으로 변환하는 방식을 산식을 이용해서 확인합니다. 이 각과 라디안을 구하는 공식을 보면 분모와 분자를 교체해서 구하는 것을 알 수 있습니다.

$$1 \ degree = \frac{\pi}{180} \ radian$$

$$1 \ radian = \frac{180}{\pi} \ degree$$

**다차원 배열로
각도와 라디안 변환**

함수 deg2rad, rad2deg를 이용해서 각과 라디안, 라디안과 각으로 변환하고 결과가 맞는지 산식을 이용해서 검증합니다.

```
np.deg2rad(1)                              # 각도 1을 라디언으로 변경
```
```
0.017453292519943295
```

```
np.pi/180                        # 라디안은 삼각비를 구하므로 원주율 파이에 180도를 나눈 것과 동일
```
```
0.017453292519943295
```

```
np.rad2deg(np.deg2rad(1))   # 각도 1을 라디언으로 변환한 후에 다시 각도로 변환
```
```
1.0                                ← 동일한 값
```

```
(np.pi/180) * (180/np.pi)
```
```
1.0
```

 행렬곱

**행벡터와 열벡터로
내적 구하기**

벡터의 내적은 스칼라값을 구하지만, 행렬도 내적은 행렬로 만들어집니다. 행렬곱이 성립하려면 첫 번째 행렬의 행벡터와 두 번째 행렬의 열벡터의 원소 개수가 같아야 합니다. 계산 결과를 다시 행렬로 구성하면 첫 번째 행렬의 첫 번째 축을 행으로, 두 번째 행렬의 두 번째 축을 열로 하는 행렬이 만들어집니다.

먼저 행렬의 내적을 계산하기 위해서는 행렬 내의 구성된 것을 행벡터와 열벡터로 구분할 수 있어야 합니다. 행렬을 벡터로 어떻게 분해하는지 알아봅니다.

행렬은 대문자로 표시하고 행렬곱은 점 연산자를 사용해서 표시합니다.

$$A \cdot B$$

첫 번째 행렬 A의 행은 두 개이고 열도 두 개입니다. 행을 기준으로 분리하면 열은 각 행 내의 원소 개수입니다.

행렬을 행벡터로 분리하는 것은 0번 축을 중심으로 행 단위로 분리하는 것입니다. 행렬 A는 두 개의 행을 분리해서 두 개의 벡터로 분리됩니다.

$$A = \begin{bmatrix} 1 & 2 \\ 3 & 4 \end{bmatrix}$$

$$a_1 = \begin{bmatrix} 1 & 2 \end{bmatrix}, a_2 = \begin{bmatrix} 3 & 4 \end{bmatrix}$$

$$A = \begin{bmatrix} a_1 \\ a_2 \end{bmatrix}$$

이번에는 두 번째 행렬 B를 1번 축을 기준으로 두 개의 열벡터로 분리합니다.

$$B = \begin{bmatrix} 1 & 2 \\ 3 & 4 \end{bmatrix}$$

$$b_1 = \begin{bmatrix} 1 \\ 3 \end{bmatrix}, b_2 = \begin{bmatrix} 2 \\ 4 \end{bmatrix}$$

$$B = \begin{bmatrix} b_1 & b_2 \end{bmatrix}$$

a_1과 b_1의 내부 원소는 같습니다. 행렬 A와 행렬 B의 행렬곱을 구하는 것은 내부적으로는 벡터들의 내적을 구하고 첫 번째 행렬의 0축 인덱스와 두 번째 행렬의 1축 인덱스에 행렬의 원소로 들어갑니다.

$$\begin{bmatrix} 1 & 2 \\ 3 & 4 \end{bmatrix} \cdot \begin{bmatrix} 1 & 2 \\ 3 & 4 \end{bmatrix} = \begin{bmatrix} a_1 \\ a_2 \end{bmatrix} \cdot \begin{bmatrix} b_1 & b_2 \end{bmatrix}$$

$$= \begin{bmatrix} a_1 \cdot b_1 & a_1 \cdot b_2 \\ a_2 \cdot b_1 & a_2 \cdot b_2 \end{bmatrix}$$

행렬의 형상이 바뀌어도 이 규칙대로 처리합니다. 이제 더 많은 원소를 가진 행렬을 이용해서 계산하는 방식을 알아봅니다.

첫 번째 행렬은 n행 m열을 가집니다. 두 번째 행렬은 m행 n열을 가집니다. 첫 번째 행렬의 1축의 원소 개수와 두 번째 행렬의 0축의 원소 개수가 같아 행렬곱 계산을 할 수 있습니다. 이 행렬곱 결과는 첫 번째 행렬의 0번 축 행과 두 번째 행렬의 1번 축 열을 가지는 새로운 행렬을 만듭니다.

$$\begin{bmatrix} a_{11} & \cdots & a_{1m} \\ \vdots & \ddots & \vdots \\ a_{n1} & \cdots & a_{nm} \end{bmatrix} \begin{bmatrix} b_{11} & \cdots & b_{1n} \\ \vdots & \ddots & \vdots \\ b_{m1} & \cdots & b_{mn} \end{bmatrix} = \begin{bmatrix} c_{11} & \cdots & c_{1n} \\ \vdots & \ddots & \vdots \\ c_{n1} & \cdots & c_{nn} \end{bmatrix}$$

_1

$$c_{ii} = \sum_{1}^{n} a_{ii} \cdot b_{ii}$$

다차원 배열로 행렬곱 계산

3행 3열의 2차원 배열을 두 개 만듭니다. 행렬의 내적은 **dot** 함수로 바로 구할 수 있습니다.

```
A = np.array([[1,2,3],[4,5,6],[7,8,9]])    # 3행 3열의 2차원 배열 생성
```

```
B = np.array([[9,8,7],[6,5,4],[3,2,1]])
```

```
np.dot(A,B)                                 # 두 행렬의 행렬 곱
array([[ 30,  24,  18],
       [ 84,  69,  54],
       [138, 114,  90]])
```

두 2차원 배열을 행과 열로 분리해서 1차원 배열을 기준으로 닷 연산을 해서 새로 만들어진 행렬의 원소와 같은지 확인합니다. 처리된 결과가 같은 것을 알 수 있습니다.

```
np.dot(A[0], B[:,0]), np.dot(A[0], B[:,1]), np.dot(A[0], B[:,2])
    # A와 B 행렬의 열을 곱한다.(해당하는 값의 인덱스는 A와 B의 열 위치에 들어간다.)
(30, 24, 18)
```

```
np.dot(A[1], B[:,0]), np.dot(A[1], B[:,1]), np.dot(A[1], B[:,2])
(84, 69, 54)
```

```
np.dot(A[2], B[:,0]), np.dot(A[2], B[:,1]), np.dot(A[2], B[:,2])
(138, 114, 90)
```

벡터의 직교

두 벡터의 사잇각을 확인하면 두 벡터가 직교하는지 알 수 있습니다. 두 벡터가 직교하면 내적이 0이 나옵니다. 두 벡터의 사잇각이 90도라는 것은 **cos** 함수가 90도일 때 값이 0입니다. 두 벡터의 내적을 구해서 0이 나오면 두 벡터는 직교합니다.

$$v \cdot w = |v| * |w| * cos\theta$$

다차원 배열로 벡터의 직교 알아보기

두 개의 1차원 배열을 만들어서 내적을 계산하면 0입니다. 두 배열은 직교합니다.

```
v = np.array([1,0])                              # 2개의 단위 벡터 생성
```

```
v1 = np.array([0,1])
```

```
np.dot(v,v1)                                     # 두 벡터의 내적
```
0   ← 직교하기 때문에 0

90도는 라디안으로 $\frac{\pi}{2}$입니다. 함수 **rad2deg**에 인자로 $\frac{\pi}{2}$를 전달하면 90.0을 반환합니다. 직교인지 확인하기 위해 두 1차원 배열의 크기를 곱하고 **cos**함수에 $\frac{\pi}{2}$를 넣어 0인 것을 확인하면 아주 작은 숫자가 나옵니다. 이 수가 0과 유사한 값인지 **allclose** 함수로 확인하면 **True**가 나오므로 0과 거의 같은 값인 것을 알 수 있습니다.

```
np.rad2deg(np.pi/2.)                # 원주율을 2로 나눈 값을 각도로 구하면 90도이다
```
90.0

```
LA.norm(v) * LA.norm(v1) * np.cos(np.pi/2.)
                          # 두 단위벡터의 크기를 구하고 cos 함수에 90도를 넣어서 구하면
```
6.123233995736766e-17   ← 오차는 있지만 0을 표시한다.

```
np.cos(np.pi/2.)
```
6.123233995736766e-17

```
np.allclose(0, np.cos(np.pi/2.))    # 0과 이 오차값이 같은지 allclose 함수로 비교
```
True   ← 동일한 값

3 외적

법선벡터와 외적

외적은 주로 벡터의 수직인 법선벡터를 구할 때 사용합니다.
이때 법선벡터란 평면과 직교하는 벡터를 말합니다. 일반적으로 생각하는 선과 선의 직교와 다르게 벡터가 평면에 놓였다고 볼 때 그 평면과 수직은 한 점에서만 발생합니다. 평면에 있는 임의의 두 벡

터를 외적하게 되면 평면에 대하여 한 점에서 수직인 이 법선벡터를 얻을 수 있습니다. 벡터 A와 벡터 B가 있을 때, 두 벡터의 곱이 벡터가 되는 곱셈이 벡터곱이며, 이것을 A×B(A cross B)로 나타냅니다.

$$\vec{a} \ \times \ \vec{b}$$

두 벡터의 외적의 방향은 두 벡터와 동시에 수직이고 크기는 두 벡터의 크기를 변으로 하는 평행사변형의 넓이가 됩니다.

$$|\overrightarrow{a} \ \times \ \vec{b}| = \ |\vec{a}| \ \times \ |\vec{b}| \ \times sin\theta$$

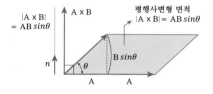

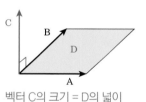

벡터 C의 크기 = D의 넓이

다차원 배열로 외적 구하기

원소가 3개인 두 개의 1차원 배열을 만듭니다. 즉 원소가 3개인 벡터입니다.

```
a = np.array([1,2,3])          # 1차원 배열 생성
```

```
b = np.array([5,6,7])
```

넘파이 모듈은 외적을 구하는 **cross** 함수를 제공합니다. 두 벡터의 수직인 새로운 벡터가 결과가 나옵니다.

```
c = np.cross(a,b)              # cross 함수로 수직인 외적을 구한다.
```

```
c
```

```
array([-4,  8, -4])
```

새로 구한 벡터가 수직이라는 것은 기존 벡터와 내적을 구하면 0이 된다는 뜻입니다. 먼저 정의된 두 벡터와 외적으로 만들어진 벡터 간의 내적을 계산하면 둘 다 0이 나옵니다. 즉 두 벡터와 수직인 벡터라는 뜻입니다.

```
np.dot(a,c)                    # 두 벡터의 내적을 구하면 0이 나와 수직인 것을 알 수 있다.
```
```
0
```

```
np.dot(b,c)
```
```
0
```

벡터의 외적도 알아봤습니다. 행렬로 내적을 계산했듯이 외적도 구할 수 있습니다. 먼저 3행 3열의 2차원 배열을 만듭니다. 이 행렬의 외적을 구하면 새로운 행렬을 만듭니다.

```
x = np.array([[1,2,3], [4,5,6], [7, 8, 9]])   # 2개의 2차원 배열 생성
y = np.array([[7, 8, 9], [4,5,6], [1,2,3]])
```
```
z = np.cross(x, y)                    # cross 함수로 수직인 외적을 구한다.
```
```
z
```
```
array([[ -6,  12,  -6],
       [  0,   0,   0],
       [  6, -12,   6]])
```

기존 행렬과 외적을 구한 행렬의 행벡터를 기준으로 내적을 구하면 0이 나옵니다. 두 행렬 내부의 벡터와 새로 구한 행렬의 같은 행은 전부 내적이 0입니다. 수직인 벡터로 구성된 행렬을 만든 것을 알 수 있습니다.

```
np.dot(x[0],z[0]), np.dot(y[0],z[0])   # 1차원 배열을 사용해서 닷 연산
```
```
(0, 0)   ← 0이 나와 직교
```

```
np.dot(x[1],z[1]), np.dot(y[1],z[1])
```
```
(0, 0)
```

```
np.dot(x[2],z[2]), np.dot(y[2],z[2])
```
```
(0, 0)
```

예제 4 outer 함수 처리

내적과 다른 방향으로 구성하는 outer 함수를 알아봅니다. 내적은 첫 번째 벡터를 행벡터로 보고 두 번째 벡터를 열벡터로 봤습니다. 이제 반대인 경우의 처리를 알아봅니다.

두 벡터 간 outer 함수 처리

두 벡터의 outer 처리는 열벡터와 행벡터를 계산하는 것이므로 앞의 열벡터의 행과 두 번째 행벡터로 구성된 행렬을 만듭니다.

$$\begin{bmatrix} a_1 \\ a_2 \end{bmatrix} \begin{bmatrix} b_a & b_2 \end{bmatrix} = \begin{bmatrix} a_1 * b_1 & a_1 * b_2 \\ a_2 * b_1 & a_2 * b_2 \end{bmatrix}$$

다차원 배열로 outer 처리

세 개의 원소를 가진 두 개의 1차원 배열을 만듭니다.

```
a = np.array([1,2,3])              # 1차원 배열 생성
```

```
b = np.array([5,6,7])
```

3개의 원소를 가진 1차원 배열을 넣고 outer 함수를 처리하면 3행 3열의 행렬을 만듭니다.

```
np.outer(a,b)                      # outer 함수로 두 벡터를 구한다.
array([[ 5,  6,  7],
       [10, 12, 14],              ← 열벡터와 행벡터의 곱셈
       [15, 18, 21]])
```

행렬을 outer 처리

3행 3열의 원소를 가진 두 개의 2차원 배열을 만듭니다.

```
x = np.array([[1,2,3], [4,5,6], [7, 8, 9]])
y = np.array([[7, 8, 9], [4,5,6], [1,2,3]])    # 2개의 2차원 배열 생성
```

두 행렬을 이용해 outer 함수를 수행하면 축이 추가되는 것이 아니라 총 원소의 개수를 가진 9행 9열의 행렬을 만듭니다.

```
np.outer(x,y)
array([[ 7,  8,  9,  4,  5,  6,  1,  2,  3],
       [14, 16, 18,  8, 10, 12,  2,  4,  6],
       [21, 24, 27, 12, 15, 18,  3,  6,  9],
       [28, 32, 36, 16, 20, 24,  4,  8, 12],
       [35, 40, 45, 20, 25, 30,  5, 10, 15],    ← 9행 9열
```

```
       [42, 48, 54, 24, 30, 36,  6, 12, 18],
       [49, 56, 63, 28, 35, 42,  7, 14, 21],
       [56, 64, 72, 32, 40, 48,  8, 16, 24],
       [63, 72, 81, 36, 45, 54,  9, 18, 27]])
```

위의 결과가 나오는 이유는 x의 3행 3열의 배열을 행벡터로 변경하기 때문입니다.

```
x = np.reshape(x,(9,1))                # 열벡터로 변환
```

```
x
```

```
array([[1],
       [2],
       [3],
       [4],
       [5],
       [6],
       [7],
       [8],
       [9]])
```

변수 y에 저장된 것을 행벡터로 저장합니다.

```
y = np.reshape(y,(1,9))                # 행벡터로 변환
```

```
y
```

```
array([[7, 8, 9, 4, 5, 6, 1, 2, 3]])
```

열벡터와 행벡터를 계산하면 행렬로 전환되는 것을 확인할 수 있습니다.

```
np.dot(x,y)                            # 행렬곱으로 계산
```

```
array([[ 7,  8,  9,  4,  5,  6,  1,  2,  3],
       [14, 16, 18,  8, 10, 12,  2,  4,  6],
       [21, 24, 27, 12, 15, 18,  3,  6,  9],
       [28, 32, 36, 16, 20, 24,  4,  8, 12],      ← outer와 동일한 결과
       [35, 40, 45, 20, 25, 30,  5, 10, 15],
       [42, 48, 54, 24, 30, 36,  6, 12, 18],
       [49, 56, 63, 28, 35, 42,  7, 14, 21],
       [56, 64, 72, 32, 40, 48,  8, 16, 24],
       [63, 72, 81, 36, 45, 54,  9, 18, 27]])
```

06 행렬식과 역행렬

선형대수에서 나누기 위해 역행렬(inverse matrix)을 구합니다. 행렬과 역행렬을 점 연산으로 계산하면 단위행렬이 나옵니다. 모든 행렬의 역행렬을 구할 수는 없습니다. 보통 정사각 행렬일 경우에만 역행렬을 계산할 수 있습니다. 행렬에 역행렬이 있는지는 행렬식을 구하면 알 수 있습니다.

예제 | 행렬식과 역행렬

행렬식(determinant)을 구하는 공식을 먼저 알아봅니다. 2행 2열의 행렬을 기본으로 공식을 알아봅니다. 그 이상의 원소를 가진 행렬은 함수를 사용해서 행렬식을 계산합니다.

행렬식 공식

2행 2열의 정사각 행렬 A의 대각선 원소의 곱을 한 후에 역방향의 대각선 원소의 곱에는 마이너스 부호를 붙여서 행렬식을 구합니다.

$$A = \begin{bmatrix} a & b \\ c & d \end{bmatrix}$$

이것을 행렬식으로 표시할 수 있습니다.

$$\det(A) = ad - bc$$

다차원 배열로 행렬식 구하기

넘파이 모듈에서 선형대수를 처리하는 함수는 `linalg` 모듈에 있습니다. 이 모듈의 별칭으로 대문자 LA를 사용합니다.

```
from numpy import linalg as LA          # 선형대수 함수를 가진 모듈 사용
```

2행 2열의 2차원 배열을 하나 만듭니다. 행렬식은 **LA.det** 함수로 행렬식을 계산하면 음수로 표시합니다. 행렬식이 0이 아니면 역행렬을 구할 수 있습니다.

```
a = np.arange(1,5).reshape(2,2)     # 2행 2열의 배열 생성
```

```
a
```
```
array([[1, 2],
       [3, 4]])
```

```
LA.det(a)                            # 행렬식을 구한다.
```
```
-2.0000000000000004
```

3행 3열의 2차원 배열을 만듭니다. **LA.det** 함수로 행렬식을 계산합니다. 이번에도 0이 아닌 값이 나와서 역행렬을 계산할 수 있습니다.

```
b = np.arange(11,20).reshape(3,3)   # 3행 3열의 2차원 배열 생성
```

```
b
```
```
array([[11, 12, 13],
       [14, 15, 16],
       [17, 18, 19]])
```

```
LA.det(b)                            # 행렬식을 구한다.
```
```
-5.8972434778618435e-15
```

역행렬 공식

역행렬을 구할 때 중요하게 사용되는 것은 행렬식입니다. 행렬식이 0이면 역행렬 공식이 성립하지 않습니다. 왜냐하면 모든 수를 0으로 나눌 수가 없기 때문입니다.

역행렬은 행렬식을 계산한 후에 이 행렬식을 수반행렬(adjoint matrix)의 각 원소에 나누는 것입니다.

$$A = \begin{bmatrix} a & b \\ c & d \end{bmatrix}$$

$$A^{-1} = \frac{1}{\det(A)} \begin{bmatrix} d & -b \\ -c & a \end{bmatrix} = \frac{adjA}{detA}$$

행렬에서 역행렬을 구하고 닷 연산으로 계산하면 항상 단위행렬이 만들어집니다.

$$A \cdot A^{-1} = I$$
$$A^{-1} \cdot A = I$$

**다차원 배열로
역행렬 구하기**

위에서 만들어진 2차원 배열로 `LA.inv` 함수를 사용해서 역행렬을 만듭니다.

```
c = LA.inv(a)                          # 행렬식이 0이 아닌 경우 역행렬을 구한다.
```

위에서 든 3행 3열의 정사각 행렬도 `LA.inv` 함수로 역행렬을 계산합니다.

```
d = LA.inv(b)                          # 역행렬을 구한다.
```

```
d
```
```
array([[ 5.0871225e+14, -1.0174245e+15,  5.0871225e+14],
       [-1.0174245e+15,  2.0348490e+15, -1.0174245e+15],
       [ 5.0871225e+14, -1.0174245e+15,  5.0871225e+14]])
```

행렬과 역행렬을 닷 연산으로 계산하면 단위행렬이 나옵니다. 계산 결과를 확인하면 아주 작은 수의 값이 0 대신에 들어간 것을 알 수 있습니다. 부동소수점으로 계산할 경우 아주 작은 오차값이 생깁니다.

```
np.dot(a,c)                            # 역행렬과의 닷연산을 하면 단위행렬이 나온다.
```
```
array([[1.00000000e+00, 1.11022302e-16],
       [0.00000000e+00, 1.00000000e+00]])
```

```
np.dot(c,a)                            # 아주 작은 값이 원소로 들어있다.
```
```
array([[1.0000000e+00, 4.4408921e-16],
       [0.0000000e+00, 1.0000000e+00]])
```

먼저 2차원 단위행렬을 **eye** 함수로 만듭니다.

```
f = np.eye(2)                          # 하나의 단위행렬 생성
```

넘파이 모듈에서 유사한 값을 비교해서 같은 결과인지 확인하는 **allclose** 함수를 사용해서 단위행렬인지 확인할 수 있습니다. 역행렬과 행렬의 닷 연산의 결과가 단위행렬인지 비교하면 같은 값이므로 True로 결과를 반환합니다.

```
np.allclose(np.dot(a,c),f)          # 단위행렬과 같은지 비교하면 동일
True
```

```
np.allclose(np.dot(c,a),f)
True
```

**다차원 배열로
유사 역행렬 구하기**

배열을 하나 만들고 행렬식을 계산합니다. 행렬식의 결과가 0이 나와 역행렬을 계산할 수 없습니다.

```
g = np.array([[1,3],[1,3]])         # 2행 2열의 다차원 배열 생성
```

```
LA.det(g)                           # 행렬식을 구하면 0이다.
0.0
```

이 행렬을 가지고 역행렬 처리하면 행렬식이 0이어서 계산할 수 없다는 예외가 발생합니다.

```
try :
    LA.inv(g)
except Exception as e :             # 행렬식이 0인 경우는 역행렬이 없다.
    print(e)
Singular matrix
```

역행렬을 구할 수 없지만 유사한 값을 처리하려면 역행렬이 필요할 수도 있습니다. 이때는 **pinv** 함수를 사용해서 유사 역행렬을 계산합니다.

```
LA.pinv(g)                          # 유사 역행렬을 구할 수 있다.
array([[0.05, 0.05],
       [0.15, 0.15]])
```

07 선형변환, 고윳값, 고유벡터

하나의 벡터를 다른 벡터 공간으로 변환할 수 있습니다. 딥러닝을 처리할 때 레이어별로 노드의 개수가 다른 경우 선형변환을 위해 가중치 행렬로 처리합니다. 즉 차원이 다른 벡터로 이동시킨다는 뜻입니다.

선형변환은 벡터를 현재 벡터 공간에서 다른 벡터 공간으로 이동시키는 것입니다. 이 선형변환은 주로 행렬을 사용합니다. 선형변환을 다른 말로는 선형사상 또는 일차 변환이라고 합니다. 또한, 정사각 행렬을 분해해서 특정 벡터와 상수를 구할 수 있습니다. 이때 구해진 벡터가 고유벡터이며 상수 고윳값 등을 처리할 때도 사용합니다.

예제 1 선형변환

벡터를 행렬로 선형변환을 해서 새로운 벡터값을 만들어 봅니다.

선형변환	행렬과 벡터를 점곱하면 새로운 벡터로 만들어집니다. 이 행렬에 따라 벡터가 확대, 축소 등 변형이 생깁니다. 행렬은 대문자, 벡터는 소문자로 표시합니다. 이 산식은 행렬과 벡터를 닷 연산해서 새로운 벡터를 만듭니다. $y = Ax$
다차원 배열로 선형변환 구하기	행렬을 2차원 배열로 만들고 벡터를 1차원 배열로 만듭니다. 이를 닷 연산으로 하면 벡터가 만들어집니다. 벡터와 같은 차원이 만들

어진 이유는 2행 2열 행렬과 2행 1열의 벡터가 계산되어 2행 1열의 벡터가 만들어지기 때문입니다.

```
A = np.array([[-1,1],[1,1]])    # 2행 2열의 배열 생성
```

```
b = np.array([3,1])             # 1차원 배열 생성
```

```
np.dot(A,b)                     # 행렬과 벡터의 닷 연산을 수행하면 하나의 벡터 생성
array([-2, 4])                  ← b 벡터를 선형으로 이동한 결과 계산
```

예제 2 고윳값과 고유벡터

정사각 행렬을 분해하면 고윳값과 고유벡터가 나옵니다. 어떤 경우에 고유벡터가 나오는지 알아봅니다.

고윳값과 고유벡터

정사각 행렬 A를 분해하면 상수와 벡터로 표시할 수 있습니다. 행렬과 분해된 벡터의 벡터곱은 이 벡터에 특정 상수를 곱한 결과와 같습니다.

$$\begin{bmatrix} a_{11} & a_{12} & \dots & a_{1n} \\ a_{21} & a_{22} & \dots & a_{2n} \\ & & \vdots & \\ a_{m1} & a_{m2} & \dots & a_{mn} \end{bmatrix} \begin{bmatrix} x_1 \\ x_2 \\ \vdots \\ x_n \end{bmatrix} = x_1 \begin{bmatrix} a_{11} \\ a_{21} \\ \vdots \\ a_{m1} \end{bmatrix} + x_2 \begin{bmatrix} a_{12} \\ a_{22} \\ \vdots \\ a_{m2} \end{bmatrix} + \dots + x_n \begin{bmatrix} a_{1n} \\ a_{2n} \\ \vdots \\ a_{mn} \end{bmatrix}$$

양변에 고유벡터(eigenvector)가 있고 행렬과 벡터의 벡터곱이 벡터와 상수곱과 같을 때 이 상수가 고윳값(eigenvalue)이 됩니다.

$$A \cdot x = \lambda \cdot E \cdot x$$

● 고윳값과 고유벡터 정의

정방행렬 A에 대하여 다음이 성립하는 0이 아닌 벡터 x가 존재할 때
$Ax = \lambda x$(상수 λ)

$$\begin{bmatrix} a_{11} & \dots & a_{1n} \\ \vdots & \ddots & \vdots \\ a_{n1} & \dots & a_{nn} \end{bmatrix} \begin{bmatrix} x_1 \\ \vdots \\ x_n \end{bmatrix} = \lambda \begin{bmatrix} x_1 \\ \vdots \\ x_n \end{bmatrix}$$

상수 λ를 행렬 A의 '고윳값', X를 이에 대응하는 '고유벡터'라고 한다.

정사각 행렬을 분해할 수 있는 조건은 행렬에 상수와 단위행렬의 곱을 뺀 후에 행렬식이 0이 나와야 합니다.

$$\det(A - \lambda \cdot E) = 0$$

$$\det(A - \lambda E) = \det\left(\begin{bmatrix} 2 & 0 & -2 \\ 1 & 1 & -2 \\ 1 & 0 & 1 \end{bmatrix} - \lambda \begin{bmatrix} 1 & 0 & 0 \\ 0 & 1 & 0 \\ 0 & 0 & 1 \end{bmatrix} \right)$$

$$= \begin{vmatrix} 2-\lambda & 0 & -2 \\ 0 & 1-\lambda & -2 \\ 0 & 0 & 1-\lambda \end{vmatrix}$$

$$= (2-\lambda)((1-\lambda)(1-\lambda)-0)$$

$$= (2-\lambda)(1-\lambda)^2$$

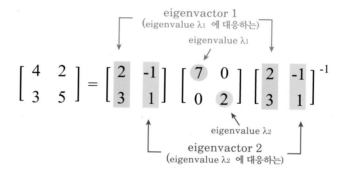

다차원 배열로 고윳값과 고유벡터 구하기

넘파이 모듈의 `linalg` 모듈에 고윳값과 고유벡터를 구하는 함수가 있습니다. 이 모듈을 `import`합니다.

```
import numpy.linalg as LA          # 선형대수 함수를 관리하는 모듈 사용
```

2행 2열의 행렬을 만들고 2행 1열의 벡터를 만듭니다.

```
A = np.array([[3,0],[8,-1]])          # 2행 2열의 2차원 배열 생성
```

```
x = np.array([1,2])          # 1차원 배열 생성
```

특정 상수를 단위행렬에 곱해서 행렬과 뺄셈을 처리합니다. 이 행렬의 행렬식을 **det** 함수로 계산하면 0이 나옵니다. 이 행렬에는 분해된 벡터인 고유벡터가 있습니다. 행렬식을 구할 때 사용한 상수는 고윳값입니다.

```
E = np.eye(2)                                    # 단위행렬 생성
```

```
E
```
```
array([[1., 0.],
       [0., 1.]])
```

```
LA.det(A - 3*E)   # 단위행렬에 상수배를 곱하고 뺀 후에 행렬식이 0이면 상수값이 고윳값이다.
```
```
0.0
```

수학적 산식에 따라 좌측은 행렬과 벡터의 벡터곱 연산으로 벡터를 구합니다. 위에서 만들어진 벡터에 3을 곱한 결과입니다.

```
c = np.dot(A,x)                                  # 두 배열의 닷 연산 처리
```

```
c
```
```
array([3, 6])
```

```
3 * x                                  # 계산된 결과가 x에 상수 3을 곱한 결과와 동일
```
```
array([3, 6])
```

하나의 정사각 행렬을 만들고 **LA.eig** 함수로 고윳값과 고유벡터를 구합니다. 실행한 결과를 보면 두 개의 고윳값과 두 개의 고유벡터가 있는 것을 알 수 있습니다.

```
B = np.array([[1,3],[3,1]])              # 하나의 배열 생성
```

```
v,w = LA.eig(B)                          # 고윳값과 고유벡터를 구한다.
```

```
v                                        # 두 개의 고윳값을 구한다.
```
```
array([ 4. , -2. ])
```

```
w                                        # 두 개의 고유벡터를 구한다.
```
```
array([[ 0.70710678, -0.70710678],
       [ 0.70710678,  0.70710678]])
```

행렬식을 구하기 위해 단위행렬을 만듭니다. 행렬식을 처리하기 위해 행렬에 상수와 단위행렬을 곱한 값을 뺀 후에 행렬식을 구하면 0이 나오므로 위의 분해한 결과입니다.

```
E = np.eye(2)
```

```
E
```
```
array([[1., 0.],
       [0., 1.]])
```

```
LA.det(B - (4 * E))    # 고윳값을 행렬식으로 구하는 산식을 사용
```
```
0.0                    ← 0이 되어 이 값이 고유값이다.
```

고유벡터가 행렬로 표시되어 첫 번째 행의 고유벡터로 행렬과 벡터의 벡터곱 연산한 결과와 변수 x에 저장된 배열에 –2를 곱한 결과가 같습니다.

```
x = np.array([ 0.70710678, -0.70710678])   # 벡터 생성
```

```
np.dot(B,x)                            # 행렬과 벡터를 닷 연산해서 벡터를 구한다.
```
```
array([-1.41421356,  1.41421356])
```

```
-2*x                                   # 고윳값과 벡터를 곱하면 같은 벡터 생성
```
```
array([-1.41421356,  1.41421356])
```

두 번째 고유벡터로 행렬과 벡터의 벡터곱 연산을 수행해서 하나의 벡터를 만듭니다. 기존 행렬과 연산 결과와 벡터에 4를 곱한 결과가 같습니다.

```
y = np.array([ 0.70710678,  0.70710678])
```

```
np.dot(B,y)
```
```
array([2.82842712, 2.82842712])
```

```
4*y
```
```
array([2.82842712, 2.82842712])
```

CHAPTER

10

신경망 사용 함수

딥러닝은 뉴런 즉 노드에 입력값이 행렬로 들어오면 가중치(weight) 행렬과 행렬곱을 하고 그 다음에 편향(bias)을 합산합니다. 이 계산된 결과를 다음 노드에 전달하면 선형성을 가지게 됩니다. 다음 노드로 전달된 값을 비선형 처리를 위해 활성화 함수를 사용합니다. 신경망에 구성된 다양한 레이어의 가중치와 편향을 조정해야 합니다. 이때는 최적화 처리를 위해 손실 함수를 사용해서 최소의 값을 구하기 위해 미분을 사용합니다.

또한, 영상 인식 등을 처리하기 위해 합성곱(convolution)과 풀링 처리를 합니다. 이때 어떤 방식으로 처리된 결과가 다음의 노드에 전달되는지 알아봅니다.

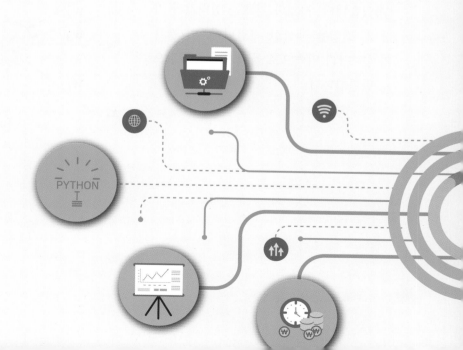

01 활성화 함수(activation function)

활성화 함수는 입력값을 가중치와 편향을 계산한 값을 비선형 값으로 변환할 때 사용하는 함수입니다. 어떻게 비선형 값으로 변경되는지 알아봅니다.

■ **활성화 함수 산식**

특정 입력 x에 가중치(w)를 행렬곱하고 편향(b)을 더한 값을 활성화 함수에 인자로 전달해서 결괏값을 처리하는 함수의 산식입니다. 일반적인 수학의 함수와 같은 표기법을 사용합니다.

$$y = f(u)$$

입력값과 가중치 계산은 두 개의 행렬곱이어서 시그마 기호로 표시할 수 있습니다. 그다음에 편향을 더합니다. 아래의 산식은 노드별로 계산되는 산식을 표현한 것입니다.

$$u = \sum_{k=1}^{n} (x_k w_k) + b_k$$

위의 산식은 오른쪽 그림처럼 나타낼할 수 있습니다. 시그마 기호는 입력값과 가중치, 편향을 계산한 것입니다. 이 결과가 함수 f의 입력으로 들어가서 출력값으로 반환합니다.

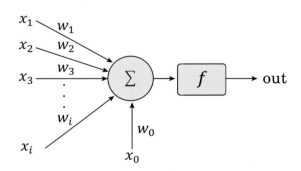

예제 **활성화 함수**

활성화 함수의 수식과 넘파이 모듈로 이 활성화 함수가 어떻게 계산되는지 알아봅니다.

항등함수(identity function)

가장 기본적인 활성화 함수는 입력값을 그대로 출력값으로 반환하는 항등함수입니다. 회귀분석을 사용할 때 이 함수는 마지막 계층(layer)인 출력 계층에서 결과를 그대로 반환할 때 사용합니다. 항등함수의 수식은 다음과 같습니다.

$$y = x$$

다차원 배열로 항등함수 구현하기

파이썬에서 항등함수를 구현하려면 매개변수를 그대로 return문으로 반환하면 됩니다.

```python
def identity(x) :          # 입력을 그대로 반환하는 항등함수 정의
    return x
```

10개의 원소를 가진 1차원 배열을 만들어 이 함수의 인자로 전달하고 결과를 변수 y에 할당합니다. 두 변수에 저장된 결과가 같은지 비교하면 모든 원소가 같으므로 **True** 값을 가진 배열을 반환합니다.

```python
x = np.arange(1,11)        # 10개의 원소를 가진 1차원 배열 생성

y = identity(x)            # 항등함수에 넣어 결과 반환

x == y                     # 1차원 배열의 값 비교
```
```
array([ True,   True,   True,   True,   True,   True,   True,   True,   True,
       True])
```

계단 함수(step function)

계단 함수는 입력값의 결과를 0과 1로 표시합니다. 직선으로 표시되지 않는 비선형 함수입니다.

함수의 수식을 보면 입력값 x가 0 이하이면 출력값 y는 0이고, x가 0보다 크면 y는 1이 되는 함수입니다. 계단 함수의 단점은 0과 1 사이의 값을 표시할 수 없습니다. 이 함수는 주로 퍼셉트론을 처리할 때 많이 사용합니다.

이 함수의 수식은 다음과 같습니다.

$$y = \begin{cases} 0 & (x \le 0) \\ 1 & (x > 0) \end{cases}$$

**다차원 배열로
계단 함수 만들기**

계단 함수의 수식은 조건식을 처리하는 **where** 함수를 사용합니다. 첫 번째 인자에 조건식을 넣어 참일 때는 두 번째 인자를 반환하고, 거짓이면 세 번째 인자를 반환합니다.

```
def step(x) :                     # 0보다 크면 1이고 작으면 0인 계단함수 정의
    return np.where(x>0, 1,0)
```

변수 **x**에는 음수, 0, 양수를 가지는 원소를 만들어서 계단 함수의 인자로 전달합니다. 결괏값을 확인하면 0과 1로 된 배열입니다.

```
x = np.arange(-5,5,0.1)           # -5 이상 5 미만의 1차원 배열 생성
```

```
y = step(x)                       # 계단함수에 넣어서 값을 반환
```

```
y                                 # 0과 1로 결과 반환
```

```
array([0, 0, 0, 0, 0, 0, 0, 0, 0, 0, 0, 0, 0, 0, 0, 0, 0, 0, 0, 0, 0, 0,
       0, 0, 0, 0, 0, 0, 0, 0, 0, 0, 0, 0, 0, 0, 0, 0, 0, 0, 0, 0, 0, 0,
       0, 0, 0, 0, 0, 0, 0, 1, 1, 1, 1, 1, 1, 1, 1, 1, 1, 1, 1, 1, 1, 1,
       1, 1, 1, 1, 1, 1, 1, 1, 1, 1, 1, 1, 1, 1, 1, 1, 1, 1, 1, 1, 1, 1,
       1, 1, 1, 1, 1, 1, 1, 1, 1, 1, 1, 1])
```

계단 함수의 결과를 선 그래프로 그리면 계단형태로 표시합니다.

```
import matplotlib.pylab as plt    # 시각화 모듈 사용
%matplotlib inline
```

```
plt.plot(x, y)                    # 선 그래프 생성
plt.grid()                        # 그래프 내부에 그리드 표시
plt.show()
```

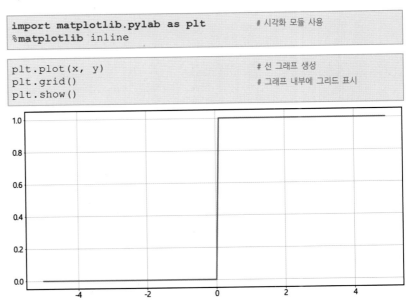

시그모이드 함수
(sigmoid function)

시그모이드 함수는 자연 상수를 지수로 사용해서 작은 값과 큰 값을 특정 범위 내의 값으로 처리합니다. 그래서 입력값으로 어떤 값을 줘도 출력은 0과 1 사이의 값으로 반환합니다. 이 함수의 수식은 다음과 같습니다.

$$y = \frac{1}{1 + e^x}$$

이 수식은 입력값이 작으면 출력값이 0에 가깝고, 입력값이 커지면 출력값은 1에 가깝습니다. 시그모이드 함수는 미분할 수 있어서 다양한 계층에서 많이 사용합니다. 계층이 많아져 미분이 반복되면 기울기 값이 사라지는 단점이 있습니다.

다차원 배열로
시그모이드 함수 만들기

시그모이드 함수를 정의합니다.

```
def sigmoid(x) :              # 시그모이드 함수 정의
    return 1 / (1 + np.exp(-x))   # 자연상수의 지수를 사용하면 큰 값인 경우는 1에
                                    근접하고 작은 값이면 0에 근접
```

-5부터 4까지의 원소를 가지는 배열을 만들고 함수의 인자로 전달해서 실행합니다. 음수일 때가 양수일 때보다 더 큰 값을 처리하는 것을 볼 수 있습니다.

```
x = np.arange(-5,5, 0.1)      # 1차원 배열 생성
```

```
y = sigmoid(x)
```

```
x.shape, y.shape
```
```
((100,), (100,))
```

시그모이드 함수를 그래프로 그리면 0부터 1까지의 완만한 곡선을 이루는 것을 알 수 있습니다.

```
plt.plot(x, y)
plt.grid()
plt.show()
```

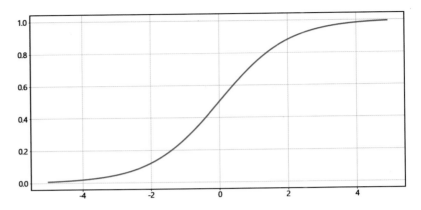

**하이퍼볼릭 탄젠트 함수
(hyperbolic tangent
function)**

시그모이드 함수처럼 자연 상수 e를 제곱해서 분모는 합하고 분자는 빼는 구조입니다. 계산하면 −1과 1 사이의 값을 0을 중심으로 대칭 형태로 보여줍니다. 이 함수의 수식은 다음과 같습니다.

$$y = \frac{e^x - e^{-x}}{e^x + e^{-x}}$$

**다차원 배열로
tanh 함수 만들기**

넘파이 모듈에서 제공하는 **tanh** 함수를 사용해서 활성화 함수의 처리된 결괏값을 변수 y에 할당합니다. 그래프를 보면 시그모이드 함수보다 0과 1에 가까워지는 값에서는 0과 1에 근접한 값을 반환하는 것을 확인할 수 있습니다.

```
x = np.arange(-5,5,0.1)
x = np.arange(-5,5,0.1)
```

```
y = np.tanh(x)                    # 쌍곡선 함수는 넘파이 모듈에서 제공하는 함수 사용
```

```
plt.plot(x, y)
plt.grid()
plt.show()
```

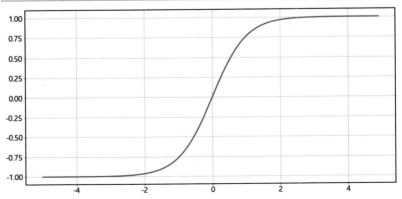

렐루 함수(ReLu function)

렐루(Rectified Linear Unit)는 입력값이 0보다 크면 그 값을 그대로 반환하고 0보다 작거나 같으면 0으로 출력하는 함수입니다. 이 함수를 미분하면 0보다 작거나 같을 때는 0이고, 0보다 크면 1로 반환합니다. 이 함수는 기울기의 미분을 역으로 전파될 때 기울기 값이 사라지는 것을 방지하기 위해 많이 사용합니다. 이 함수의 수식은 다음과 같습니다.

$$y = \begin{cases} 0 & (x \leq 0) \\ x & (x > 0) \end{cases}$$

다차원 배열로 렐루 함수 만들기

렐루 함수는 `maximum` 함수를 사용해 0보다 작으면 0이고, 그 외는 전달된 값을 반환합니다.

```
def softmax(x)  : # 값들을 자연상수의 지수함수로 변환해서 합은 분모로 하나의 값만 분자로 처리
    return np.exp(x) / np.sum(np.exp(x))
```

렐루 함수를 사용해서 들어온 값과 0 중에 최댓값을 반환합니다. 음수와 0은 0으로 처리되고 양수는 0보다 큰 값이라 양수를 반환합니다.

```
x = np.arange(-5,5,0.1)
```

```
y = relu(x)
```

```
plt.plot(x, y)
plt.grid()
plt.show()
```

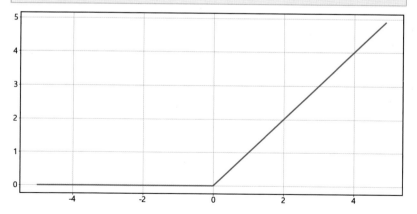

소프트맥스 함수
(softmax function)

출력값은 노드 수가 n이라면 이 노드의 전체를 자연 상수 e의 제곱의 합을 구하고 특정 노드는 자연 상수 e의 제곱으로 구해서 나눈 값을 반환합니다. 이 함수의 값은 0보다 크고 1보다 작은 값을 반환합니다. 이 함수는 분류를 구하는 출력층에 주로 사용합니다. 이 함수의 수식은 다음과 같습니다.

$$y = \frac{e^x}{\sum_{k=1}^{n} e^x}$$

다차원 배열로
소프트맥스 함수 만들기

소프트맥스 함수는 전달된 모든 값을 지수함수로 변환한 후에 합산해서 분모로 사용하고 각 원소는 지수함수로 변환해 분자에 넣어서 계산합니다.

```python
def softmax(x) :   # 값들을 자연상수의 지수함수로 변환해서 합은 분모로 하나의 값만 분자로 처리
    return np.exp(x) / np.sum(np.exp(x))
```

4개의 원소를 가지는 배열을 만든 후에 소프트맥스 함수에 넣어 처리하면 소수점 이하의 수로 표시하는 것을 볼 수 있습니다.

```python
x = np.arange(1,5)
```

```python
y = softmax(x)
```

```python
y
```
```
array([0.0320586 , 0.08714432, 0.23688282, 0.64391426])
```

소프트맥스 함수로 처리한 결과를 모두 더하면 1이 나옵니다. 실제 계산한 결과는 확률을 구한 결과와 같습니다.

```python
np.sum(y)                              # 모든 원소의 값을 더하면 1
```
```
1.0
```

소프트맥스 함수의 결과로 원그래프를 그려보면 결괏값이 어떤 비율인지 알 수 있습니다.

```
ratio = y
labels = y

plt.pie(ratio, labels=labels, shadow=True, startangle=90)
plt.show()                              # 파이 그래프로 값들이 비율을 표시
```

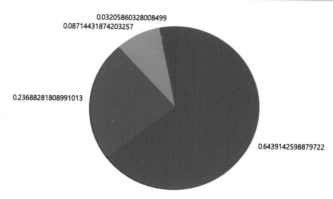

02 미분

함수의 특정 점에서의 순간 변화량을 구하는 것이 미분입니다. 딥러닝의 알고리즘을 최적화할 때 미분을 사용합니다.
이번에는 넘파이 모듈에서 지원하는 미분인 gradient 함수의 처리를 알아봅니다.

■ 미분의 개념

함수의 입력값인 x가 변할 때 아주 작은 변화량에 대한 함수 f(x)의 순간 변화율을 얻을 수 있습니다. 이를 도함수라고 하고 도함수를 만들면 미분한다고 합니다. 또한, 이 변화율을 기울기(gradient)라고 합니다. 순간 변화율 즉 도함수 수식은 다음과 같습니다.

$$f'(x) = \lim_{\Delta x \to 0} \frac{f(x + \Delta x) - f(x)}{\Delta x}$$

위의 수식을 간단히 표현하면 다음과 같습니다.

$$\frac{dy}{dx} = f'(x) = \frac{df(x)}{dx}$$

최적화로 미분을 계산할 때는 아래처럼 변화된 수식을 사용합니다. 작은 변화량을 두 함수의 입력값에 더하거나 빼고 분모를 두 배 만들어서 유사한 값으로 계산합니다. 넘파이 모듈의 gradient 함수는 아래의 수식으로 기울기 값을 계산합니다.

$$f'(x) = \frac{f(x + \Delta x) - f(x - \Delta x)}{2\Delta x}$$

■ 미분의 기본 공식

변수의 제곱인 함수, 지수함수와 로그 함수의 미분이 처리되는 기본 공식을 알아봅니다.
먼저 변수 x의 n 제곱인 함수는 n을 상수로 곱하고 지수 n에 −1을 처리합니다.

$$y = x^n, \qquad \frac{dy}{dx} = nx^{n-1}$$

자연 상수 e의 x 제곱을 처리하는 함수의 미분은 항상 자기 자신이 됩니다.

$$\frac{d}{dx}e^x = e^x \log_e e = e^x$$

일반적으로 a의 x 제곱의 함수는 자기 자신과 $log_e a$ 의 곱입니다.

$$\frac{d}{dx}a^x = a^x log_e a$$

자연로그 함수의 도함수는 x의 역수가 됩니다.

$$\frac{d}{dx}logx = \frac{1}{x}$$

■ 두 함수의 덧셈과 곱셈의 미분

두 함수의 덧셈에 대한 미분은 각각 미분한 후에 덧셈하면 됩니다.

$$y = f(x) + g(x), \qquad \frac{dy}{dx} = \frac{df(x)}{dx} + \frac{dg(x)}{dx}$$

두 항을 두 개의 함수로 처리해서 개별적으로 미분한 후에 합하면 같은 미분 결과가 나옵니다.

$$y = x^2 + 2x, \qquad \frac{df(x)}{dx} = 2x, \frac{dg(x)}{dx} = 2,$$

$$\frac{dy}{dx} = \frac{df(x)}{dx} + \frac{dg(x)}{dx} = 2x + 2$$

두 함수의 곱에 대한 미분은 다음과 같습니다.

$$\frac{d}{dx}(f(x)g(x)) = f(x)\frac{d}{dx}g(x) + g(x)\frac{d}{dx}f(x)$$

x^5를 $x^2 x^3$으로 변형해서 미분해도 같은 결과가 나옵니다.

$$\frac{d}{dx}(x^2 x^3) = x^2 3x^2 + x^3 2x = 5x^4$$

$$\frac{d}{dx}(x^5) = 5x^4$$

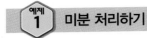

예제 1 미분 처리하기

수치미분을 구하는 함수를 중앙차분 $\dfrac{f(x+h)-f(x-h)}{2h}$ 를 기준으로 정의합니다. 함수와 값을 전달해 아주 작은 수를 처리합니다. 유사한 값이 나오므로 소수점 이하에 차이가 발생할 수 있습니다.

```
import numpy as np                    # 다차원 배열의 넘파이 모듈 사용
```

```
x= 10
```

```
def f(x):                            # 특정 입력값의 제곱을 하는 함수 정의
    return x**2
```

```
def numerical_differentiation(f, x):      # 수치미분을 처리하는 함수 정의
    delta_x = 1e-7                    # 0.0000001의 값으로 아주 작은 변화를 반영
    return (f(x+delta_x) - f(x-delta_x)) / (delta_x*2)
                        # 변화 값을 처음 함수에는 더하고 두 번째 함수에는 빼는 중앙 차분을 계산
```

```
numerical_differentiation(f, x)           # 함수를 실행해서 미분
```

19.99999987845058   ← 근삿값으로 결과를 보여준다.

미분에 대한 그래프 그리기   기본 함수를 그래프로 그리고, 이 함수를 미분해서 그래프로 그리면 특정 접선의 기울기가 그려진 것을 볼 수 있습니다.

```
import matplotlib.pylab as plt
%matplotlib inline
```

```
x = np.arange(0,10,0.01)                  # 1차원 배열 생성
```

```
plt.plot(x, f(x), label="f(x)")           # 원함수의 그래프 생성
plt.plot(x, numerical_differentiation(f,x), label=
"f(x)_derivative")
                                    # 미분의 결과를 그래프로 생성
plt.ylim(0, 100)
plt.legend()
plt.show()
```

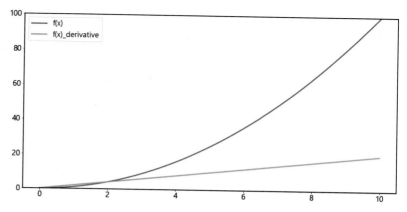

다른 함수를 하나 더 정의합니다.

```
def f3(x):                                      # 3제곱 함수를 정의
    return x**3
```

이 함수와 미분한 결과를 그래프로 그리면 두 그래프가 특정 점에서 만나는 것을 알 수 있습니다.

```
plt.plot(x, f3(x), label="f3(x)")               # 3제곱 함수의 결과를 그래프로 생성
plt.plot(x, numerical_differentiation(f3,x), label=
"f3(x)_derivative")                             # 미분한 결과를 그래프로 생성
plt.ylim(0, 900)                                # y축을 제한
plt.legend()
plt.show()
```

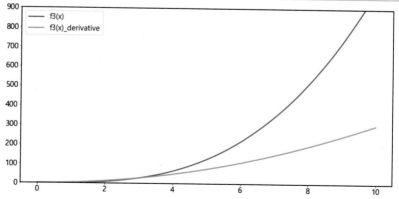

Gradient 함수로 미분 계산   50개의 원소를 가지는 배열을 만듭니다.

```
x = np.linspace(0,10)
```

```
x.shape
```

```
(50,)
```

함수를 하나 정의하고 순간 변화율을 배열의 첫 번째와 두 번째 원
소의 차로 만듭니다.

```
y = x**2 + 1
```

```
dx = x[1]-x[0]
```

더 많은 값을 가지는 배열을 만듭니다. 순간 변화율을 더 작은 값으
로 지정합니다.

```
dydx = np.gradient(y, dx)            # 그래디언트 함수로 미분 처리
```

```
dydx[:10]
```

```
array([0.20408163, 0.40816327, 0.81632653, 1.2244898 , 1.63265306,
       2.04081633, 2.44897959, 2.85714286, 3.26530612, 3.67346939])
```

삼각함수 sin에 대한 기울기를 구합니다.

```
N, L = 100000, 2 * np.pi
```

```
x, dx = np.linspace(0, L, N), L / N
```

```
x
```

```
array([0.00000000e+00, 6.28324814e-05, 1.25664963e-04, ...,
       6.28305964e+00, 6.28312247e+00, 6.28318531e+00])
```

```
dx
```

```
6.283185307179586e-05
```

이 함수와 미분한 결과를 그래프로 그리면 두 그래프가 특정 점에
서 만나는 것을 알 수 있습니다.

```
diff_ = np.gradient(np.sin(x), dx)        # 사인함수에 대한 미분 처리
```

```
diff_[:10]
```

```
array([1.00001   , 1.00001   , 1.00000999, 1.00000998, 1.00000997,
       1.00000995, 1.00000993, 1.0000099 , 1.00000987, 1.00000984])
```

**미분의 연쇄 법칙
(chain rule)**

합성함수에 대한 미분은 외부함수와 내부함수를 각각 미분하고 두 결과를 곱해서 구할 수 있습니다.

외부함수의 미분을 내부 u로 미분하고 내부함수를 x로 미분한 후에 두 미분한 결과를 곱합니다.

$$\frac{dy}{dx} = \frac{dy}{du}\frac{du}{dx}$$

$y = x^2$ 함수를 u=x를 내부함수로 지정해서 변환합니다.

$$y = x^2, \qquad y = u^2, u = x$$

외부함수를 미분하고 내부함수를 미분해서 두 미분의 결과를 곱한 후에 x로 치환하면 연쇄 법칙의 미분이 나옵니다.

$$\frac{dy}{du} = 2u, \frac{du}{dx} = 1, \qquad \frac{dy}{dx} = 2u \cdot 1 = 2x$$

예제 2 연쇄 미분

연쇄 미분하기

1차원 배열을 하나 만듭니다.

```
x = np.arange(0,10)
```

```
x
```
```
array([0, 1, 2, 3, 4, 5, 6, 7, 8, 9])
```

합성함수를 만들기 위해 함수를 두 개 만듭니다.

```
def u(x) :                        # 항등함수 정의
    return x
```

```
def y(x) :                        # 항등함수의 제곱을 구하는 함수 정의
    return np.square(u(x))
```

수치미분을 계산하는 미분 함수에 합성함수와 값을 넣고 미분을 처리합니다.

```
def numerical_differentiation(f, x):          # 수치미분
    delta_x = 1e-7                            # 중앙 차분
    return (f(x+delta_x) - f(x-delta_x)) / (delta_x*2)
```

```
numerical_differentiation(y,x)
```
```
array([ 0.        , 2.        , 4.        , 5.99999999, 8.        ,
        10.00000003, 12.00000003, 14.00000006, 16.00000001, 17.99999986])
```

이번에는 gradient로 두 함수를 정의하고 합성함수의 미분을 처리합니다.

```
x
```
```
array([0, 1, 2, 3, 4, 5, 6, 7, 8, 9])
```

```
u_ = x
```

```
y_ = u_ ** 2                                  # 그래디언트로 미분을 처리하면 위의 결과와 동일한 값
```

정확한 값을 처리하기 위해 edge_order=2를 전달해서 값을 처리합니다.

```
np.gradient(y_, edge_order=2)
```
```
array([ 0., 2., 4., 6., 8., 10., 12., 14., 16., 18.])
```

03 계층(layer)을 다차원 배열로 계산하기

딥러닝은 다수의 뉴런 즉 노드의 네트워크를 구성해서 입력값을 출력값으로 계산합니다. 선형대수의 닷 연산에 맞춰 앞 배열의 열의 개수가 다음 행렬의 행의 개수와 같아야 계산이 됩니다. 아무리 계층이 많아도 닷 연산의 규칙을 따르면 계산할 수 있습니다.

■ 딥러닝 계층 구조

딥러닝의 계층은 입력층과 출력층이 있고 중간에 히든층을 둡니다. 실제 이 히든층에 학습을 통해 가중치와 편향을 조정해 패턴에 맞는 규칙을 만듭니다.

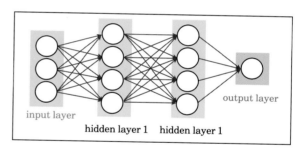

예제 계층별 노드 계산

벡터와 행렬의 연속으로 구성된 계층을 행렬곱 연산으로 마지막 출력값을 계산할 수 있습니다.

두 개의 계층 계산

하나의 벡터로 첫 번째 계층을 만듭니다.

```
x = np.array([2,3])          # 2개의 원소를 가진 1차원 배열 생성

x.shape

(2,)
```

두 번째 계층을 2행 2열의 행렬로 만듭니다.

```
W = np.array([np.arange(1,3), np.arange(3,5)])    # 2행 2열의 2차원
                                                    배열 생성
```

```
W.shape
```
(2, 2)

두 계층을 행렬곱 연산으로 계산하면 두 번째 계층의 결괏값이 나옵니다.

```
y = np.dot(x, W)                        # 두 배열을 닷 연산 처리
```

```
y
```
array([11, 16])

세 개의 계층 계산

처음 계층은 1차원 배열로 만듭니다.

```
x = np.array([2,3,3,4,5,6,7])          # 7개의 원소를 가진 1차원 배열 생성
```

```
x.shape
```
(7,)

두 번째 계층은 첫 번째 배열과 세 번째 배열을 연결하므로 배열의 구성을 첫 번째 벡터의 열과 세 번째 행렬의 행과 일치하는 배열로 만듭니다.

```
W1 = np.array(np.random.randint(1,10,(7,4)))  # 7행 4열의 2차원 배열 생성
```

```
W1.shape
```
(7, 4)

바로 앞 행렬의 마지막 축의 원소와 행의 원소 개수가 일치하게 만듭니다. 최종 결과는 2개의 원소인 벡터를 만들기 위해 열은 2개만 지정했습니다.

```
W2 = np.array(np.random.randint(1,10,(4,2)))  # 4행 2열의 2차원 배열 생성
```

```
W2.shape
```
(4, 2)

3개의 계층에서 앞의 두 개를 닷 연산해 나온 결과를 다시 닷 연산해서 최종값을 2개의 원소를 가진 벡터로 출력합니다.

```
y = np.dot(np.dot(x,W1), W2)    # 연속적으로 닷 연산으로 계산 가능
```

```
y
```
array([3148, 2923])

04 합성 곱 함수

특정 필터를 사용해 배열의 내부 값을 변환하는 것이 합성 곱입니다. 합성 곱으로 특정 값을 기준으로 조정하는 이동 평균도 구할 수 있습니다. 딥러닝 합성 곱 계층은 합성 곱과 풀링을 같이 처리합니다. 풀링을 처리하는 방식도 알아봅니다.

예제 convolve 함수

합성 곱을 계산할 때 필터가 되는 배열을 반대로 계산하는 것에 주의해야 합니다.
[0.2, 0.8]의 순서가 아닌 [0.8, 0.2]의 순서로 처리합니다.

```
a = np.array([0, 1, 2, 3, 4, 5])    # 6개의 원소를 가진 1 차원 배열 생성
```

```
v = np.array([0.2, 0.8])            # 필터로 사용할 2개의 원소를 가진 1차원 배열 생성
```

배열의 시작점과 종료점을 처리하는 기준을 mode 매개변수를 지정해서 처리합니다.

같은 원소 개수를 유지하는 Mode='same'

convolve 함수가 기존 원소와 같은 개수만큼 처리하려면 처음에 하나를 패딩해서 첫 번째 값을 처리합니다.

두 번째 값을 구합니다.

세 번째 값을 구합니다.

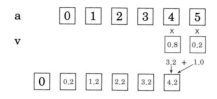

마지막 값을 구합니다.

a   0   1   2   3   4   5

v   0.8   0.2

            3.2 + 1.0

0   0.2   1.2   2.2   3.2   4.2

이 함수를 처리한 결과와 처리하는 이미지가 같은 결과가 나오는 것을 알 수 있습니다.

```
np.convolve(a,v, mode='same')    # 필터로 원 배열을 이동하면서 계산
array([0. , 0.2, 1.2, 2.2, 3.2, 4.2]) ← 모드가 same이면 동일한 원소의 개수를
                                          만들어야 해서 앞에 패딩처리
```

더 많은 원소를 계산하는 Mode='full'

한편 mode='full' 때는 v가 끝까지 가서 하나의 원소가 초과해서 만들어집니다. 처음을 패딩해서 첫 번째 계산을 합니다.

a   0   0   1   2   3   4   5

v   0.8   0.2

     0 + 0

0

마지막도 패딩을 처리해서 계산합니다.

a   0   1   2   3   4   5   0

v   0.8   0.2

               4.0 + 0.0

0   0.2   1.2   2.2   3.2   4.2   4.0

앞뒤로 패딩해서 처리결과가 더 많아지는 것을 알 수 있습니다.

```
np.convolve(a,v, mode='full')    # 필터로 원 배열을 이동하면서 계산
```

array([0. , 0.2, 1.2, 2.2, 3.2, 4.2, 4.])
⌐ 모드가 full이면 앞과 뒤에 패딩 처리되어 원소의 개수가 늘어난다.

주어진 범위 내에서 계산하는 Mode='valid'

mode='valid' 경우는 주어진 원소 내에서만 계산해서 원소의 개수가 부족합니다.

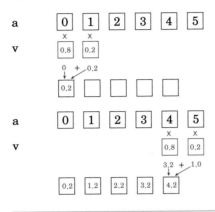

```
np.convolve(a,v, mode='valid')
```

array([0.2, 1.2, 2.2, 3.2, 4.2])
⌐ 모드가 valid이면 패딩 없이 처리되어 원소의 개수가 줄어든다.

이동 평균으로 처리하기

1차원 배열을 만든 후에 사인함수의 인자로 전달해서 값을 반환합니다. 이 사인함수 결과에 정규분포의 값을 구하는 랜덤 함수로 배열을 만든 후에 0.3을 곱합니다.
사인함수의 그래프와 변환된 값의 그래프를 같이 그리면 사인 그래프 위에 노이즈 그래프가 들어가는 것을 볼 수 있습니다.

```
%matplotlib inline
```

```
import matplotlib.pyplot as plt

x = np.linspace(0, 10, 500)
y1 = np.sin(x)                      # 사인함수의 그래프 생성
y2 = y1 + np.random.randn(500)*0.3  # 노이즈를 발생시켜서 사인함수의
                                    #   노이즈 발생을 표시

plt.plot(x, y1,'r',linewidth=3)
plt.plot(x, y2,'b', linewidth=1)
plt.show()
```

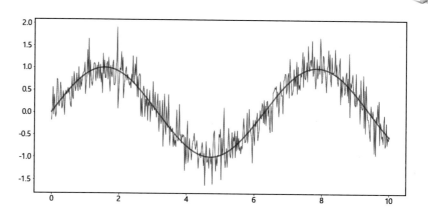

노이즈에 대한 이동 평균을 구하기 위해 5개의 원소를 가진 1차원 배열을 하나 만듭니다. 이것을 convolve 함수의 인자로 전달해 계산합니다.

```
v = np.ones(5)/5.0    # 필터로 convolve 함수 처리하면 같이 중간 정도의 값을 가진다.
y3 = np.convolve(y2, v, mode='same')
```

```
v
```

```
array([0.2, 0.2, 0.2, 0.2, 0.2])
```

convolve 함수로 구한 값을 노란색으로 표시하면 사인곡선과 노이즈 사이의 그래프가 만들어지므로 평균값을 가진 그래프가 만들어진 것을 알 수 있습니다.

```
plt.plot(x, y1,'r',linewidth=3)
plt.plot(x, y2,'b', linewidth=1)
plt.plot(x, y3, 'y',linewidth=2)
plt.show()                    # 사인함수와 노이즈의 중간 지점을 지나가는 선 그래프 생성
```

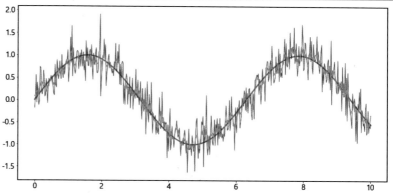

2차원 배열의 컨볼루션 처리

4행 4열의 2차원 배열을 하나 만듭니다. 필터로 처리할 벡터를 하나 만듭니다. 컨볼루션 결과가 4행 5열로 처리되어 영행렬을 하나 만듭니다.

```
A= [ [5, 4, 5, 4],[3 ,2, 3 , 2], [5 , 4, 5, 4],[3 ,2 ,3 , 2 ]]
```

```
A = np.array(A)
```

```
k = np.array([0.707, 0.707])
```

```
C = np.zeros((4,5))
```

1차원만 제공해서 2차원 배열을 행 단위로 필터 처리해서 새로운 행으로 반환합니다. 이때 모드는 full로 주로 왼쪽과 오른쪽에 패딩을 처리합니다.

```
for i in range(4) :              # 여러 차원일 경우는 1차원 필터로 순환문으로 처리
    C[i] = np.convolve(A[i],k, mode='full')
```

```
C
```

```
array([[3.535, 6.363, 6.363, 6.363, 2.828],
       [2.121, 3.535, 3.535, 3.535, 1.414],
       [3.535, 6.363, 6.363, 6.363, 2.828],
       [2.121, 3.535, 3.535, 3.535, 1.414]])
```

맥스 풀링 처리

딥러닝의 컨볼루션 레이어는 컨볼루션 후에 풀링(pooling)을 처리합니다. 풀링을 처리하는 기본적인 사항만 알아봅니다.

이 책의 범위를 벗어난 scipy 모듈에서 maximum_filtr 함수를 import하고, 4행 5열의 2차원 배열을 만듭니다.

```
from scipy.ndimage.filters import maximum_filter
                            # 최대값으로 필터링 처리하는 함수를 사용
```

```
B = [[3, 4, 5, 2, 3],
     [3, 5, 1, 2, 7],
     [2, 2, 5, 6, 7]]
```

```
B = np.array(B)
```

풀링을 처리하기 위한 기본 필터를 3행 3열로 지정하고 실행하면 같은 형상의 배열이지만 필터된 값 중에 최댓값으로 원소가 채워졌습니다.

```
maximum_filter(B,footprint=np.ones((3,3)))   # 특정 필터 내의 최댓값으로
                                               필터링
array([[5, 5, 5, 7, 7],
       [5, 5, 6, 7, 7],      ← 새로운 배열 생성
       [5, 5, 6, 7, 7]])
```

맥스 풀링된 배열과 원 배열을 비교하면 같은 원소만 True입니다.
이제 원 배열에 이 비교한 배열을 곱하면 True는 1이므로 실제 같은
값만 출력됩니다.

```
B == maximum_filter(B,footprint=np.ones((3,3)))
                       # 최댓값으로 필터링한 것과 원본 배열의 값 비교
array([[False, False,  True, False, False],
       [False,  True, False, False,  True],
       [False, False, False, False,  True]])
```

```
B*(B == maximum_filter(B,footprint=np.ones((3,3))))
                         # 원본과 비교한 값을 가진 배열을 곱하면 최댓값만 표시되는 배열로 변환
array([[0, 0, 5, 0, 0],
       [0, 5, 0, 0, 7],
       [0, 0, 0, 0, 7]])
```

CHAPTER
11

데이터 변수 정제

데이터 분석에서는 데이터를 어떤 변수에 저장하고 이 데이터의 값이 어떤 기준으로 저장되고 관리하는지가 아주 중요합니다. 데이터에 들어온 값이 결측값이거나 이상한 값이 들어오면 이를 조정해서 처리해야 합니다.

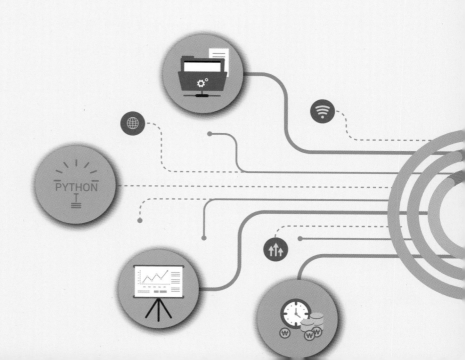

01 날짜 자료형

데이터를 수집하면 데이터가 들어있는 각 열의 정보를 확인해서 어떤 자료형인지 확인하고 적절한 자료형으로 변환해야 합니다. 문자열로 들어온 날짜를 날짜 자료형으로 변환하는 방법을 알아봅니다.

 html에서 테이블 데이터 가져오기

파일 읽어오기

외부 인터넷 주소를 이용해 미국 은행의 파산 정보를 가져옵니다. 이때 URL을 문자열로 작성하고 `read_html` 함수를 사용합니다. 미국 은행의 파산 정보를 가진 URL을 지정한 후에 `read_html` 함수의 인자로 전달해 실행하면 리스트로 받습니다.

```
url = 'http://www.fdic.gov/bank/individual/failed/banklist.html'
                                        # 데이터를 가져올 주소를 문자열로 입력
```

```
dfs = pd.read_html(url)
```

읽어온 데이터는 리스트 내에 데이터프레임으로 구성되어 있습니다. 리스트 내의 첫 번째 원소를 다른 변수에 할당하고 head 메소드로 내부 데이터를 확인합니다.

```
type(dfs)
```
list   ← 가져온 데이터는 리스트

```
dfs = dfs[0]                    # 첫 번째 데이터만 가져오면 데이터프레임
```

데이터프레임의 정보를 head 메소드로 확인하면 5개의 데이터를 가져와 출력합니다.

```
dfs.head()                              # 데이터 중 위에서 5개를 head 메소드로 조회
```

	Bank Name	City	ST	CERT	Acquiring Institution	Closing Date	Updated Date
0	The Enloe State Bank	Cooper	TX	10716	Legend Bank, N. A.	May 31, 2019	August 22, 2019
1	Washington Federal Bank for Savings	Chicago	IL	30570	Royal Savings Bank	December 15, 2017	July 24, 2019
2	The Farmers and Merchants State Bank of Argonia	Argonia	KS	17719	Conway Bank	October 13, 2017	August 12, 2019
3	Fayette County Bank	Saint Elmo	IL	1802	United Fidelity Bank, fsb	May 26, 2017	January 29, 2019

읽어온 데이터의 형상(shape)을 확인해 데이터의 크기를 알아봅니다. 행과 열을 알 수 있습니다.

```
dfs.shape                              # 데이터의 형상 확인
```
```
(556, 7)
```

각 열의 정보를 데이터프레임의 `info` 메소드로 확인할 수 있습니다. CERT 열만 정수이고 나머지는 파이썬 문자열로 인식해서 판다스의 object 자료형으로 표시합니다.

```
dfs.info()                             # 데이터프레임의 구성 정보 확인
```
```
<class 'pandas.core.frame.DataFrame'>        ←  열의 자료형과 메모리 사이즈
RangeIndex: 556 entries, 0 to 555               등을 알 수 있다.
Data columns (total 7 columns):
Bank Name                 556 non-null object
City                      556 non-null object
ST                        556 non-null object
CERT                      556 non-null int64
Acquiring Institution     556 non-null object
Closing Date              556 non-null object
Updated Date              556 non-null object
dtypes: int64(1), object(6)
memory usage: 30.5+ KB
```

날짜 변경

열의 레이블을 확인하면 두 개의 열이 날짜라는 것을 알 수 있습니다. 문자열을 날짜 자료형으로 변환하는 함수 `to_datetime`을 사용해서 두 개의 열을 변환합니다.

이 함수의 특징은 열의 모든 원소를 하나씩 변경해서 자동으로 문자열을 날짜로 변환합니다. 두 열을 변경하기 위해 두 번 `to_datetime`을 작성했지만, 내부적으로는 모든 원소를 변환합니다.

```
dfs['Closing Date'] = pd.to_datetime(dfs['Closing Date'])
```
```
                                    # 문자열을 날짜 형으로 변경
```
```
dfs['Updated Date'] = pd.to_datetime(dfs['Updated Date'])
```

날짜를 변환한 후에 다시 데이터프레임을 조회하면 두 열의 날짜가
변경된 것을 확인할 수 있습니다.

```
dfs.head()
```

	Bank Name	City	ST	CERT	Acquiring Institution	Closing Date	Updated Date
0	The Enloe State Bank	Cooper	TX	10716	Legend Bank, N. A.	2019 05-31	2019 08-22
1	Washington Federal Bank for Savings	Chicago	IL	30570	Royal Savings Bank	2017 12-15	2019 07-24
2	The Farmers and Merchants State Bank of Argonia	Argonia	KS	17719	Conway Bank	2017 10-13	2019 08-12
3	Fayette County Bank	Saint Elmo	IL	1802	United Fidelity Bank, fsb	2017 05-26	2019 01-29
4	Guaranty Bank, (d/b/a BestBank in Georgia & Mi...	Milwaukee	WI	30003	First-Citizens Bank & Trust Company	2017 05-05	2018 03-22

이번에는 이 데이터프레임의 열 자료형만을 확인하기 위해 **dtypes**
속성을 사용하면 날짜를 관리하는 두 개의 자료형이 날짜 자료형인
datatime으로 변경된 것을 확인할 수 있습니다.

```
dfs.dtypes                              # 자료형 확인
Bank Name                      object
City                           object
ST                             object
CERT                            int64    ← 변경
Acquiring Institution          object
Closing Date            datetime64[ns]
Updated Date            datetime64[ns]
year                           object
dtype: object
```

날짜의 연도만 추출

미국 은행이 몇 연도에 문을 많이 닫았는지 확인하기 위해 새로운
열을 하나 추가합니다. 기존 데이터프레임에 year 열을 왼쪽에 정의
하고 할당연산자 다음에 Closing Date 열을 이용해서 연도만 추출
합니다.

날짜를 처리하는 특별한 속성인 **dt**를 확인하면 날짜 속성을 분리할
수 있는 객체입니다.

```
dfs['Closing Date'].dt # 날짜 형을 가지고 변경이나 조작이 필요한 경우에는 dt 객체를 사용
<pandas.core.indexes.accessors.DatetimeProperties object at 0x11f3a08d0>
```

이 객체의 **strftime** 메소드를 이용해 4개의 연도를 분리해서 새
로운 열 **Year**에 할당합니다. 하나의 메소드를 실행하지만, 원소를
하나씩 모두 처리하는 벡터화 연산을 수행합니다. 별도의 순환문을
사용하지 않아도 원소를 모두 처리합니다.

```
dfs['year'] = dfs['Closing Date'].dt.strftime('%Y')
                                  # 연도만 추출해서 새로운 열 생성
```

처리결과를 확인하면 데이터프레임에 열이 하나 추가되어 4자리 연
도가 들어갑니다.

```
dfs.head()
```

	Bank Name	City	ST	CERT	Acquiring Institution	Closing Date	Updated Date	year
0	The Enloe State Bank	Cooper	TX	10716	Legend Bank, N. A.	2019-05-31	2019-08-22	2019
1	Washington Federal Bank for Savings	Chicago	IL	30570	Royal Savings Bank	2017-12-15	2019-07-24	2017
2	The Farmers and Merchants State Bank of Argonia	Argonia	KS	17719	Conway Bank	2017-10-13	2019-08-12	2017
3	Fayette County Bank	Saint Elmo	IL	1802	United Fidelity Bank, fsb	2017-05-26	2019-01-29	2017
4	Guaranty Bank, (d/b/a BestBank in Georgia & Mi...	Milwaukee	WI	30003	First-Citizens Bank & Trust Company	2017-05-05	2018-03-22	2017

이 year 열을 value_counts 메소드를 사용해서 같은 값들이 어
떻게 분포되었는지를 확인합니다.

금융위기는 2008년에 발생했지만, 은행들이 파산한 시기는 2010
년부터 2012년까지인 것을 확인할 수 있습니다.

```
dfs['year'].value_counts().head()      # 년도에 대한 값의 분포 확인
2010    157
2009    140
2011     92
2012     51
2008     25
Name: year, dtype: int64
```

파일로 저장하기

데이터를 정제한 후에 다시 사용하려면 파일을 저장해야 합니다.
데이터프레임은 csv 파일로 바로 저장할 수 있습니다. to_csv 메
소드에 파일명을 인자로 전달해 저장합니다.

```
dfs.to_csv("failed_bank_list.csv")      # 현재 데이터프레임을 csv 파일로 저장
```

파일에서 다시 읽기

만들었던 파일을 다시 read_csv 함수로 읽어오면 데이터프레임
객체로 로딩됩니다. 저장할 때 날짜 부분이 문자열로 처리될 수 있
으므로 매개변수 parse_dates에 열 이름을 리스트로 지정해 처리하
면 자동으로 날짜 자료형으로 변환됩니다.

```
dfs_ = pd.read_csv("failed_bank_list.csv", parse_dates=[
'Closing Date','Up dated Date' ])       # 문자열을 처음부터 날짜로 변환
```

이 데이터프레임의 각 열 정보를 info 메소드로 확인하면 날짜 열의 자료형이 변경된 것을 알 수 있습니다.

```
dfs_.info()
```
```
<class 'pandas.core.frame.DataFrame'>
RangeIndex: 556 entries, 0 to 555
Data columns (total 9 columns):
Unnamed: 0              556 non-null int64
Bank Name              556 non-null object
City                   556 non-null object
ST                     556 non-null object
CERT                   556 non-null int64
Acquiring Institution  556 non-null object
Closing Date           556 non-null datetime64[ns]
Updated Date           556 non-null datetime64[ns]
year                   556 non-null int64
dtypes: datetime64[ns](2), int64(3), object(4)
memory usage: 39.2+ KB
```

데이터 프레임의 내용을 확인하면 새롭게 저장한 **year** 열도 들어있지만, 행의 인덱스도 같이 들어간 것을 알 수 있습니다.

```
dfs_.head()
```

	Unnamed: 0	Bank Name	City	ST	CERT	Acquiring Institution	Closing Date	Updated Date	year
0	0	The Enloe State Bank	Cooper	TX	10716	Legend Bank, N. A.	2019-05-31	2019-08-22	2019
1	1	Washington Federal Bank for Savings	Chicago	IL	30570	Royal Savings Bank	2017-12-15	2019-07-24	2017
2	2	The Farmers and Merchants State Bank of Argonia	Argonia	KS	17719	Conway Bank	2017-10-13	2019-08-12	2017
3	3	Fayette County Bank	Saint Elmo	IL	1802	United Fidelity Bank, fsb	2017-05-26	2019-01-29	2017
4	4	Guaranty Bank, (d/b/a BestBank in Georgia & Mi...	Milwaukee	WI	30003	First-Citizens Bank & Trust Company	2017-05-05	2018-03-22	2017

필요 없는 열을 삭제하려면 **drop** 메소드를 사용합니다. 인자로 열의 이름과 전체 열을 삭제하기 위해 1번 축을 지정하고 실행하면 첫 번째 열이 삭제됩니다.

```
dfs_ = dfs_.drop('Unnamed: 0',1)
```

```
dfs_.head()
```

	Bank Name	City	ST	CERT	Acquiring Institution	Closing Date	Updated Date	year
0	The Enloe State Bank	Cooper	TX	10716	Legend Bank, N. A.	2019-05-31	2019-08-22	2019
1	Washington Federal Bank for Savings	Chicago	IL	30570	Royal Savings Bank	2017-12-15	2019-07-24	2017
2	The Farmers and Merchants State Bank of Argonia	Argonia	KS	17719	Conway Bank	2017-10-13	2019-08-12	2017
3	Fayette County Bank	Saint Elmo	IL	1802	United Fidelity Bank, fsb	2017-05-26	2019-01-29	2017
4	Guaranty Bank, (d/b/a BestBank in Georgia & Mi...	Milwaukee	WI	30003	First-Citizens Bank & Trust Company	2017-05-05	2018-03-22	2017

데이터프레임의 은행 폐점 연도 분포는 **plot** 메소드를 사용해 그래프를 그려 알아볼 수 있습니다. 주피터 노트북에 결과를 출력하려면 먼저 **%matplotlib inline** 명령을 실행해야 합니다.

히스토그램 그래프를 그리기 위해 **plot** 메소드에 그래프 종류를
지정하는 **kind** 매개변수에 'hist'를 문자열로 지정하고 실행합니다.

```
%matplotlib inline
```

```
dfs_.plot(y='year',kind='hist')    # 년도 열을 기준으로 히스토그램 그래프 생성
```

```
<matplotlib.axes._subplots.AxesSubplot at 0x11c4edeb8>
```

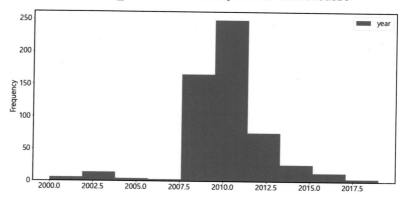

 **02 결측값 및 이상치 값 처리**

데이터를 처리할 때 빈 값으로 들어온 값들이 있습니다. 이것들을 모두 인식할 수 없는 결측값으로 처리합니다. 또한, 값이 들어왔지만, 변환 처리할 수 없는 데이터는 이상치 값으로 처리하는 경우도 있습니다. 결측값과 이상치 값을 어떻게 조정하는지 알아봅니다.

 예제 ┃ 구글 스토어 자료로 자료형 변경

아래의 주소에 있는 구글 스토어 자료를 이용합니다. 이 데이터를 받아서 어떤 값이 있는지 확인하고 기본적인 데이터를 정제해 봅니다.

캐글에서 데이터 받기

데이터는 보통 csv 파일로 제공됩니다. 캐글에 로그인해서 이 주소에 있는 파일을 다운로드합니다.

https://www.kaggle.com/lava18/google-play-store-apps

파일을 읽어 데이터프레임으로 변환

다운로드한 파일을 주피터 노트북과 같은 디렉토리로 이동하고 read_csv 함수로 파일을 읽습니다.

```
gstore = pd.read_csv('googleplaystore.csv')    # csv 파일을 읽는다.
```

파일을 읽을 때 파일 이름만 주고 읽고, 이 데이터의 행과 열의 크기를 shape 속성으로 확인합니다. 데이터를 읽어오면 먼저 데이터의 형상을 확인해 행과 열의 구조를 확인해야 합니다.

```
gstore.shape                                   # 형상을 확인
(10841, 13)
```

데이터가 어떤 형식으로 들어왔는지 head 메소드로 5개만 확인합니다.

```
dfs.head()                                    # 데이터 중 위에서 5개를 head 메소드로 조회
```

	Bank Name	City	ST	CERT	Acquiring Institution	Closing Date	Updated Date
0	The Enloe State Bank	Cooper	TX	10716	Legend Bank, N. A.	May 31, 2019	August 22, 2019
1	Washington Federal Bank for Savings	Chicago	IL	30570	Royal Savings Bank	December 15, 2017	July 24, 2019
2	The Farmers and Merchants State Bank of Argonia	Argonia	KS	17719	Conway Bank	October 13, 2017	August 12, 2019
3	Fayette County Bank	Saint Elmo	IL	1802	United Fidelity Bank, fsb	May 26, 2017	January 29, 2019
4	Guaranty Bank, (d/b/a BestBank in Georgia & Mi...	Milwaukee	WI	30003	First-Citizens Bank & Trust Company	May 5, 2017	March 22, 2018

열의 결측값 확인

데이터를 읽어오면 제일 먼저 확인할 것이 데이터의 결측값입니다. 결측값을 확인하는 가장 간단한 방법은 isna 함수를 이용하는 겁니다. isna 함수는 결측값이 발생하면 True 값을 표시합니다.

파이썬 불리안 처리는 정수로 인식하므로 True를 합산하면 각 열에 결측값이 몇 건 발생했는지 바로 알 수 있습니다.

```
gstore.isna().sum()                           # 결측값을 논리값으로 확인
```

```
App               0
Category          0
Rating         1474
Reviews           0
Size              0
Installs          0
Type              1        ← 논리값은 True일 때는 1이므로 모두 더하면 결측값의 개수
Price             0
Content Rating    1
Genres            0
Last Updated      0
Current Ver       8
Android Ver       3
dtype: int64
```

이번에는 결측값을 삭제하지 않고 전부 임의의 값인 0으로 설정합니다. 결측값을 대체할 때는 fillna 메소드를 사용합니다. 결측값을 갱신해도 새로운 객체로 반환하므로 기존 저장된 변수에 다시 할당해서 항상 같은 변수에 데이터프레임이 저장되도록 했습니다. 검증하기 위해 isna 메소드와 sum 메소드를 사용해 확인하면 결측값이 없다는 것을 알 수 있습니다.

```
gstore = gstore.fillna(0)                     # 모든 결측값을 0으로 처리
```

```
gstore.isna().sum().sum()                     # 다시 결측값을 확인하면 아무것도 없다.
```

```
0
```

열 자료형 확인

데이터프레임의 열 자료형을 기준으로 열의 개수를 확인하기 위해 **get_dtype_counts** 메소드를 실행합니다. 하나의 실수와 나머지는 모두 문자열로 처리된 것을 알 수 있습니다.

```
gstore.get_dtype_counts()              # 모든 자료형의 개수 확인
```

```
float64      1
object      12
dtype: int64
```

날짜 자료형으로 변경

열 이름을 보면 날짜 자료형으로 변환해야 하는 것을 알 수 있습니다. 날짜 자료형으로 변환하기 위해 **to_datetime** 함수를 사용하면 자동으로 인식하지 못해 예외가 발생합니다. 이상치 값이 데이터로 들어온 것을 알 수 있습니다.

```
try :
    gstore['Last Updated'] = pd.to_datetime(gstore['Last Updated'])
except Exception as e :        # 날짜를 변경
    print(e)
```

```
day is out of range for month   ← 잘못된 값이 들어와 있다.
```

날짜를 변환할 때 **error** 매개변수에 **coerce**를 지정해서 예외를 무시하고 처리합니다. 어떤 이상치 값이 들어온 건지 확인하기 위해 예외를 무시하고 변환을 처리합니다.

```
gstore['Last Updated'] = pd.to_datetime(gstore['Last
Updated'],  errors='coerce')        # errors 매개변수를 이용해서 강제로 변경
```

숫자 자료형으로 변경

다른 열을 확인하면 숫자 자료형으로 변경해야 하는 열도 있습니다. Installs 열을 보면 포매팅한 숫자로 들어와서 이 부분을 제거한 후에 숫자로 변환해야 합니다.

문자열로 변환하는 **str** 속성을 확인하면 객체입니다. 이 객체의 특징은 문자열을 처리하는 다양한 메소드를 제공합니다.

```
gstore['Installs'].str              # 문자열에 대한 변경은 str 객체 사용
```

```
<pandas.core.strings.StringMethods at 0x1173d5828>
```

먼저 **replace** 메소드에 + 기호가 들어온 값을 빈 문자열로 변환

합니다. 기본으로 벡터화 연산을 하므로 하나의 문장으로 모든 원소를 다 변환 처리합니다. 처리하면 새로운 객체를 반환하고 항상 해당 열에 할당합니다.

```
gstore['Installs'] = gstore['Installs'].str.replace("+","")
                             # 특정 문자를 변경할 때는 replace 함수 사용(순환문 없이 모든 값이 변환)
```

숫자들 사이에 쉼표도 빈 문자열로 대체해서 해당 열에 할당합니다.

```
gstore['Installs'] = gstore['Installs'].str.replace(",","")
```

무료라는 의미의 **Free**로 작성된 것을 0으로 변경합니다.

```
gstore['Installs'] = gstore['Installs'].str.replace("Free","0")
```

이 열의 값이 모두 숫자가 들어간 문자열로 변환되므로 **astype** 메소드를 사용해 자료형을 정수로 변환하고 같은 열에 할당합니다.

```
gstore['Installs'] = gstore['Installs'].astype(int)
                             # 변환 후 자료형 변경
```

처리된 열의 값 분포를 **value_counts** 메소드를 실행한 후에 상위 5개만 **head** 메소드로 확인할 수 있습니다. 모두 숫자로 들어간 것을 알 수 있습니다.

```
gstore['Installs'].value_counts().head() # 변경된 값의 범주들의 개수 확인
1000000     1579
10000000    1252
100000      1169
10000       1054
1000         907
Name: Installs, dtype: int64
```

데이터프레임의 열을 조회해서 자료형을 확인하면 하나가 int로 변경된 것을 알 수 있습니다. 사용하는 OS에 따라 자료형을 int로 변환할 때 int32나 int64로 표시할 수도 있습니다.

```
gstore.get_dtype_counts()                          # 자료형에 대한 개수 확인
```

```
float64          1
object          10
datetime64[ns]   1
int64            1
dtype: int64
```

이번에는 **Price** 열을 실수 자료형으로 변경합니다.

```
gstore['Price'] = gstore['Price'].str.replace("Free","0")
                                        # 가격도 문자열 내의 값 변환
```

```
gstore['Price'] = gstore['Price'].str.replace("$","")
```

```
gstore['Price'] = gstore['Price'].str.replace("Everyone","0")
```

```
gstore['Price'] = gstore['Price'].astype(float) # 실수형으로 변환
```

처리된 것이 전체 형상의 개수와 같은지 `value_counts` 메소드와 `sum` 메소드를 사용해서 확인합니다.

```
gstore['Price'].value_counts().sum()
```

```
10841
```

변환된 자료형을 다시 확인합니다.

```
gstore.get_dtype_counts()                          # 열에 대한 자료형 확인
```

```
datetime64[ns]   1
float64          2
int64            1
object           9
dtype: int64
```

Size 열도 이상값을 제거하고 실수로 자료형을 변환합니다.

```
gstore['Size'] = gstore['Size'].str.replace("M","000")
                                        # 크기도 문자열을 숫자형으로 변환이 가능하도록 변경
```

```
gstore['Size'] = gstore['Size'].str.replace("Varies with
device","0")
```

```
gstore['Size'] = gstore['Size'].str.replace('k',"")
```

```
gstore['Size'] = gstore['Size'].str.replace('+',"")
```

```
gstore['Size'] = gstore['Size'].str.replace(',',"")
```

```
gstore['Size'] = gstore['Size'].astype(float)
```

```
gstore['Size'].value_counts().sum()
```

10841

03 다양한 값의 정규화와 변환

데이터로 들어온 값의 편차가 클 때 값을 특정 범위로 조정해서 처리해야 합니다. 값을 특정 기준으로 변환하는 방법을 알아봅니다.

 예제 1 내부 값 크기 변환

파이썬에서 제공하는 모듈인 넘파이, 판다스 외에 전처리를 지원하는 머신러닝 모듈인 `scikit learn`도 사용합니다. 이 모듈에서 전처리 기능이 있는 `preprocessing`을 `import`합니다.

```
import numpy as np                         # 다차원 배열을 처리하는 모듈 사용
```

```
from sklearn import preprocessing          # 머신러닝 중 전처리용 모듈 사용
```

```
import pandas as pd                        # 판다스 모듈을 사용
```

이진화
(binarization)

여러 값이 들어왔을 때 값을 0과 1로 단순하게 변환 처리해서 이진화합니다. 어떻게 이진화 처리하는지 알아봅니다.

먼저 3행 3열의 다차원 배열을 하나 만듭니다. 이 값을 0과 1로 단순하게 변형해보겠습니다.

```
input_data = np.arange(1,10).reshape(3,3)    # 9개의 원소를 만든 후
                                               3행 3열로 변환
```

```
input_data
```

```
array([[1, 2, 3],
       [4, 5, 6],
       [7, 8, 9]])
```

이진화 처리하는 `preprocessing.Binarizer` 클래스를 사용합니다.

```
type(preprocessing.Binarizer)    # 전처리 모듈 중 바이너리로 변환하는 클래스 확인
type
```

이 클래스의 매개변수 threshold에 이진화하는 기준값으로 2나 5를
전달해 객체를 만들고 transform 메소드에 변경할 데이터를 넣고
실행합니다. 결과를 확인하면 기준 숫자보다 작은 수는 0, 큰 수는
1로 처리하는 것을 알 수 있습니다.

```
data_bin = preprocessing.Binarizer(threshold=2.1).transform
(input_data)
                            # 임계값을 지정해서 객체 생성(다차원 배열을 변경)
```

```
data_bin
```

```
array([[0, 0, 1],
       [1, 1, 1],     ← 임계값을 기준으로 작으면 0, 크면 1로 변환된다.
       [1, 1, 1]])
```

```
data_bin_ = preprocessing.Binarizer(threshold=5.1). trans
form(input_data)
                            # 임계값을 키우면
```

```
data_bin_
```

```
array([[0, 0, 0],
       [0, 0, 1],     ← 0과 1로 변환되는 원소들이 달라진다.
       [1, 1, 1]])
```

양자화 처리
(binning 처리)

들어온 값이 넓게 펼쳐져 있으면 값을 그룹으로 묶어 사용하는 게
좋을 때가 있습니다. 이때 양자화 기법을 사용합니다.
다양한 크기의 값이 있는 리스트 객체를 하나 만듭니다.

```
large_counts = [30000,200,8907, 1000789, 2, 80,678,9876,
1111,32,44,2222,345,2,45,78]    # 큰 수와 작은 수를 가진 리스트 생성
```

리스트에 들어온 값을 작게 만들기 위해 log10으로 변환해 절사합
니다. 이 리스트를 판다스의 시리즈로 변환하고, 특정 범주로 구분
하는 value_counts 메소드로 확인하면 특정 범주로 나뉜 것을 확
인할 수 있습니다.

```
a = np.floor(np.log10(large_counts))# 리스트를 로그로 변환 후 소수점 이하 절사
```

```
s_a = pd.Series(a)                  # 시리즈 객체로 변환
```

```
s_a.value_counts()                  # 시리즈의 값을 범주화
```

```
1.0    5
3.0    4
2.0    3
0.0    2
6.0    1
4.0    1
dtype: int64
```

리스트를 시리즈 객체로 변환하고 10개의 범주인 백분위 수로 분리해 각 값의 퍼진 정도를 확인할 수 있습니다.

```
s_a = pd.Series(large_counts)               # 시리즈로 바로 변환
```

```
deciles = s_a.quantile([.1,.2,.3,.4,.5,.6,.7,.8,.9])
                                            # 분위수로 분류 가능
```

```
deciles
```

```
0.1       17.0
0.2       44.0
0.3       61.5
0.4       80.0
0.5      272.5
0.6      678.0
0.7     1666.5
0.8     8907.0
0.9    19938.0
dtype: float64
```

판다스 모듈에 함수 **qcut**을 사용하면 개수가 똑같은 구간으로 나눠 처리하는 범주로 분리합니다. 10개의 범주로 분리해서 그중 앞뒤 각각 2개씩만 조회합니다.

```
labels = pd.qcut(large_counts, 10)          # 특정 부분으로 분리 가능
```
```
array([4., 5., 6.])
```

```
labels.categories.values[:2]
```
```
IntervalArray([(1.999, 17.0], (17.0, 44.0]],
              closed='right',
              dtype='interval[float64]')
```

```
labels.categories.values[8:10]
```
```
IntervalArray([(8907.0, 19938.0], (19938.0, 1000789.0]],
              closed='right',
              dtype='interval[float64]')
```

이 함수에 labels=False로 지정하면 범주에 해당하는 값만 정수로 표시합니다.

```
labels_F = pd.qcut(large_counts, 10, labels=False)
                                              # 범주의 순서 값만 처리
```

```
labels_F
```

```
array([9, 4, 7, 9, 0, 3, 5, 8, 6, 1, 1, 7, 5, 0, 2, 3])
```

범주형으로 만들어진 labels를 데이터프레임의 매개변수 index에 지정해서 객체를 만들면 값과 인덱스가 매핑된 것을 알 수 있습니다. 이렇게 특정 값을 범주형으로 구분해 데이터를 변형할 수 있습니다.

```
df_si = pd.DataFrame(large_counts, index=labels)
                                      # 범주형을 행의 인덱스로 지정해서 처리 가능
```

```
df_si.head()
```

	0
(19938.0, 1000789.0]	30000
(80.0, 272.5]	200
(1666.5, 8907.0]	8907
(19938.0, 1000789.0]	1000789
(1.999, 17.0]	2

피처 스케일링 처리

값의 분포는 아주 다양합니다. 이를 평균이나 특정 범위로 맞추는 과정이 필요합니다. 이를 피처 스케일링(feature scaling)이라고 합니다.

먼저 평균 0, 표준편차 1에 맞는 값으로 변환하는 방식인 **Scale**을 알아봅니다. 이진화에서 만든 데이터의 평균과 표준편차를 조회합니다.

```
input_data.mean()              # 앞에서 정의한 배열의 평균을 구한다.
5.0
```

```
input_data.mean(axis=0)        # 앞에서 정의한 배열의 열에 대한 평균을 구한다.
array([4., 5., 6.])
```

```
input_data.std(axis=0)         # 앞에서 정의한 배열의 열에 대한 표준편차를 구한다.
array([2.44948974, 2.44948974, 2.44948974])
```

이 데이터를 preprocessing 내의 함수 **scale**로 확인합니다.

```
type(preprocessing.scale)          # 전처리를 수행할 scale 함수 확인

function
```

이 함수에 다차원 배열을 넣어서 데이터를 변형하면 평균값을 기준
으로 값을 변형합니다. 각 열의 평균을 0, 표준편차 1을 기준으로
값을 변형한 것을 확인할 수 있습니다. 값의 분포가 거의 정규분포
에 맞게 변형된 것을 알 수 있습니다.

```
data = preprocessing.scale(input_data)  # 평균 0과 표준편차 1로 스케일 조정

data

array([[-1.22474487, -1.22474487, -1.22474487],
       [ 0.        ,  0.        ,  0.        ],
       [ 1.22474487,  1.22474487,  1.22474487]])

data.mean(axis=0)

array([0., 0., 0.])

data.std(axis=0)

array([1., 1., 1.])
```

최솟값과 최댓값 조정 이번에는 피처가 변형되는 범위를 지정한 후에 최솟값과 최댓값의
피처 스케일링을 **MinMaxScaler** 클래스로 처리합니다.

```
type(preprocessing.MinMaxScaler)      # 최솟값과 최댓값을 조정하는 클래스 확인

type
```

최솟값과 최댓값 스케일링을 처리하는 상식은 다음 같습니다.

$$x_i' = \frac{x_i - \min(x)}{\max(x) - \min(x)}$$

특정 벡터의 각 요소의 값 범위가 일정하지 않을 때 주어진 값을 같
은 선상에서 비교할 수 있도록 특정 값의 범위를 일정한 기준으로
조정합니다. 변환할 값의 범위를 feature_range(min, max)에 지정
합니다. 실제 데이터는 **fit_transform** 메소드에 전달해서 변환
합니다. 결과를 확인하면 최솟값 0에서 최댓값 1 사이의 값으로 변
한 것을 볼 수 있습니다.

```
data_minmax = preprocessing.MinMaxScaler(feature_range=(0
,1)).fit_transform(input_data) # 범위를 지정하고 객체 생성(입력데이터를 받고 변환)
```

```
data_minmax
```

```
array([[0. , 0. , 0. ],
       [0.5, 0.5, 0.5],
       [1. , 1. , 1. ]])
```

이번에는 최댓값을 3으로 변경한 후에 변환하면 최솟값 0과 최댓값
3 사이의 값으로 조정된 것을 알 수 있습니다.

```
data_minmax_ = preprocessing.MinMaxScaler(feature_range=(0
,3)).fit_transform(input_data)
```

```
data_minmax_
```

```
array([[0. , 0. , 0. ],
       [1.5, 1.5, 1.5],
       [3. , 3. , 3. ]])
```

표준화 처리

StandardScaler는 평균과 표준편차를 사용해서 표준화된 점수
를 가지고 변환합니다.

```
data_standard_ = preprocessing.StandardScaler().fit_transfo
rm(input_data)                    # 평균과 표준편차에 맞도록 변환
```

```
data_standard_
```

```
array([[-1.22474487, -1.22474487, -1.22474487],
       [ 0.        ,  0.        ,  0.        ],
       [ 1.22474487,  1.22474487,  1.22474487]])
```

표준화된 배열의 평균과 표준편차를 확인하면 평균은 0의 근사치를
표시해서 0으로 인식합니다. 표준편차는 1인 것을 알 수 있습니다.

```
data_standard_ .mean(), data_standard_.std()
```

```
(2.4671622769447922e-17, 1.0)
```

특정 값을 평균으로 빼고 표준편차로 나눠 표준화 스케일링을 처리
합니다. 이 수식을 통계에서는 표준점수라고 합니다.

$$x_i' = \frac{x_i - \bar{x}}{\sigma}$$

정규화 처리

특정 벡터의 값을 일정한 기준으로 측정하려면 정규화 처리를 해야 합니다. 이때 정규화 기법은 총합이 1이 되도록 값을 조정하는 겁니다.

첫 번째 방식은 L1 정규화로 최소 절대편차는 각 행의 절댓값의 합을 1로 처리합니다.

$$\|x\| = \sum_{i=1}^{n} |x_i|$$

```
data_normal_l1 = preprocessing.normalize(input_data, norm="l1")
                                          # 벡터의 크기에 맞춰 정규화
```

```
data_normal_l1
```

```
array([[0.16666667, 0.33333333, 0.5      ],
       [0.26666667, 0.33333333, 0.4      ],
       [0.29166667, 0.33333333, 0.375    ]])
```

표준화된 배열의 평균과 표준편차를 확인하면 평균은 0의 근사치를 표시해서 0으로 인식합니다. 표준편차는 1인 것을 알 수 있습니다.
두 번째는 L2 정규화로 최소 제곱곱 제곱의 합을 1로 처리합니다.

$$\|x\| = \sqrt{x_1^2 + x_2^2 + \cdots + x_n^2}$$

```
data_normal_l2 = preprocessing.normalize(input_data, norm="l2")
```

```
data_normal_l2
```

```
array([[0.26726124, 0.53452248, 0.80178373],
       [0.45584231, 0.56980288, 0.68376346],
       [0.50257071, 0.57436653, 0.64616234]])
```

함수를 정의해서 변환

`FunctionTransformer`를 사용해 값을 변환할 때는 함수를 정의해서 내부의 값을 변환할 수 있습니다.

```
data_function = preprocessing.FunctionTransformer(lambda
x : x + 10, validate=True).transform(input_data)
                                # 함수를 정의하고 이를 기준으로 값을 변환
```

```
data_function
```

```
array([[11, 12, 13],
       [14, 15, 16],
       [17, 18, 19]])
```

레이블 인코딩

문자열로 들어온 값을 숫자로 변경해서 처리합니다. 문자열이 3개 들어온 리스트를 레이블로 변경합니다. 알파벳 정렬에 따라 문자가 숫자로 매핑된 것을 알 수 있습니다.

```
input_labels = ["red", "black", "green"]   # 문자열 리스트 지정
```

```
encoder = preprocessing.LabelEncoder()      # 문자열을 특정 숫자로 변환하는
                                            # 클래스로 객체 생성
```

```
encoder.fit(input_labels)
```
```
LabelEncoder()
```

```
encoder.transform(input_labels)             # 변환시키면
```
```
array([2, 0, 1])   ← 3개의 문자열에 해당하는 인덱스 번호가 부여
```

범주형 데이터가 어떤 것인지 알아보기 위해 문자열을 원소로 가지는 다차원 배열을 만듭니다

```
a = np.array(['a', 'b', 'c', 'a', 'b', 'c'])
```

같은 값의 원소로 구성되어 있습니다. 서로 겹치지 않는 값을 확인할 때는 **unique** 함수를 사용합니다. 결과를 확인하면 3개의 문자열만 원소로 표시합니다. 이렇게 특정 범위 내의 값으로 원소를 구성하는 것을 범주형 데이터라고 합니다.

```
np.unique(a)
```
```
array(['a', 'b', 'c'], dtype='<U1')
```

문자열 원소를 가진 배열을 수치형으로 변환해 범주형 데이터로 처리할 수 있습니다. 파이썬에서 데이터 전처리를 담당하는 모듈 **pandas**를 사용할 때도 **pandas** 모듈을 **import**합니다. 내부에 있는 **get_dummies** 함수를 실행하면 범주형 값을 열로 하고, 다차원 배열의 인덱스를 행으로 하는 범주형 데이터를 만듭니다. 다차원 배열의 원솟값이 매핑되는 곳만 값을 1로 표시합니다.

```
b = pd.get_dummies(a)                        # 배열을 판다스의 함수로 변환 가능
```

```
b
```

```
        a  b  c

0   1   0   0
1   0   1   0
2   0   0   1
3   1   0   0
4   0   1   0
5   0   0   1
```

예제 2 비정형 값 변환

비정형 데이터를 처리하다 보면 값이 배열로 처리되는 경우가 있습니다. 이때 이 값을 분리해서 처리하는 방법을 알아봅니다.

배열의 원솟값 분리

하나의 배열을 가진 딕셔너리를 하나 만듭니다. 이 값을 데이터 프레임으로 변경합니다.

```
d = { 0   : [10, 23, 29, 33, 37, 40, 16 ],
      1   : [9, 13, 21, 25, 32, 42, 2 ],
      2   : [11, 16, 19, 21, 27, 31, 30 ],
      3   : [14, 27, 30, 31, 40, 42, 2 ],
      4   : [16, 24, 29, 40, 41, 42, 3 ] }
```

```
s = pd.Series(d)
df = pd.DataFrame(s)
```

데이터프레임을 확인하면 리스트의 값으로 들어와 있습니다.

```
df
```

	0
0	[10, 23, 29, 33, 37, 40, 16]
1	[9, 13, 21, 25, 32, 42, 2]
2	[11, 16, 19, 21, 27, 31, 30]
3	[14, 27, 30, 31, 40, 42, 2]
4	[16, 24, 29, 40, 41, 42, 3]

데이터프레임의 각 행을 적용하기 위해 `apply` 메소드를 사용합니다. 같은 행의 값을 데이터프레임의 열의 값으로 분리하기 위해 `Series` 클래스를 `apply` 메소드의 인자로 전달합니다. 리스트의

값을 모두 분리해서 7개의 열을 가진 데이터프레임으로 변환합니다.

```
df_explode = df[0].apply(pd.Series)    # 배열의 값을 Series 클래스로 분리 가능
```

```
df_explode
```

	0	1	2	3	4	5	6
0	10	23	29	33	37	40	16
1	9	13	21	25	32	42	2
2	11	16	19	21	27	31	30
3	14	27	30	31	40	42	2
4	16	24	29	40	41	42	3

다른 방법으로 데이터프레임이 `apply` 메소드에 특정 열을 람다 함수로 반환하게 하고 매개변수 result_type에 "expand"를 전달해 변환합니다.

```
df.apply(lambda x:x[0], axis=1, result_type="expand")
                                    # 람다 함수를 정의해서 리스트 확장
```

	0	1	2	3	4	5	6
0	10	23	29	33	37	40	16
1	9	13	21	25	32	42	2
2	11	16	19	21	27	31	30
3	14	27	30	31	40	42	2
4	16	24	29	40	41	42	3

문자열 값 변환

배열을 문자열에 표시한 경우 이 문자열을 배열로 변환해서 처리하는 방법을 알아봅니다. 먼저 데이터프레임 값에 문자열 내의 리스트를 넣어 만듭니다.

```
ds = pd.DataFrame.from_dict({'a':["[1,2,3]"]})
                        # 문자열 값으로 리스트를 넣고 데이터 프레임 객체 생성
```

데이터프레임의 열을 읽은 후에 `str` 속성으로 문자열을 변경하는 `replace` 메소드를 사용합니다. 먼저 대괄호 표시를 빈 문자열로 수정하도록 인자로 전달합니다.

```
ds['a'] = ds['a'].str.replace("[","")  # 시리즈에 str 객체를 사용해서 괄호 삭제
```

```
ds['a'] = ds['a'].str.replace("]","")
```

변경된 내용을 확인하면 대괄호가 사라진 문자열로 만들어진 것을
볼 수 있습니다.

```
ds
```

	a
0	1,2,3

```
ds.dtypes
```
```
a     object
dtype: object
```

이 배열의 쉼표를 기준으로 분리하면 리스트에 문자열로 표시됩니
다. 이를 apply 메소드에 시리즈 클래스를 넣어서 실행하면 3개의
열로 분리됩니다.

```
ds['a'].str.split(',')                        # 문자열을 쉼표로 분리
```
```
0    [1, 2, 3]                    ← 리스트 객체로 변환
Name: a, dtype: object
```

```
ds['a'].str.split(',').apply(pd.Series) # apply 함수 내에 Series를 전달
```

	0	1	2	← 리스트를 열로 변환
0	1	2	3

CHAPTER
12

데이터로 통계 알아보기

데이터의 분포를 표현하는 방식을 기술통계(descriptive statistics)라고 합니다. 대표적인 기술통계로 중심값에 대한 분포인 평균, 중앙값, 최빈값을 알아본 후에 퍼진 정도를 알아보는 표본 분산, 표본 표준편차, 그리고 편향인 왜도, 첨도를 알아봅니다.

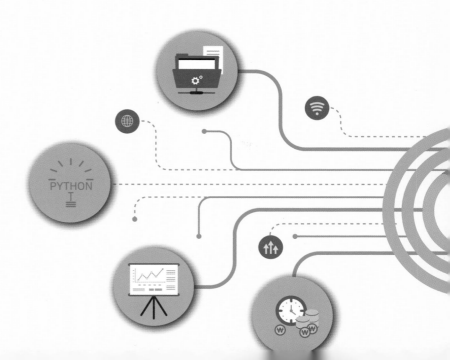

01 중심위치 확인

데이터의 분포 요약을 확인하는 방법으로 중심값을 알아봅니다. 이 중심값이 어느 위치에 있는지 확인합니다. 중심값을 확인하는 평균, 중앙값, 최빈값을 알아봅니다.

 중심위치

주택 실거래가 정보 데이터를 기준으로 특정 열을 기준으로 평균 등 중심위치를 알아봅니다.

데이터프레임의 구조

판다스 모듈을 사용합니다.

```
import pandas as pd
```

먼저 csv 파일을 읽어서 가져옵니다.

```
df = pd.read_csv("apartments.csv", )        # csv 파일을 읽는다.
```

인덱스 정보가 열로 생겨서 **drop** 메소드로 열을 하나 삭제합니다.

```
df = df.drop('Unnamed: 0', axis=1)          # 필요 없는 열 삭제
```

데이터프레임을 head 메소드로 조회합니다.

```
df.head()                                                # 데이터 확인
```

	시군구	번지	본번	부번	단지명	전용면적(㎡)	계약년월	계약일	거래금액(만원)	층	건축년도	도로명
0	서울특별시 강남구 개포동	141	141	0	개포주공 1단지	50.64	201902	1~10	162000	2	1982	개포로
1	서울특별시 강남구 개포동	187	187	0	개포주공 5단지	74.25	201902	11~20	153500	1	1983	삼성로4길
2	서울특별시 강남구 개포동	185	185	0	개포주공 6단지	60.13	201902	11~20	130000	5	1983	개포로
3	서울특별시 강남구 개포동	185	185	0	개포주공 7단지	60.76	201902	11~20	130500	9	1983	개포로
4	서울특별시 강남구 개포동	185	185	0	개포주공 7단지	53.46	201902	21~28	114000	14	1983	개포로

데이터프레임의 형상을 shape 속성으로 확인하면 행과 열의 개수를 알 수 있습니다.

```
df.shape                                              # 데이터의 형상 확인
```
```
(1164, 12)
```

각 열에 대한 정보를 info 메소드로 조회하면 건수와 자료형을 알 수 있습니다.

```
df.info()                                       # 각 열의 정보와 메모리 확인
```
```
<class 'pandas.core.frame.DataFrame'>
RangeIndex: 1164 entries, 0 to 1163
Data columns (total 12 columns):
시군구          1164 non-null object
번지           1164 non-null object
본번           1164 non-null int64
부번           1164 non-null int64
단지명          1164 non-null object
전용면적(㎡)      1164 non-null float64
계약년월         1164 non-null int64
계약일          1164 non-null object
거래금액(만원)     1164 non-null int64
층            1164 non-null int64
건축년도         1164 non-null int64
도로명          1164 non-null object
dtypes: float64(1), int64(6), object(5)
memory usage: 109.2+ KB
```

기술통계

먼저 계약일 열의 자료형은 문자열입니다. 이 자료형 값이 특정 범주로 처리되어 있는지 확인하기 위해 unique 함수로 유일한 값을 확인하고 이 열만 조회해서 value_counts로 범주에 속한 값의 개수를 확인합니다.

```
df['계약일'].count()                               # 특정열의 개수를 확인
```
```
1164
```

```
pd.unique(df['계약일'])                         # 특정 열 내의 유일한 값 확인
```
```
array(['1~10', '11~20', '21~28', '21~31'], dtype=object)
```

```
df['계약일'].value_counts()
```
```
11~20     463
21~28     340
1~10      258
21~31     103
Name: 계약일, dtype: int64
```

이 열을 데이터프레임에 있는 describe 메소드로 실행하면 위의 3가지 처리와 같은 결과를 조회할 수 있습니다.

```
df[['계약일']].describe()                              # 범주형 데이터의 통계를 확인
```

	계약일
count	1164
unique	4
top	11~20
freq	463

← 개수와 유일한 값들을 볼 수있다.

데이터프레임은 열의 정보가 숫자 자료형이면 기술통계의 정보는 describe 메소드로 바로 조회할 수 있습니다. 행의 정보는 개수, 평균, 표준편차, 범위와 사분위수를 보여줍니다.

```
df[['거래금액(만원)']].describe()
```

	거래금액(만원)
count	1164.000000
mean	58814.713058
std	46207.115723
min	7700.000000
25%	32000.000000
50%	45850.000000
75%	69000.000000
max	630000.000000

평균
(Mean)

가장 대표적인 중심위치 계산은 평균을 사용하는 것입니다. 보통 평균은 관측값을 합산하고 전체 개수로 나눠 구합니다.

$$\mu = \frac{모든\ 관측값의\ 합계}{총\ 자료의\ 개수}$$

평균의 수식은 보통 시그마 표기법을 사용해서 모든 값을 더하고 전체 개수로 나눕니다.

$$\mu = \bar{x} = \frac{1}{N}\ x_i \sum_{i=1}^{N} x_i$$

이 열의 평균은 mean 메소드로 확인할 수 있습니다.

```
df[['거래금액(만원)']].mean()                             # 평균값 확인
```
```
거래금액(만원)    58814.713058
dtype: float64
```

중앙값
(median)

작은 수에서 큰 수 순서로 정렬합니다. 홀수 개의 수가 있으면 중앙값은 한가운데 있는 수입니다.

- n개가 있으면 (n+1)/2로 가운데 수를 찾습니다.
- 수가 짝수 개면 가운데에 있는 두 수를 더한 다음 2로 나눕니다.

이 데이터프레임 한 열의 중앙값은 **median** 메소드로 확인할 수 있습니다.

```
df[['거래금액(만원)']].median()                    # 중앙값 확인
```
```
거래금액(만원)      45850.0
dtype: float64
```

최빈값 (mode)

가장 많이 나타나는 값의 개수를 최빈값이라고 합니다. 데이터프레임 한 열의 최빈값은 **median** 메소드로 확인할 수 있습니다.

```
df[['거래금액(만원)']].mode()                    # 가장 많은 빈도의 값 확인
```
```
     거래금액(만원)

0        60000
```

최빈값의 위치가 사분위수 중 어디에 있는지 알아보기 위해 먼저 분포된 값을 변수에 지정합니다.

```
x = df['거래금액(만원)']
bins = [.25,.5,.75]
```
```
m = df['거래금액(만원)'].mode()[0]
```
```
m
```
```
60000
```

넘파이 모듈의 **histogram** 함수를 사용하면 최빈값과 구간을 조회할 수 있습니다.

```
ns, _ = np.histogram(x, bins=bins)        # 거래금액 열에 대한 히스토그램
```
```
ns
```
```
array([0, 0])
```
```
m_bin = np.argmax(ns)
print("최빈값 = {}, 최빈구간 = {}~{}".format(m, bins[m_bin],
bins[m_bin + 1]))
```
```
최빈값 = 60000, 최빈구간 = 0.25~0.5
```

**평균, 중앙값, 최빈값을
그래프로 표시하기**

평균, 중앙값, 최빈값을 구하려면 실제 그래프상의 위치를 확인해
야 합니다. 3개의 위치가 같을 수도 있지만 대부분 다른 값을 가지
므로 위치가 다릅니다.

이번 그래프는 seaborn 모듈을 사용해 그릴 것이므로 이 모듈을
import합니다. 한글 처리는 앞에서 설명했습니다.

```
%matplotlib inline
```

```
import matplotlib.pyplot as plt      # 시각화 모듈 사용
import matplotlib as mpl
import seaborn as sns
```

데이터프레임에서 거래금액 열을 변수 x에 넣습니다. 이 변수의 평
균, 중앙값, 최빈값을 구합니다. 최빈값에서 첫 번째 행의 값을 색
인 연산으로 가져옵니다.

```
x = df['거래금액(만원)']
sample_mean = int(x.mean())
sample_median = x.median()
sample_mode = x.mode()[0]
```

히스토그램 그래프를 seaborn 모듈의 distplot 함수를 사용해
서 그립니다. 이 그래프는 히스토그램과 선 그래프 등을 같이 표시
합니다.

평균, 중앙값, 최빈값 위치를 그래프상에 수직선으로 그리기 위해
axvline 함수를 사용합니다. 평균은 검은색, 중앙값은 파란색, 최
빈값은 빨간색으로 표시합니다.

그래프를 그리기 위해서는 매개변수에 인자를 전달해야 합니다. 이
번에 사용하는 매개변수로 색상(c), 선 스타일(ls), 범례 표시(label)
를 지정합니다.

평균과 중앙값이 거의 유사해서 x축 범위를 xlim 함수로 확대 조정
해서 명확히 표시되도록 합니다.

```
sns.distplot(x)
plt.axvline(sample_mean, c='k', ls="-.", label="평균")
plt.axvline(sample_median, c='b', ls="--", label="중앙값")
plt.axvline(sample_mode, c='r', ls="-", label="최빈값")
plt.title("평균, 중앙값, 최빈값의 차이")
plt.xlabel("x")
plt.legend()
plt.xlim(0,175000)
plt.show()
```

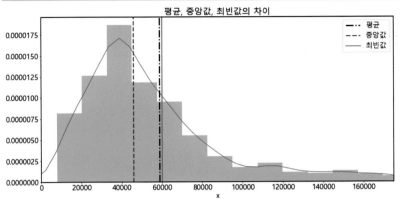

02 퍼진 정도 확인

데이터의 요약으로 중심값을 알아봤습니다. 중심위치에서 실제 데이터의 분포를 확인하는 것도 중요합니다. 이 퍼진 정도를 측정하는 방법을 알아봅니다.

예제 퍼진 정도 알아보기

중심값인 평균을 기준으로 어느 정도로 데이터가 분포되었는지 확인합니다.

분산
(Variance)

분산은 평균을 기준으로 데이터가 흩어진 정도를 나타냅니다. 산식은 모든 값을 평균으로 뺀 후 제곱 처리한 후에 합산합니다. 이것을 모든 원소의 개수로 나눠 분산을 구합니다.

$$var = \frac{1}{N}\sum_{i=1}^{N}(x_i - \mu)^2$$

앞에서 다룬 데이터프레임의 거래금액 열의 분산을 var 메소드를 사용해 구합니다.

```
df[['거래금액(만원)']].var()
```
```
거래금액(만원)    2.135098e+09
dtype: float64
```

표준편차
(standard deviation)

표준편차는 분산을 제곱근한 것입니다. 분산의 값이 너무 부풀려져서 이를 진제곱근해서 다시 크기를 축소합니다.

$$std = \sqrt{var}$$

표준편차는 std 메소드로 구합니다.

```
df[['거래금액(만원)']].std()
```

```
거래금액(만원)    46207.115723
dtype: float64
```

범위
(range)

범위는 상한값에서 하한값을 빼서 구합니다. 최솟값과 최댓값을 구해서 그 차이를 범위로 산정할 수 있습니다.

```
df[['거래금액(만원)']].min(), df[['거래금액(만원)']].max()
```

```
(거래금액(만원)    7700
 dtype: int64, 거래금액(만원)    630000
 dtype: int64)
```

최솟값을 확인하는 다른 방법은 데이터프레임의 **nsmallest** 메소드로 조회하는 겁니다.

```
df.nsmallest(3, ['거래금액(만원)'])                # 작은 거래 금액을 조회
```

	시군구	번지	본번	부번	단지명	전용면적(㎡)	계약년월	계약일	거래금액(만원)	층	건축년도	도로명
312	서울특별시 구로구 오류동	34-13	34	13	쎈앤빌	14.064	201902	1~10	7700	7	2014	경인로19가길
1120	서울특별시 중랑구 망우동	506-8	506	8	EG Soul Leader	13.420	201902	21~28	8900	6	2012	상봉로
265	서울특별시 구로구 구로동	797-19	797	19	(797-19)	35.580	201902	21~28	9000	1	1995	디지털로27라길

최댓값을 확인하기 위해 데이터프레임의 **nlargeest** 메소드로 조회합니다.

```
df.nlargest(3, ['거래금액(만원)'])                # 큰 거래금액을 조회
```

	시군구	번지	본번	부번	단지명	전용면적(㎡)	계약년월	계약일	거래금액(만원)	층	건축년도	도로명
1007	서울특별시 용산구 한남동	810	810	0	한남더힐	240.23	201902	1~10	630000	-2	2011	독서당로
740	서울특별시 성동구 성수동1가	685-6 96	685	696	갤러리아 포레	195.20	201902	21~28	319000	13	2011	서울숲2길
9	서울특별시 강남구 대치동	670	670	0	동부센트레빌	161.47	201902	11~20	310000	22	2005	선릉로

사분위수
(quartile)

사분위수는 측정값을 낮은 순에서 높은 순으로 정렬한 후에 4등분하는 것을 말합니다. 분위수는 **quantile** 메소드를 사용합니다. 사분위수는 25%, 50%, 75%에 해당하는 값을 리스트에 인자로 넣어 처리합니다.

```
df[['거래금액(만원)']].quantile([.25, .5, .75])
```

	거래금액(만원)
0.25	32000.0
0.50	45850.0
0.75	69000.0

사분위수는 박스 그래프로 그립니다. 점으로 표시된 것은 이상치
값의 분포를 나타냅니다. 이 그래프의 값 분포는 이상치 값이 넓게
분포한다는 것을 알 수 있습니다.

```
sns.boxplot(x=df[['거래금액(만원)']])                    # 박스 그래프 생성
```

<matplotlib.axes._subplots.AxesSubplot at 0x1a1f722978>

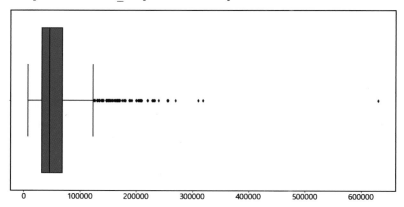

데이터프레임의 두 열을 가지고 박스 그래프를 그릴 때는 x, y 매개
변수에 열의 이름을 지정하고, 데이터는 data에 지정합니다. 두 박
스 그래프를 비교하면 1월보다 2월에 더 편차가 심한 거래가 발생
한 것을 알 수 있습니다.

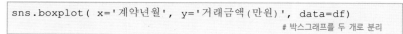

```
sns.boxplot( x='계약년월', y='거래금액(만원)', data=df)
                                        # 박스그래프를 두 개로 분리
```

<matplotlib.axes._subplots.AxesSubplot at 0x1a2132ad30>

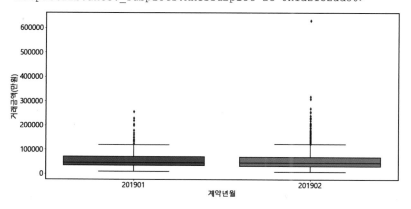

세 개의 열을 가지고 구분할 때는 hue에 범주형으로 분리할 수 있는

계약일 열을 더 전달합니다. 여러 색상을 지정하기 위해 **palette**에 인자를 문자열로 지정합니다. 이 그래프를 보면 이상치 값이 매번 발생한 것을 알 수 있습니다.

```
sns.boxplot(x='계약년월', y='전용면적(㎡)', hue="계약일",data=
df, palette="Set3")                    # 상자 그래프의 내용에 hue를 추가해서 세분화
```

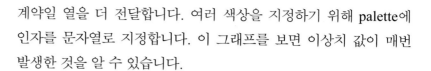

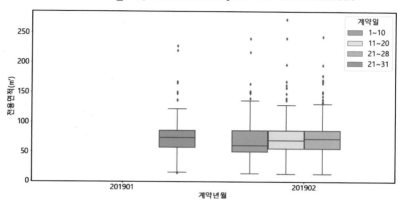

왜도와 첨도 왜도(skewness)는 평균과의 거리의 세 제곱을 이용해 구한 특정 값입니다. 보통 평균을 기준으로 그래프가 치우친 정도를 확인합니다.

첨도(kurtosis)는 평균과의 거리의 네 제곱을 이용해 구합니다. 주로 데이터가 중앙에 몰려있는 정도를 정밀하게 비교할 때 사용합니다. 데이터프레임에 있는 **skew**, **kurtosis** 메소드로 왜도와 첨도를 계산합니다.

```
df[['거래금액(만원)']].skew()                    # 평균에서 치우친 정도
```
```
거래금액(만원)    3.323032
dtype: float64
```

```
df[['거래금액(만원)']].kurtosis()                # 중앙값에 모인 정도
```
```
거래금액(만원)    23.694861
dtype: float64
```

평균과 왜도의 차이를 그래프로 확인하기 위해 두 변수에 할당합니다.

```
x = df['거래금액(만원)']
sample_mean = int(x.mean())
sample_skew = df[['거래금액(만원)']].skew()[0]
```

그래프를 그리고 평균과 왜도를 직선으로 그려서 평균에서 얼마나 벌어져 있는지 확인합니다. 양수이지만 평균에서 좌측으로 기울어져 있는 것을 알 수 있습니다. 실제 값이 금액의 차가 많아서 분포 그래프의 왜곡이 많은 것을 알 수 있습니다.

```
sns.distplot(x)
plt.axvline(sample_mean, c='k', ls="-.", label="평균")
plt.axvline(sample_skew , c='b', ls="-.", label="왜도")

plt.title("왜도, 평균의 차이")        # 선그래프와 히스토그램 생성
plt.xlabel("x")                      # 평균과 왜도를 직선으로 생성
plt.legend()
plt.show()
```

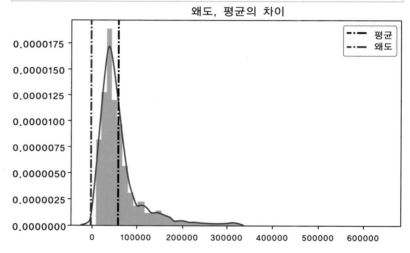

데이터를 로그로 변환해서 값을 정규화합니다. 실제 왜도가 평균보다 좌측에 있는지 명확히 확인해봅니다.

```
x = np.log10(df['거래금액(만원)'])
sample_mean = x.mean()
sample_skew = sp.stats.skew(df[['거래금액(만원)']])[0]
```

```
sample_mean,sample_skew
```

```
(4.673121395132599, 3.318747789590563)
```

다시 그래프를 그려서 평균과 왜도를 직선으로 표시해서 얼마나 차이가 생기는지 확인하면 명확히 평균보다 좌측에 더 많은 값이 분포한 것을 알 수 있습니다.

```
sns.distplot(x)
plt.axvline(sample_mean, c='k', ls="-.", label="평균")
plt.axvline(sample_skew , c='b', ls="-.", label="왜도")

plt.title("왜도, 평균의 차이")
plt.xlabel("x")
plt.legend()
plt.show()
```

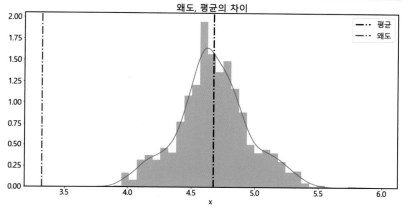

CHAPTER

13

공공 데이터

여러 나라에서 정부가 관리하는 데이터를 공개하고 다양한 데이터 분석에 사용할 수 있게 지원합니다. 그중에 한국의 공공 데이터 포털과 미국의 공공 데이터인 유가 정보를 가져와서 그 데이터가 어떤 의미인지 알아봅니다.

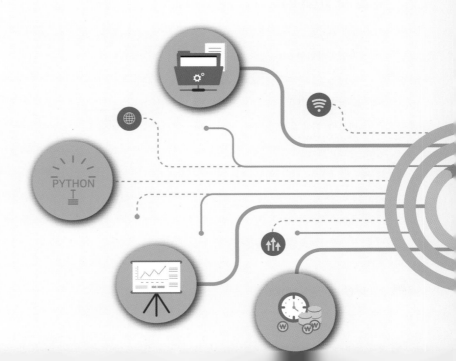

01 공공 데이터 분석

공공 데이터 포털(https://www.data.go.kr)에서 건강검진 데이터를 다운로드해서 기본적인 데이터를 전처리합니다. 이 데이터에서 키의 분포가 어떻게 되는지 확인해 봅니다.

 공공 데이터 정제

판다스 모듈에 **read_csv** 함수를 사용해서 파일을 읽어오면 데이터프레임 객체로 반환합니다. 이 데이터의 형상을 확인하면 행과 열의 개수를 알 수 있습니다.

```
df = pd.read_csv(r"./NHIS_OPEN_GJ_2014.m1.csv")
                              # 데이터를 내려받을 때 raw 문자열로 지정
```

```
df.shape                      # 데이터의 형상 확인
```
```
(232549, 31)
```

데이터프레임의 각 열의 자료형을 확인하면 정수나 실수가 기본으로 8바이트씩 처리된 것을 알 수 있습니다.

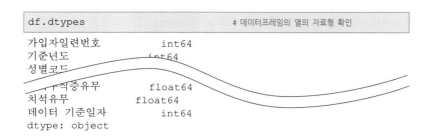

```
df.dtypes                     # 데이터프레임의 열의 자료형 확인
가입자일련번호          int64
기준년도               int64
성별코드
         직종유무          float64
치석유무               float64
데이터 기준일자          int64
dtype: object
```

**자료형 변경으로
메모리 절감하기**

정수는 int16으로 실수는 float32로 자료형을 변환합니다. 기존 정수나 실수는 8바이트 단위로 메모리를 사용했지만 변환된 후에는 정수는 2바이트, 실수는 4바이트가 되어 전체 메모리 사용이 절감됩니다.

```
for i in df.columns :                      # 자료형을 변환해서 메모리 사용량을 줄인다
    if df[i].dtype == np.int64 :
        df[i] = df[i].astype(np.int16)
    if df[i].dtype == np.float64 :
        df[i] = df[i].astype(np.float32)
```

데이터프레임의 열의 자료형을 확인하면 변경된 것을 알 수 있습니다.

```
df.dtypes                                  # 열의 자료형 확인

가입자일련번호              int16
기준년도                   int16
성별코드                   int16
연령대코
    검진 수검여부            int16
치아우식증유무              float32
치석유무                   float32
데이터 기준일자            int16
dtype: object
```

결측값 제거

데이터프레임의 각 열에 데이터가 없는 것을 `isna` 함수로 확인하면 데이터프레임 형상과 같게 논리값을 원소로 가진 데이터프레임이 만들어집니다. 결측값 개수를 `sum` 메소드로 확인합니다.

```
df_1 = df.isna()                           # 데이터 프레임의 결측값 확인
```

```
df_1.sum().sum()                           # 총 결측값을 sum 메소드로 확인
```
348148

결측값을 `fillna` 메소드로 일괄적으로 0으로 처리합니다. 결측값을 확인하면 없는 것을 알 수 있습니다.

```
df = df.fillna(0)                          # 모든 결측값을 0으로 처리
```

```
d = df.isna()
```

```
d.sum().sum()
```
0

특정 열만 처리

특정 열의 데이터를 가져오려면 팬시 검색에 열의 이름을 넣어서 조회합니다. 원본과 메모리를 공유하지 않기 위해 **copy** 메소드로 새로운 데이터프레임 객체를 만듭니다. 가져온 데이터프레임의 형상을 확인하면 열의 개수가 2개로 줄어든 것을 알 수 있습니다.

```
d_ = df [['성별코드','신장(5Cm단위)']].copy()
                                    # 팬시검색으로 두 개의 열을 읽고 복사
```

```
d_.shape
```
```
(232549, 2)
```

**특정 열을 추가해서
개수 확인하기**

전체 개수를 확인하기 위해 인덱서를 사용해서 열 추가하고 1을 할당합니다. 데이터프레임에 행의 레이블인 인덱스를 확인하고 열의 개수도 확인합니다.

```
d_.loc[:,"count"] = 1                    # count열 추가
```

```
d_.index
```
```
RangeIndex(start=0, stop=232549, step=1)
```

```
d_["count"].count()
```
```
232549
```

피벗 테이블 만들기

피벗 테이블이란 많은 양의 데이터에서 필요한 자료만을 뽑아 새롭게 표를 작성해 주는 기능입니다. 피벗 테이블을 사용하면 사용자 임의로 데이터를 정렬하고 필터링할 수 있습니다.

위 데이터프레임의 신장 열을 인덱스로 지정하고 성별 코드 열의 값을 새로운 열로 지정합니다. 실제 값은 count 열에 있는 것을 계산해서 넣습니다.

```
import numpy as np
```

```
d_c = pd.pivot_table(d_,  index=['신장(5Cm단위)'],
              # 피벗 테이블(인덱스는 신장, 열은 성별 코드 데이터는 count 계산은 합산 처리)
                     columns=['성별코드'], values="count"
                     , aggfunc= np.sum)
```

새로 만들어진 피벗 테이블을 head 메소드로 확인하면 5개의 행을 출력합니다. 출력된 것을 보면 결측값이 생긴 것을 볼 수 있습니다.

```
d_c.head()                              # 피벗 테이블 확인
```

성별코드 신장(5Cm단위)	1	2
130	NaN	3.0
135	NaN	61.0
140	4.0	433.0
145	6.0	2431.0
150	145.0	10544.0

← 신장과 성별의 데이터프레임 생성

결측값을 제거하기 위해 다시 fillna 메소드로 0값을 넣어 변경합니다.

```
d_c = d_c.fillna(0)                     # 결측값을 0으로 처리
```

```
d_c.head()
```

성별코드 신장(5Cm단위)	1	2
130	0.0	3.0
135	0.0	61.0
140	4.0	433.0
145	6.0	2431.0
150	145.0	10544.0

남성과 여성의 신장에 대한 사람의 수이므로 기술통계 메소드인 describe로 평균과 표준편차, 범위 등을 확인할 수 있습니다. 단순히 남성과 여성의 건강검진에 참여한 수를 알 수 있습니다. 표준편차가 큰 이유는 사람들의 키 분포가 평균과 표준편차의 차이가 크기 때문입니다.

```
d_c.describe()                          # 기술 통계량 확인
```

성별코드	1	2
count	14.000000	14.000000
mean	9238.214286	7372.428571
std	13480.772810	11283.678020
min	0.000000	0.000000
25%	33.250000	17.500000
50%	1176.500000	867.000000
75%	16419.000000	9819.250000
max	36888.000000	33263.000000

그래프로 시각화하기

그래프를 그리는 **matplotlib.pyplot** 모듈을 **import**합니다. 주 피터 노트북에 그래프가 표시되게 **%matplotlib inline** 명령어 를 실행합니다.

```
import matplotlib.pyplot as plt
%matplotlib inline
```

데이터의 범위를 사분위수로 보기 위해 **boxplot** 함수를 이용해서 박스 그래프를 그립니다.

```
plt.boxplot(d_c)              # 박스 그래프 생성
plt.show()
```

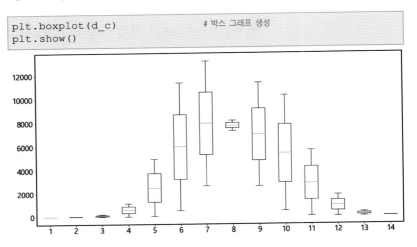

상자 그래프의 **x**축 좌표의 레이블을 키로 바꿔서 변환합니다. 키가 165cm일 때는 아주 조밀하게 모여있는 것을 볼 수 있습니다.

```
plt.boxplot(d_c)
plt.xticks([x+1 for x in range(0, d_c.index.shape[0] )],
[x for x in d_c.index])        # 신장에 대한 정보로 x축 레이블을 변경
plt.show()
```

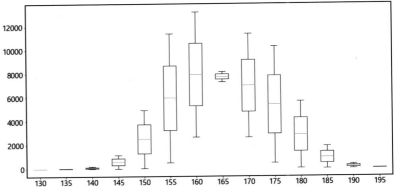

남성과 여성의 키 분포를 막대그래프로 그려 두 열의 키의 분포를 확인할 수 있습니다.

```
plt.bar(d_c.index, d_c[1], color='r',label='male')
plt.bar(d_c.index + 0.9, d_c[2],color='g',label='female')
plt.legend()                    # 남성과 여성으로 구분해서 막대그래프 생성
```

\<matplotlib.legend.Legend at 0x1cba90faf98>

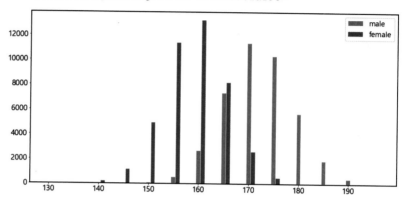

02 유가 데이터 분석

유가 정보(https://www.eia.gov)에 관한 공공 데이터를 가져와서 데이터를 분석해 봅니다.

예제 **유가 정보 데이터**

두 개의 유가 정보와 천연가스 가격 정보를 가져와서 가격 변동을 알아봅니다.

모듈 사용

데이터를 조회하고 시각화할 모듈을 `import`합니다.

```
import pandas as pd
import numpy as np

%matplotlib inline
import matplotlib.pyplot as plt
```

브렌트 유가 정보 데이터 읽어오기

미국 정부에서 공개하는 유가 정보는 엑셀(excel) 데이터로 제공됩니다. 판다스 모듈의 `read_excel` 함수로 데이터를 조회합니다.

직접 엑셀 데이터를 읽어오기 위해 사이트의 엑셀 데이터 경로를 문자열로 정의합니다. 엑셀 데이터는 페이지인 sheet 단위로 관리하므로 먼저 sheet_name을 지정합니다. 시트 내부의 필요 없는 2행을 제거하기 위해 **skiprows**를 사용해서 조회하는 대상에서 제외합니다. 또한, 열의 이름을 names에 지정해서 읽어오는 열의 이름을 확정합니다.

```
brent_df = pd.read_excel("https://www.eia.gov/dnav/pet/hist
_xls/RBRTEd.xls",                       # 인터넷 상의 엑셀 파일의 주소 입력
                    sheet_name="Data 1",    # 엑셀 내의 시트 지정
                    skiprows=2,         # 헤더에 불필요한 2개의 행 제거
                    names=['Date', 'Brent']) # 열의 이름 지정
```

데이터 확인

데이터프레임으로 저장된 내용을 확인하면 일자별로 가격이 표시된 것을 알 수 있습니다.

```
brent_df.head()
```

	Date	Brent
0	1987-05-20	18.63
1	1987-05-21	18.45
2	1987-05-22	18.55
3	1987-05-25	18.60
4	1987-05-26	18.63

데이터의 형상을 확인하면 8206행과 2개의 열을 가진 것을 알 수 있습니다.

```
brent_df.shape
```

```
(8206, 2)
```

두 열의 자료형을 확인하면 날짜 자료형과 실수형 자료형으로 구성된 것을 알 수 있습니다.

```
brent_df.columns
```

```
Index(['Date', 'Brent'], dtype='object')
```

```
brent_df.dtypes
```

```
Date        datetime64[ns]
Brent              float64
dtype: object
```

다른 유가 정보 가져오기

다른 경로에 저장된 유가 정보를 하나 더 읽어옵니다.

```
wti_df = pd.read_excel("https://www.eia.gov/dnav/pet/hist_
xls/RWTCd.xls",
                    sheet_name="Data 1",
                    skiprows=2,
                    names=['Date', 'WTI'])
```

데이터 형태 확인

읽어온 데이터는 항상 확인해야 합니다. 또한, 데이터의 건수를 확인하기 위해 형상도 조회해서 확인합니다.

```
wti_df.head()
```

	Date	WTI
0	1986-01-02	25.56
1	1986-01-03	26.00
2	1986-01-06	26.53
3	1986-01-07	25.85
4	1986-01-08	25.87

```
wti_df.shape
```

```
(8496, 2)
```

천연가스 가격 정보 확인   천연가스 정보도 엑셀로 제공하므로 이것도 조회합니다.

```
natural_df = pd.read_excel("https://www.eia.gov/dnav/ng/
hist_xls/RNGWHHDd.xls",
                            sheet_name="Data 1",s
                            kiprows=2,
                            names=['Date', 'GAS'])
```

```
natural_df.shape
```

```
(5707, 2)
```

데이터의 날짜 확인   데이터프레임의 **head**, **tail** 메소드로 앞과 뒤의 5건씩 조회하면 1997년부터 2019년까지 가격이 조회된 것을 알 수 있습니다.

```
natural_df.head()
```

	Date	GAS
0	1997-01-07	3.82
1	1997-01-08	3.80
2	1997-01-09	3.61
3	1997-01-10	3.92
4	1997-01-13	4.00

```
natural_df.tail()                              # 마지막 정보를 읽는다
```

	Date	GAS
5702	2019-09-10	2.67
5703	2019-09-11	2.63
5704	2019-09-12	2.62
5705	2019-09-13	2.61
5706	2019-09-16	2.75

데이터 비교를 위해 기준 일자 맞추기   천연가스 데이터는 1997년부터 자료를 공개하므로 브렌트 데이터에서 1997-01-07 이전의 데이터를 확인해서 건수를 확인합니다.

```
(brent_df['Date'] < natural_df.loc[0, 'Date']).sum()
                        # 두 데이터에 날자별 길이가 차이가 있어서 그 개수를 확인
```

2453

이 숫자로 1997-01-07 행부터 시작해서 나머지 행만 가진 다른 데이터프레임을 만듭니다.

```
brent_df_n = brent_df.loc[2453:]          # 동일한 날짜로 데이터를 다시
```

```
brent_df_n.head()
```

	Date	Brent
2453	1997-01-07	24.76
2454	1997-01-08	24.78
2455	1997-01-09	24.83
2456	1997-01-10	24.22
2457	1997-01-13	23.41

같은 방식으로 WTI 데이터도 확인합니다.

```
(wti_df['Date'] < natural_df.loc[0, 'Date']).sum()
```
2799

같은 방식으로 WTI 데이터도 다른 데이터프레임을 하나 만듭니다.

```
wti_df_n = wti_df.loc[2799:]
```

```
wti_df_n.head()
```

	Date	WTI
2799	1997-01-07	26.25
2800	1997-01-08	26.55
2801	1997-01-09	26.30
2802	1997-01-10	26.15
2803	1997-01-13	25.20

3개의 데이터 병합

3개의 데이터에는 날짜 열과 가격 열이 있습니다. 비교하기 전에 같은 기준인 1997년 이후 데이터로 병합하기 위해 빈 데이터프레임을 하나 만듭니다. 먼저 Date 열을 추가하고 그다음에 Brent 열을 추가합니다.

```
total_df = pd.DataFrame()                 # 새로운 데이터프레임 생성
```

```
total_df['Date'] = brent_df_n["Date"]     # 날짜 열 추가
```

```
total_df['Brent'] = brent_df_n["Brent"]   # 데이터 추가
```

같은 Date 키로 WTI 데이터와 천연가스 데이터를 `merge` 함수를 사용해서 열을 병합합니다. 병합하는 기준 열은 Date입니다. 같은 날짜에 맞춰 열이 추가됩니다.

```
total_df = pd.merge(total_df, wti_df_n, on='Date')
                                        # 동일한 날짜로 두 데이터프레임 통합
```

```
total_df = pd.merge(total_df, natural_df, on='Date')
```

새로 만들어진 데이터를 확인하면 4개의 열이 들어간 것을 확인할 수 있습니다.

```
total_df.head()                              # 3개의 데이터프레임을 하나로 통합
```

	Date	Brent	WTI	GAS
0	1997-01-07	24.76	26.25	3.82
1	1997-01-08	24.78	26.55	3.80
2	1997-01-09	24.83	26.30	3.61
3	1997-01-10	24.22	26.15	3.92
4	1997-01-13	23.41	25.20	4.00

```
total_df.tail
```

	Date	Brent	WTI	GAS
5635	2019-09-10	64.67	57.37	2.67
5636	2019-09-11	63.02	55.66	2.63
5637	2019-09-12	60.76	55.13	2.62
5638	2019-09-13	61.25	54.76	2.61
5639	2019-09-16	68.42	63.10	2.75

결측값 확인

통합된 데이터에 값이 없는 것을 `isna` 메소드로 확인한 후에 결측값이 발생한 개수를 `sum` 메소드로 계산합니다. 천연가스 데이터에 결측값이 하나 있는 것을 알 수 있습니다. 결측값을 0으로 처리하기 위해 `fillna` 메소드를 사용해서 결측값을 없앱니다.

```
total_df.isna().sum()
Date     0
Brent    0
WTI      0
GAS      1
dtype: int64
```

```
total_df = total_df.fillna(0)           # 하나의 결측값을 0으로 변경
```

```
total_df.isna().sum()
```

```
Date     0
Brent    0
WTI      0
GAS      0
dtype: int64
```

데이터의 경향 시각화

3개의 열에 대한 경향성 그래프를 그리기 전에 날짜 열을 `set_index` 메소드를 사용해서 행의 인덱스로 지정합니다.

```
total_df = total_df.set_index('Date')    # 날짜를 인덱스로 변환
```

가격 변동은 `plot.line` 메소드로 선 그래프를 그립니다. 날짜별로 가격의 변동 추이를 알 수 있습니다.

이 그래프를 보면 2008년에 유가가 최대 가격까지 오른 것을 알 수 있습니다. 유가와 달리 천연가스는 가격 변동 폭이 크지 않은 것도 알 수 있습니다.

```
total_df.plot.line()                      # 3개의 값을 선 그래프로 생성
```

```
<matplotlib.axes._subplots.AxesSubplot at 0x11f630b70>
```

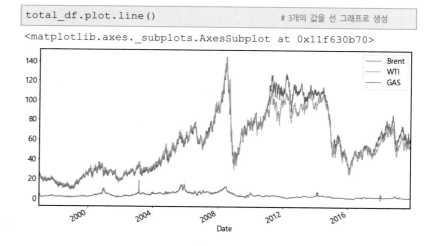

3개의 데이터의 가격 분포를 확인하기 위해 `plot.hist` 메소드로 히스토그램 그래프를 그려봅니다. 천연가스가 특정 가격대에 거래된 건수가 많은 것을 알 수 있습니다.

```
total_df.plot.hist(bins=100)              # 히스토그램으로 생성
```

```
<matplotlib.axes._subplots.AxesSubplot at 0x121818ac8>
```

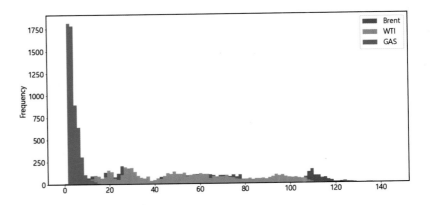

3개의 데이터의 가격 분포 상세히 알아보기

가격의 변화율을 `pct_change` 메소드로 확인하고 변화율의 히스토그램을 그리면 종 모양의 분포를 이루는 것을 알 수 있습니다. 특정 평균값과 0.05 편차 사이에서 대부분 가격 변화가 발생한 것을 알 수 있습니다.

```
total_df['WTI'].pct_change().plot.hist(bins=100)
                        # 가격 변화율에 대한 분포를 확인하면 정규분포
```

```
<matplotlib.axes._subplots.AxesSubplot at 0x11e139e10>
```

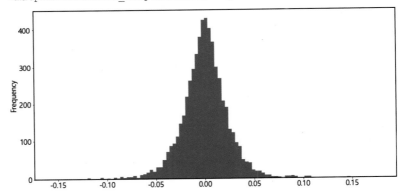

유가 변화율도 유사한 형태입니다.

```
total_df['Brent'].pct_change().plot.hist(bins=100)
```

```
<matplotlib.axes._subplots.AxesSubplot at 0x11f313b38>
```

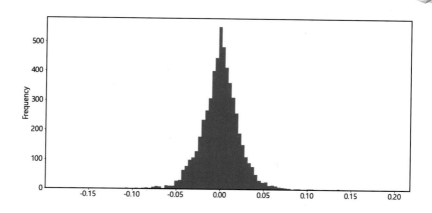

천연가스 가격 변화는 더 폭이 좁게 표시되는 것을 볼 수 있습니다.

```
total_df['GAS'].pct_change().replace([np.inf, -np.inf], 0)
.plot.hist(bins =100)    # 가격 변화율에 대한 분포를 확인하면 폭이 좁은 정규분포
```

```
<matplotlib.axes._subplots.AxesSubplot at 0x11f362470>
```

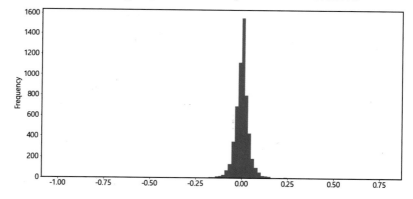

이번에는 특정 범위를 지정해서 가장 많은 빈도를 가진 히스토그램 그래프를 그려봅니다.

두 개의 유가정보는 빈도는 거의 유사합니다.

```
total_df['Brent'].pct_change().plot.hist(bins=100, range=[-0.05, 0.05])
                                                        # 특정 범위만 추출
```

<matplotlib.axes._subplots.AxesSubplot at 0x11f248e48>

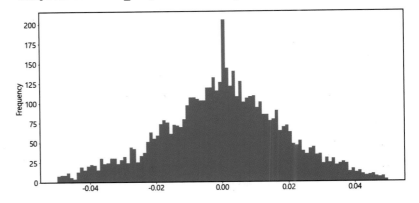

```
total_df['WTI'].pct_change().plot.hist(bins=100, range=[-0.05, 0.05])
```

<matplotlib.axes._subplots.AxesSubplot at 0x11e171e80>

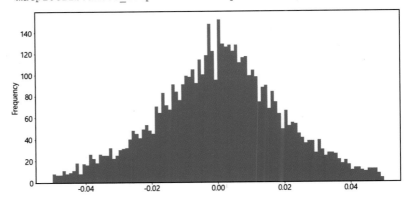

천연가스의 가격에 대한 빈도를 보면 가장 중앙에 있는 값이 다른 값이 가장 많이 발생한 것을 알 수 있습니다.

```
total_df['GAS'].pct_change().replace([np.inf, -np.inf], 0
).plot.hist(bins =100, range=[-0.05, 0.05])
```

```
<matplotlib.axes._subplots.AxesSubplot at 0x12afc02b0>
```

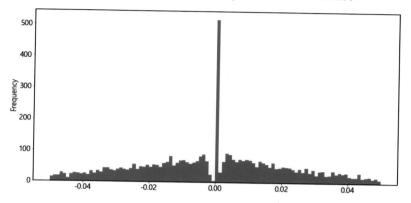

유가정보와 천연가스 정보의 기술 통계 정보를 확인합니다.

```
total_df.describe()                    # 기술 통계 확인
```

	Brent	WTI	GAS
count	5640.000000	5640.000000	5640.000000
mean	58.459255	56.264936	4.288592
std	32.558911	28.757071	2.191273
min	9.100000	10.820000	0.000000
25%	28.507500	30.120000	2.750000
50%	55.620000	53.150000	3.650000
75%	78.170000	77.682500	5.360000
max	143.950000	145.310000	18.480000

날짜를 년, 월, 일로 분리해서 별도의 열을 만듭니다.

```
total_df = total_df.reset_index()   # 특정 연도, 월, 주, 요일에 대한 처리를 위해
                                    인덱스 지정을 해제
```

```
total_df['year'] = total_df["Date"].dt.year      # 년도를 열로 추가
```

```
total_df['month'] = total_df["Date"].dt.month    # 월을 열로 추가
```

```
total_df['week'] = total_df["Date"].dt.week      # 주를 열로 추가
```

```
total_df['dayofweek'] = total_df["Date"].dt.dayofweek
```

```
total_df.head()
```

	Date	Brent	WTI	GAS	year	month	week	dayofweek
0	1997-01-07	24.76	26.25	3.82	1997	1	2	1
1	1997-01-08	24.78	26.55	3.80	1997	1	2	2
2	1997-01-09	24.83	26.30	3.61	1997	1	2	3
3	1997-01-10	24.22	26.15	3.92	1997	1	2	4
4	1997-01-13	23.41	25.20	4.00	1997	1	3	0

다시 **Date** 열을 인덱스로 지정하고 연도별로 가격의 평균 변화를
확인합니다.

유가는 많은 변동이 발생하지만 천연가스는 거의 균일한 가격을 유
지합니다

```
total_df = total_df.set_index('Date')          # 날짜를 인덱스로 선택
```

```
total_df.groupby('year')['Brent',"WTI", 'GAS'].mean().plot()
                                               # 연도별 평균으로 변화 확인
```

<matplotlib.axes._subplots.AxesSubplot at 0x11f52e0f0>

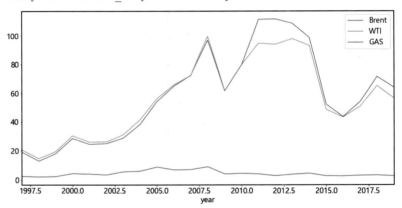

년도와 월 단위의 평균에 대한 추세를 확인하면 유가는 보다 많은
변화가 발생한 것을 알 수 있습니다.

```
total_df.groupby(['year','month'])['Brent',"WTI", 'GAS']
.mean().plot()                                 # 년도와 열의 평균으로 선 그래프 생성
```

<matplotlib.axes._subplots.AxesSubplot at 0x12b28c630>

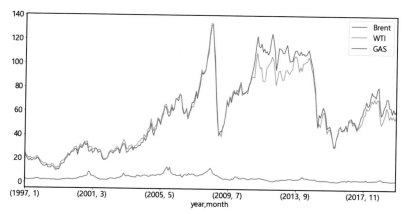

이번에는 주별로 가격 평균의 변화를 확인하면 월 평균가 거의 동일한 것을 알 수 있습니다. 유가의 변화는 특정 월 단위의 추세로 변화를 예측하는 것이 좋다는 것을 확인할 수 있습니다. 천연가스는 특별한 변화 추세가 없습니다.

```
total_df.groupby(['year', 'week'])['Brent',"WTI", 'GAS'].
mean().plot()                        # 년도와 주별로 가격의 변화 확인
```

<matplotlib.axes._subplots.AxesSubplot at 0x12b361a20>

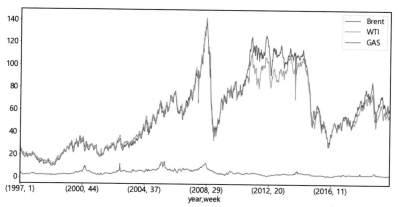

유가의 정보를 특정 년별로 각 월에 대한 비교를 위해 새로운 데이
터프레임으로 변경해 봅니다. 년을 열, 월을 행으로 하고 내부의 값
은 평균값을 넣은 피벗 테이블을 만듭니다.

```
pivot_wti = total_df.pivot_table(values='WTI',
                                 columns=['year'],
                                 index=['month'],
                                 aggfunc=np.mean)
                    # 월을 행, 년도를 열로 해서 평균가격으로 피벗 테이블 생성
```

```
pivot_wti[[*pivot_wti.columns[:5]]].head()    # 5년 치의 금액 확인
```

year	1997	1998	1999	2000	2001
month					
1	25.025000	16.724000	12.514737	27.259474	29.585714
2	22.169444	16.060000	12.013684	29.366000	29.609474
3	20.944737	15.115455	14.676522	29.754545	27.244545
4	19.695455	15.354000	17.331000	25.628333	27.490000
5	20.819048	14.857895	17.660000	28.928571	28.629091

피벗 테이블에서 2019년 열의 가격을 가져옵니다.

```
pivot_wti[2019].head()                        # 특정 년도만 확인
```
```
month
1    51.375714
2    54.954737
3    58.151429
4    63.862381
5    60.826818
Name: 2019, dtype: float64
```

이 피벗 테이블에 0번 인덱스에 12월의 행을 가져와서 1칸 이동하
고 결측값을 `fillna` 메소드로 처리합니다.

내부의 매개변수 method에 ffill을 전달해서 앞의 값을 결측값으로
처리합니다. 다시 index를 기준으로 정렬을 하고 5개의 열에 대해
서만 조회합니다.

```
pivot_wti.loc[0] = pivot_wti.loc[12, :].shift(1)
           # 변화율을 계산하기 위해 12월에 해당하는 것을 하나 더 이동해서 첫 번째 행에 추가
pivot_wti.fillna(method='ffill', inplace=True)
pivot_wti = pivot_wti.sort_index()       # 결측값은 전 값으로 대체
```

```
pivot_wti[[*pivot_wti.columns[:5]]].head()
```

year	1997	1998	1999	2000	2001
month					
0	18.339524	18.339524	11.335714	26.051579	28.512105
1	25.025000	16.724000	12.514737	27.259474	29.585714
2	22.169444	16.060000	12.013684	29.366000	29.609474
3	20.944737	15.115455	14.676522	29.754545	27.244545
4	19.695455	15.354000	17.331000	25.628333	27.490000

변화율은 `pct_change` 메소드로 구해서 다른 변수에 할당합니다. 그리고 변화율을 구할 때 사용한 0 인덱스를 삭제합니다.

```
wmc = pivot_wti.pct_change()          # 변화율을 구한다.
wmc = wmc.drop(wmc.index[0])          # 0번 행을 제거
```

```
wmc[[*wmc.columns[:5]]].head()          # 변화를 확인
```

year	1997	1998	1999	2000	2001
month					
1	0.364539	-0.088090	0.104010	0.046366	0.037654
2	-0.114108	-0.039703	-0.040037	0.077277	0.000803
3	-0.055243	-0.058814	0.221650	0.013231	-0.079871
4	-0.059647	0.015782	0.180866	-0.138675	0.009009
5	0.057048	-0.032311	0.018983	0.128773	0.041437

가격이 상승과 하락을 비교해서 빈 데이터프레임에 두 개의 열에 넣습니다. 그리고 이 합을 sum 열에 넣습니다.
계산된 결과를 확인하면 상승과 하락의 비율이 합의 1이 되는 것을 알 수 있습니다.

```
wmc_r_c = pd.DataFrame()                                              # 새로운 데이터프레임 생성
wmc_r_c['raise'] = wmc[wmc > 0].count(axis=1)/len(wmc.columns)
wmc_r_c['decline'] = wmc[wmc < 0].count(axis=1)/len(wmc.columns)
wmc_r_c['sum']   = wmc_r_c['raise']  + wmc_r_c['decline']
```

```
wmc_r_c
```

	raise	decline	sum
month			
1	0.782609	0.217391	1.000000
2	0.608696	0.391304	1.000000
3	0.652174	0.347826	1.000000
4	0.739130	0.260870	1.000000

5	0.608696	0.391304	1.000000
6	0.565217	0.434783	1.000000
7	0.695652	0.304348	1.000000
8	0.608696	0.391304	1.000000
9	0.565217	0.434783	1.000000
10	0.478261	0.478261	0.956522
11	0.391304	0.565217	0.956522
12	0.478261	0.478261	0.956522

이 상승과 하락의 비율을 막대 그래프로 그리면 유가는 주로 1월부터 9월까지 상승이 많습니다. 그런데 10월부터 12월까지는 상승과 하락 비율이 유사합니다.

```
wmc_r_c[['raise','decline']].plot.bar() # 오른 것과 내린 것을 막대그래프로 확인
```

```
<matplotlib.axes._subplots.AxesSubplot at 0x12b433400>
```

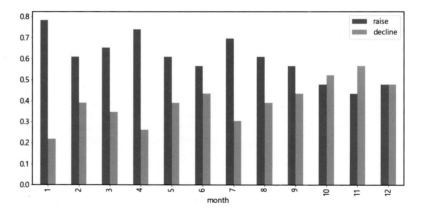

CHAPTER
14

금융 데이터

은행, 보험, 증권, 신용카드 등의 금융회사가 있지만, 데이터를 쉽게 가져올 수 있는 것은 주식 시장의 데이터입니다. 한국에서 만든 파이썬 모듈을 사용해서 주식 시장의 상장 기업과 주가 데이터로 데이터의 의미를 파악해봅니다.

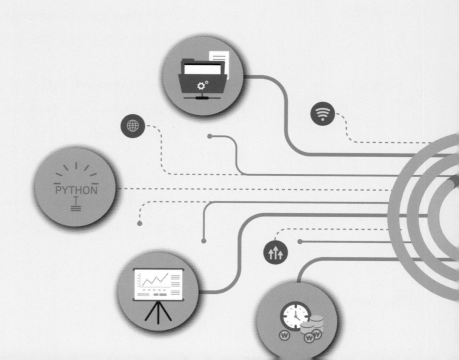

01 주식 데이터 분석

한국 주식 정보 데이터를 모듈 FinanceDataReader를 사용해 가져옵니다. 코스닥이나 코스피 상장 기업의 정보도 확인한 후에 특정 주식의 가격을 가져와 전처리를 해봅니다.

예제 모듈을 이용해 데이터 가져오기

다양한 데이터를 외부에서 가져올 수 있습니다. 파이썬에서 제공하는 모듈을 사용하면 바로 데이터프레임으로 변형됩니다. 이를 이용해서 데이터프레임의 함수나 메소드 등을 실행해 봅니다.

주식 데이터를 참조하는
모듈 확인

페이스북(https://www.facebook.com/financedata/)에서 확인하면 최신 버전 등을 깃허브(https://github.com/FinanceData)에 반영합니다. 오픈소스로 공개된 이 모듈을 사용해서 주식 데이터를 분석합니다.

모듈 설치

먼저 finance-datareader 모듈을 명령어를 사용해 설치합니다. shell에서는 pip install-U finance-datateader이고, 주피터 노트북 셀에서는 !pip install-U finance-datareader 입니다.

모듈 사용

이 모듈을 사용하려면 Finance-Datareader를 import해야 합니다. 모듈의 별칭을 fdr로 지정하고 버전도 확인해 봅니다.

```
import FinanceDataReader as fdr   # 주식 데이터를 가져오는 모듈 사용
```

```
fdr.__version__
```
```
'0.7.2'
```

한국 상장 기업 정보 가져오기

주식 시장에 상장된 기업 정보를 가져올 때는 **StockListing** 함수에 한국 증권거래소 코드인 **KRX**를 인자로 전달합니다.

```
df_krx = fdr.StockListing('KRX')                    # 한국 상장기업을 가져온다.
```

가져온 데이터는 데이터프레임으로 변환해서 저장한 것을 알 수 있습니다.

```
type(df_krx)
```
```
pandas.core.frame.DataFrame
```

데이터프레임 정보 확인

데이터프레임의 일부 정보를 확인하기 위해 **head**를 실행합니다. 5개의 행과 4개의 열 정보를 출력합니다.

```
df_krx.head()
```

	Symbol	Name	Sector	Industry
0	155660	DSR	1차 비철금속 제조업	합섬섬유로프
1	001250	GS글로벌	상품 종합 도매업	수출입업(시멘트,철강금속,전기전자,섬유,기계화학), ...
2	082740	HSD엔진	일반 목적용 기계 제조업	대형선박용엔진,내연발전엔진
3	001390	KG케미칼	기초 화학물질 제조업	콘크리트혼화제, 비료, 친환경농자재, 수처리제
4	011070	LG이노텍	전자부품 제조업	기타 전자부품 제조업

마지막 데이터프레임의 정보는 **tail** 메소드를 사용하면 마지막 5개를 조회할 수 있습니다.

```
df_krx.tail()
```

	Symbol	Name	Sector	Industry
2299	299480	지앤이헬스케어	기타 섬유제품 제조업	면생리대
2300	199800	툴젠	자연과학 및 공학 연구 개발업	유전자가위 (유전체 교정 도구) 및 이를 이용한...
2301	217880	틸론	소프트웨어 개발 및 공급업	Cloud Solution (D,A,E,Rstation)
2302	202960	판도라티비	소프트웨어 개발 및 공급업	판도라TV, KM 플레이어
2303	226610	한국비엔씨	의료용 기기 제조업	필러 등 메조테라피제품, 유착방지재, 콜라겐흡수성...

데이터프레임의 메타 정보 확인

데이터를 가져오면 항상 객체의 형상과 차원 그리고 개수를 확인해야 합니다.

```
df_krx.shape, df_krx.ndim, df_krx.size
```

```
((2304, 4), 2, 9216)
```

데이터프레임도 다차원 배열로 값을 저장합니다. 속성 `values`의 다차원 배열 각 행에 리스트 객체로 들어간 것을 볼 수 있습니다.

```
df_krx.values                                    # 다차원 배열로 데이터 관리
```

```
array([['155660', 'DSR', '1차 비철금속 제조업', '합섬섬유로프'],
       ['001250', 'GS글로벌', '상품 종합 도매업',
        '수출입업(시멘트, 철강금속, 전기전자, 섬유, 기계화학), 상품중개, 광업, 채석업/하수처
리 서비스/부동산 임대'],
       ['082740', 'HSD엔진', '일반 목적용 기계 제조업', '대형선박용엔진, 내연발전엔진'],
       ...,
       ['217880', '틸론', '소프트웨어 개발 및 공급업',
        'Cloud Solution (D,A,E,Rstation)'],
```

데이터프레임의 열 이름과 자료형 확인

데이터프레임의 열 이름은 `columns` 속성으로 확인할 수 있습니다. 열 정보는 `Index` 클래스의 객체로 만들어진 것을 확인할 수 있습니다.

열 이름과 열별로 어떤 자료형인지 확인하면 모든 열이 object 자료형으로 구성된 것을 알 수 있습니다. 열에 저장된 값이 모두 파이썬 문자열이라는 것을 나타냅니다.

```
df_krx.columns                                   # 열의 이름을 가져온다.
```

```
Index(['Symbol', 'Name', 'Sector', 'Industry'], dtype='object')
```

```
df_krx.dtypes                                    # 자료형 확인
```

```
Symbol      object
Name        object
Sector      object
Industry    object
dtype: object
```

더 세부적인 열 정보를 확인하기 위해서는 `info` 메소드를 실행해서 내부 정보를 확인합니다. 데이터프레임의 Industry 열의 개수가 다른 열보다 작아서 결측값이 있는 것을 알 수 있습니다.

```
df_krx.info()
```

```
<class 'pandas.core.frame.DataFrame'>
RangeIndex: 2304 entries, 0 to 2303
Data columns (total 4 columns):
Symbol      2304 non-null object
Name        2304 non-null object
```

```
Sector       2304 non-null object
Industry     2283 non-null object
dtypes: object(4)
memory usage: 72.1+ KB
```

데이터프레임의 결측값 없애기

결측값이 있는 열을 확인해서 어떤 데이터에 결측값이 있는지 알아보겠습니다. 결측값이 있는지 isna 메소드로 확인합니다. 내부 데이터의 모든 열에 결측값이 발생하면 True, 정상값은 False를 표시합니다. 이 중에 Industry 열의 값을 새로운 열 isnan에 추가합니다.

```
df_krx['isnan'] = df_krx.isna()['Industry']
                                    # 결측값 여부를 확인하고 열에 추가
```

기존 데이터프레임에 새로운 열이 추가됐는지 확인하려면 head 메소드를 실행해서 행 5개를 확인합니다.

```
df_krx.head()
```

	Symbol	Name	Sector	Industry	isnan
0	155660	DSR	1차 비철금속 제조업	합섬섬유로프	False
1	001250	GS글로벌	상품 종합 도매업	수출입업(시멘트,철강금속,전기전자,섬유,기계화학)...	False
2	082740	HSD엔진	일반 목적용 기계 제조업	대형선박용엔진,내연발전엔진	False
3	001390	KG케미칼	기초 화학물질 제조업	콘크리트혼화제, 비료, 친환경농자재, 수처리제	False
4	011070	LG이노텍	전자부품 제조업	기타 전자부품 제조업	False

결측값만 추출하기 위해 검색연산자에 isnan 열에 True 값이 있는 것만 추출해 별도의 변수 d에 저장합니다. 결측값의 개수를 확인하기 위해 데이터프레임의 형상을 확인하면 22개 행이 있는 것을 알 수 있습니다.

```
d = df_krx[df_krx['isnan'] == True]    # 결측값이 있는 것만 가져온다.
```

```
d.shape
```

```
(21, 5)
```

내부 정보는 head 메소드로 행의 정보를 확인합니다.

```
d.head()
```

	Symbol	Name	Sector	Industry	isnan
80	168490	한국패러럴	신탁업 및 집합투자업	NaN	True
276	191600	티케이씨	전자부품 제조업	NaN	True
303	102260	동성코퍼레이션	회사 본부 및 경영 컨설팅 서비스업	NaN	True

381	297570	IBKS제9호스팩	금융 지원 서비스업	NaN	True
630	102280	쌍방울	봉제의복 제조업	NaN	True

결측값 수정

Industry 열에 NaN을 임의의 값으로 수정하지 않고 Sector 열의 정보로 갱신해서 결측값을 변경합니다.

넘파이 모듈의 `where` 함수를 이용해 isnan 열이 True일 때는 Sector 열을 처리하고, False일 때는 Industry 값으로 갱신하게 했습니다.

```
import numpy as np                                    # 넘파이 모듈 사용
```

```
df_krx['Industry'] =  np.where(df_krx['isnan'] == True,
df_krx['Sector'], df_krx['Industry'])
                                # 삼항연산인 where 함수를 사용해서 industry 열 추가
```

이 데이터프레임의 결측값을 가진 82번 행을 조회하면 결측값이 사라진 것을 알 수 있습니다.

```
df_krx.loc[82]                        # 결측값이 처리된 것을 확인
```
```
Symbol          128940
Name             한미약품
Sector       의약품 제조업
Industry           의약품
isnan            False
Name: 82, dtype: object
```

Industry 열에 결측값이 있는지 `isna` 메소드로 확인을 한 후에 `sum` 메소드로 불리안 값을 합산하면 0가 나옵니다. 파이썬은 True는 1, False는 0의 값을 가지므로 `sum` 메소드를 실행하면 True 값이 발생한 개수를 알 수 있습니다.

```
df_krx['Industry'].isna().sum()
```
```
0
```

결측값이 처리되었으므로 `del` 예약어를 이용해서 isnan 열을 삭제했고 `head` 메소드로 최종 결과를 확인하면 isnan 열이 없는 것을 볼 수 있습니다.

```
del df_krx['isnan']                   # 열 삭제
```

```
df_krx.head()
```

	Symbol	Name	Sector	Industry
0	155660	DSR	1차 비철금속 제조업	합섬섬유로프
1	001250	GS글로벌	상품 종합 도매업	수출입업(시멘트,철강금속,전기전자,섬유,기계화학)...
2	082740	HSD엔진	일반 목적용 기계 제조업	대형선박용엔진,내연발전엔진
3	001390	KG케미칼	기초 화학물질 제조업	콘크리트혼화제, 비료, 친환경농자재, 수처리제
4	011070	LG이노텍	전자부품 제조업	기타 전자부품 제조업

특정 회사를 조회하려면 6자리 숫자로 된 종목 코드를 사용해야 합니다. 삼성전자의 종목 코드는 005930입니다. 조회할 시작 연도와 종료 연도를 문자열로 전달해서 주식가격의 정보를 가져옵니다.

주식가격의 자료는 행 인덱스에는 날짜 그리고 시초가(Open), 최고가(High), 최저가(low), 종가(Close), 거래량(Volume), 가격 변화율(Change) 열을 가진 데이터프레임입니다.

```
df_005930 = fdr.DataReader('005930', '2018','2019')
                                              # 특정 코드로 주식 가격을 가져온다.
```

```
df_005930.head()                    # 주식에 대한 5개 정보를 조회
```

Date	Open	High	Low	Close	Volume	Change
2018-01-02	51380	51400	50780	51020	169485	0.001177
2018-01-03	52540	52560	51420	51620	200270	0.011760
2018-01-04	52120	52180	50640	51080	233909	-0.010461
2018-01-05	51300	52120	51200	52120	189623	0.020360
2018-01-08	52400	52520	51500	52020	167673	-0.001919

이 주식 종목의 기술통계 값을 확인합니다. 최솟값이 0이라는 것은 주식 시장은 열렸지만, 거래가 없었던 날입니다.

```
df_005930.describe()                  # 기술 통계를 계산
```

	Open	High	Low	Close	Volume	Change
count	244.000000	244.000000	244.000000	244.000000	2.440000e+02	244.000000
mean	46216.147541	46699.627049	45690.122951	46830.122951	7.767970e+06	-0.000985
std	6211.325438	6260.034968	6087.189644	3452.522485	7.354287e+06	0.016883
min	0.000000	0.000000	0.000000	38250.000000	0.000000e+00	-0.048565
25%	44447.500000	44887.500000	44000.000000	44700.000000	3.153292e+05	-0.011149
50%	46755.000000	47175.000000	46250.000000	46850.000000	8.268154e+06	0.000000
75%	49612.500000	50185.000000	49080.000000	49627.500000	1.168827e+07	0.008765
max	53380.000000	54140.000000	52440.000000	53000.000000	6.349111e+07	0.047450

종가(Close)를 기준으로 히스토그램을 그려봅니다. 그래프가 들어갈 figure와 axes를 subplots 함수로 만듭니다. 모듈 seaborn에 있는 displot 함수를 사용해서 그래프를 그립니다. 범례에 붙일 레

이블은 종가의 왜도를 skew 메소드의 값으로 넣고 그래프를 그립니다. 범례가 그래프에 표시하려면 legend 함수를 실행해야 합니다. 또한, 그래프를 표시하는 매개변수 ax에는 변수 ax를 전달해서 앞에서 생성한 axes 객체에 그래프를 넣습니다.

```
fig, ax = plt.subplots(1, 1, figsize=(8, 8))
g = sns.distplot(df_005930['Close'], color='b',
                 label='Skewness : {:.2f}'.format(df_005930
['Close'].skew()),                     # 주식 종가로 디스플랏 그래프 생성
                 ax=ax)
g = g.legend(loc='best')
```

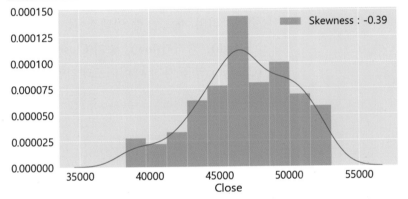

이번에는 SK하이닉스(000660)를 조회합니다.

```
df_000660 = fdr.DataReader('000660', '2018','2019')
```

SK하이닉스의 주식가격의 기술통계를 확인합니다.

```
df_000660.describe()
```

	Open	High	Low	Close	Volume	Change
count	244.000000	244.000000	244.000000	244.000000	2.440000e+02	244.000000
mean	78567.622951	79562.295082	77417.213115	78449.180328	3.814150e+06	-0.000708
std	8163.215250	8162.519258	8052.841869	8123.448212	1.558810e+06	0.022570
min	58200.000000	59400.000000	58100.000000	58600.000000	1.489091e+06	-0.070535
25%	72200.000000	73275.000000	71125.000000	72125.000000	2.694338e+06	-0.014834
50%	78800.000000	79700.000000	77750.000000	78750.000000	3.362270e+06	0.000000
75%	85000.000000	86025.000000	83625.000000	84525.000000	4.684567e+06	0.012152
max	95300.000000	97700.000000	94600.000000	95300.000000	1.037892e+07	0.069585

삼성전자와 같은 그래프를 그립니다.

```
fig, ax = plt.subplots(1, 1, figsize=(8, 8))
g = sns.distplot(df_000660['Close'],
                 color='b',
                 label='Skewness : {:.2f}'.format(df_000660
['Close'].skew()),
                 ax=ax)
g = g.legend(loc='best')
plt.show()
```

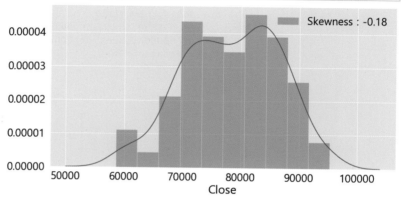

삼성전자와 SK하이닉스의 선 그래프 plot 메소드를 실행해서 하나의 axes에 전달하면 두 그래프가 같이 나옵니다. 선 그래프의 특징은 시간에 대한 가격 변동을 확인할 수 있습니다.

```
fig, ax = plt.subplots(1, 1)
ax = df_005930['Close'].plot(figsize=(12, 8))
ax = df_000660['Close'].plot(figsize=(12, 8))
plt.show()          # 두 그래프의 종가로 선그래프를 그리면 금액이 차이가 발생
```

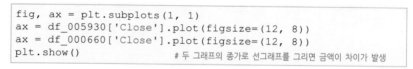

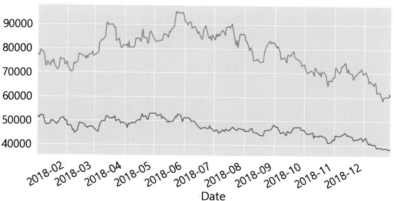

거래량을 비교하기 위해 두 개를 하나의 그래프에 plot 함수로 그립니다. x축 좌표에 날짜를 출력하기 위해 xticks 함수의 rotation

매개변수에 70을 지정하고 글자 표시를 회전시킵니다.

이번 그래프는 **figure** 함수로 생성합니다. 메소드 **add_subplot**으로 axes 객체를 생성합니다. 이 함수에 연속적인 수 111을 넣어서 하나의 그래프만 만듭니다.

```
fig = plt.figure(figsize=(12, 5))      # 두 그래프의 거래량으로 그래프 생성
ax = fig.add_subplot(111)
plt.plot(df_005930.index,df_005930['Volume'],label="삼성전자")
plt.plot(df_000660.index,df_000660['Volume'],label="하이닉스")
plt.xticks(rotation=70)
plt.legend(loc='best')
plt.show()
```

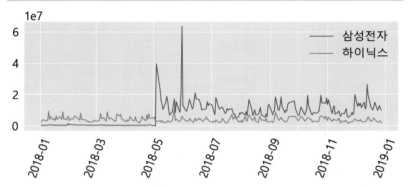

삼성전자의 종가를 **cumax** 메소드로 누적된 값 중에 가장 큰 값을 기준으로 주식의 추세를 확인할 수 있습니다.

```
df_cummax_005930 = df_005930['Close'].cummax()
```

```
df_cummax_005930.plot(figsize=(12, 5))
```

```
<matplotlib.axes._subplots.AxesSubplot at 0x1a1e600c9e8>
```

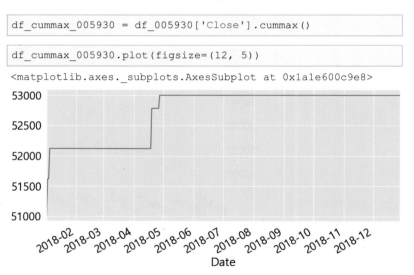

누적 최댓값과 종가의 그래프를 하나의 **axes**에 처리하면 최댓값이 발생한 이후에 주식가격이 많이 내린 것을 볼 수 있습니다.

```
ax1=plt.subplot(1, 1, 1)                    # 누적 종가에 대한 선그래프 생성
df_cummax_005930.plot(ax=ax1)               # 종가에 대한 선 그래프 생성
df_005930['Close'].plot(figsize=(12, 5), ax=ax1)
```

<matplotlib.axes._subplots.AxesSubplot at 0x1a1e86ac2e8>

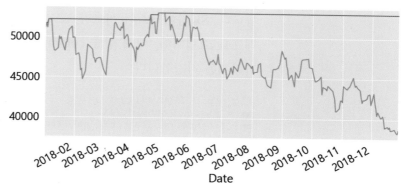

다른 종목의 누적 최댓값을 만듭니다.

```
df_cummax_000660 = df_000660['Close'].cummax()
                                # 종가에 대한 누넉금액을 가져온다.
```

누적 최댓값과 종가의 추세선을 같이 그리면 특정 극소 최댓값이 나온 이후에 하락하다가 가격이 오른 것도 보여줍니다. 최댓값 이후에 종가가 많이 빠진 것을 볼 수 있습니다.

```
ax1=plt.subplot(1, 1, 1)

df_cummax_000660.plot(ax=ax1)
df_000660['Close'].plot(figsize=(12, 5), ax=ax1)
```

<matplotlib.axes._subplots.AxesSubplot at 0x1a1e8717198>

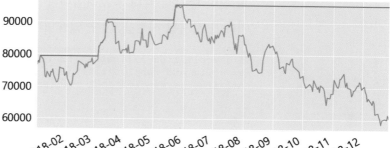

캔들 차트 만들기

주식가격의 캔들 차트를 만들기 위해 캔들 차트를 지원하는 모듈을 import합니다.

```
import mpl_finance            # 캔들차트를 그리기 위해서 모듈을 사용
```

이 모듈의 candlestick2_ohlc 함수를 사용해서 캔들 차트를 만듭니다. SK하이닉스의 시초가, 고가, 저가, 종가 열을 전달해서 그래프를 그립니다. 이때 상승 colorup은 빨간색, 하강 colordown은 파란색을 지정합니다.

```
fig = plt.figure(figsize=(12, 8))
ax = fig.add_subplot(111)
mpl_finance.candlestick2_ohlc(ax, df_000660['Open'],   # 시가
                                  df_000660['High'],   # 고가
                                  df_000660['Low'],    # 저가
                                  df_000660['Close'],  # 종가
                                  width=1.5, colorup='r',
                                  colordown='b')

plt.show()
```

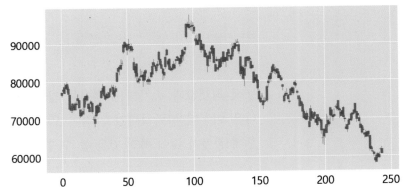

삼성전자도 같은 방법으로 캔들 차트를 만듭니다. 하이닉스와 다르게 진한 빨간색 막대가 그려집니다. 주식 분할로 가격 조정이 될 때 거래가 정지된 시점을 알 수 있습니다.

```
fig = plt.figure(figsize=(12, 8))   # 캔들차트를 그리면 특정 시점에 큰 막대가
ax = fig.add_subplot(111)               그려지는 것을 볼 수 있다
mpl_finance.candlestick2_ohlc(ax, df_005930['Open'],
                                  df_005930['High'],
                                  df_005930['Low'],
                                  df_005930['Close'],
                                  width=1.5, colorup='r',
                                  colordown='b')

plt.show()
```

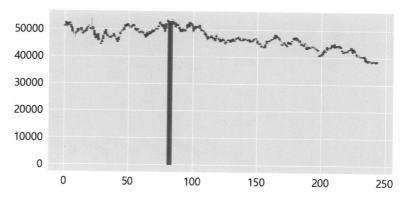

이동 평균 계산

종가를 기준으로 특정 기간을 나타내는 window를 지정해 계산하는 rolling 메소드를 사용합니다. 특정 기간을 window에 지정하면 이 기간 단위로 묶어서 특정 계산을 처리합니다.

주식에서 주로 사용하는 이동 평균을 계산해서 데이터프레임 열 20d, 60d, 120d 즉 20, 60, 120일 단위의 이동 평균값을 구합니다. 소수점 이하의 자리를 절사하기 위해 round 함수도 사용합니다.

```
df_000660['20d'] = np.round(df_000660["Close"].rolling(
window=20).mean(),2)                          # 이동평균 계산
```

```
df_000660['60d'] = np.round(df_000660["Close"].rolling(
window= 60).mean(),2)
```

```
df_000660['120d'] = np.round(df_000660["Close"].rolling(
window=120).mean(),2)
```

이동 평균의 가격 차를 확인하기 위해 20일에서 120일의 이동 평균을 뺍니다. 또한, 20일에서 60을 빼서 두 개의 열을 더 추가합니다.

```
df_000660['20-120'] = df_000660['20d'] - df_000660['120d']
```

```
df_000660['20-60'] = df_000660['20d'] - df_000660['60d']
```

팬시 검색으로 4개의 열인 종가, 20일, 60일, 120일 이동 평균을 하나의 데이터프레임으로 정의한 후에 그래프를 그립니다.

```
df_000660[['Close','20d','60d','120d']].plot(figsize=(20,5))
                          # 종가와 평균에 대한 선 그래프 생성
<matplotlib.axes._subplots.AxesSubplot at 0x1a1e869f9e8>
```

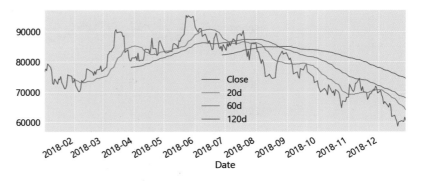

매매구간 알아보기

특정 매매구간을 확인하기 위해 차이의 값을 65로 지정해서 이 값보다 크면 1이고 아니면 0을 지정합니다. 또한, 값이 –sd보다 작으면 –1이고, 크면 매매구간의 값을 할당합니다.

```
SD = 65
```

```
df_000660['매매구간'] = np.where(df_000660['20-120']> SD,1,0)
                                              # 매매구간 지정
```

```
df_000660['매매구간'] = np.where(df_000660['20-120'] < -SD,
-1, df_000660['매매구간'])
```

이 열의 그래프를 그리면 0과 –1 사이의 그래프가 나옵니다.

```
df_000660['매매구간'].plot(lw=1.5)
<matplotlib.axes._subplots.AxesSubplot at 0x1a1e84743c8>
```

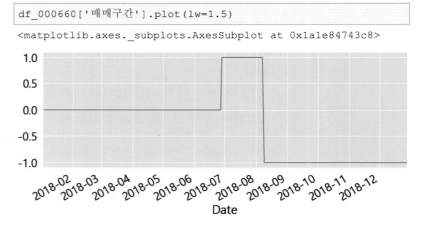

이동 평균을 종가의 최고 가격으로 나눠서 선 그래프를 그리고 매매구간 열도 선 그래프를 그립니다. 2018년부터 빠지는 것을 알 수 있습니다. 이때 이후로 주식가격 하락이 발생한다는 것을 알 수 있습니다.

```
fig = plt.figure(figsize=(12, 8))
ax3 = fig.add_subplot(111)
(df_000660['120d']/df_005930['Close'].max()).plot(ax=ax3)
(df_000660['60d']/df_005930['Close'].max()).plot(ax=ax3)
(df_000660['20d']/df_005930['Close'].max()).plot(ax=ax3)
df_000660['매매구간'].plot( ax=ax3)
plt.legend()                    # 이동평균과 매매구간을 하나의 그래프로 생성
```

<matplotlib.legend.Legend at 0x1a1e6190208>

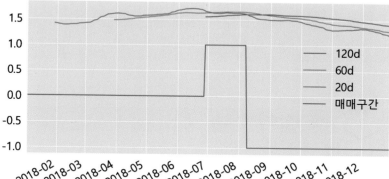

02 환율, 지수 등 금융 데이터 분석

환율, 암호화폐, ETF, 주가지수 등 다양한 금융 데이터 정보를 가져오는 방법을 알아봅니다.

예제 1 환율과 암호화폐 조회

환율

환율정보를 가져오는 DataReader에 2개의 인자(환율 부호와 가져올 연도)를 전달해야 합니다.

부호에는 USD/KRW(달러당 원 환율), USD/EUR(달러당 유로 환율), USD/JPY(달러당 엔 환율), CNY/KRW(위안당 원 환율), EUR/USD(유로당 달러 환율), USD/JPY(달러당 엔 환율), JPY/KRW(엔당 원화 환율) 등이 있습니다.

먼저 달러당 원 환율을 2001년부터 조회합니다.

```
import FinanceDataReader as fdr  # 금융정보를 조회하는 모듈 사용
df_USDKRW = fdr.DataReader('USD/KRW','2001')
                            # 미국 달러와 원화 거래에 대한 정보를 가져온다.
```

이 데이터프레임부터 가져온 것을 알 수 있습니다.

열의 정보는 Close(장 마감 가격), Open(개장 가격), High(최고 가격), Low(최저 가격), Change(전일 가격의 변동 폭)입니다.

```
df_USDKRW.head()
```

	Close	Open	High	Low	Change
Date					
2001-01-02	1278.0	1261.0	1281.0	1259.0	0.0103
2001-01-03	1270.5	1278.0	1292.5	1270.5	-0.0059
2001-01-04	1263.3	1270.5	1270.5	1241.0	-0.0057
2001-01-05	1262.5	1263.3	1275.0	1258.0	-0.0006
2001-01-08	1263.3	1265.3	1268.3	1260.3	0.0006

마지막 데이터를 확인하면 2019년 9월까지의 환율 데이터를 확인
할 수 있습니다.

```
df_USDKRW.tail()
```

Date	Close	Open	High	Low	Change
2019-09-16	1185.02	1181.80	1186.60	1181.80	0.0045
2019-09-17	1187.62	1185.02	1191.70	1183.79	0.0022
2019-09-18	1191.73	1187.62	1195.07	1187.04	0.0035
2019-09-19	1195.35	1191.78	1198.00	1190.50	0.0030
2019-09-20	1194.13	1195.35	1196.30	1187.40	-0.0010

이 환율정보의 추세를 알아보기 위해 장 마감 가격을 기준으로
plot 메소드를 사용해서 환율 변동에 대한 추세선을 그립니다.
환율 최고점은 2008년 금융위기 이후에 1500원대까지 치솟은 것
을 확인할 수 있습니다. 이 그래프를 보면 달러당 원 환율은 주로
1000원에서 1200원을 유지하는 것을 볼 수 있습니다.

```
df_USDKRW['Close'].plot(figsize=(16,8))
```

```
<matplotlib.axes._subplots.AxesSubplot at 0x192ae269208>
```

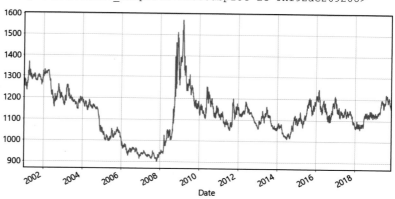

암호화폐

암호화폐의 원화 가격은 빗썸(https://www.bithumb.com)을 기준으로
가져옵니다. 부호는 BTC/KRW(비트코인 원 가격), ETH/KRW(이더
리움 원 가격), XRP/KRW(리플 원 가격), BCH/KRW(비트코인 캐시
원 가격), EOS/KRW(이오스 원 가격), LTC/KRW(라이트코인 원 가
격), XLM/KRW(스텔라 원 가격) 등을 조회할 수 있습니다.
데이터를 검색하는 방식은 주식처럼 부호를 넣고, 시작 연도를 지

정해서 조회합니다. 장 마감 금액을 기준으로 선 그래프를 그립니다. 이 그래프를 보면 2018년 1월 이후 급격히 떨어졌다가 2019년 7월부터 다시 상승하는 것을 볼 수 있습니다.

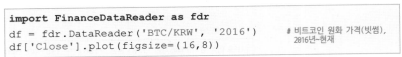

```
import FinanceDataReader as fdr
df = fdr.DataReader('BTC/KRW', '2016')          # 비트코인 원화 가격(빗썸),
df['Close'].plot(figsize=(16,8))                  2016년~현재
```

```
<matplotlib.axes._subplots.AxesSubplot at 0x192ad42c160>
```

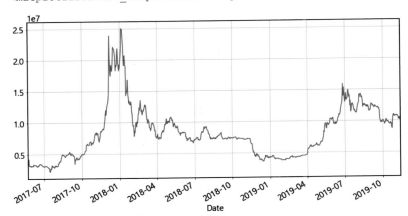

예제 2 주가지수 종목 확인

한국과 미국의 주가지수 종목은 어떤 것이 있는지 알아봅니다.

한국 주가지수 종목

주가지수 종목 리스트는 **EtrListing** 함수로 조회할 수 있습니다. 한국에서 만든 모듈이므로 한국 코드를 입력하지 않아도 조회할 수 있습니다.

```
df_etf_kr = fdr.EtfListing('KR')                # 'KR' 생략가능
```

```
df_etf_kr.head()
```

	Symbol	Name
0	069500	KODEX 200
1	102110	TIGER 200
2	122630	KODEX 레버리지
3	153130	KODEX 단기채권
4	148020	KBSTAR 200

```
df_etf_kr.shape
```

```
(442, 2)
```

주가지수 종목을 선택해 가격 변동을 조회합니다.

```
df_kodex = fdr.DataReader('069500', '2019-01-01')
```

```
df_kodex.head()
```

Date	Open	High	Low	Close	Volume	Change
2019-01-02	26285	26324	25700	25785	4795980	-0.011652
2019-01-03	25779	25809	25505	25535	5649255	-0.009696
2019-01-04	25524	25764	25455	25731	10281475	0.007676
2019-01-07	26054	26290	26039	26099	5700324	0.014302
2019-01-08	26108	26186	25912	25927	4670564	-0.006590

종가를 기준으로 가격 추세를 선 그래프로 알아봅니다. 그래프 크
기가 너무 크지 않게 **figsize**를 튜플로 지정해서 처리했습니다.

```
df_kodex['Close'].plot(figsize=(16,8))
```

```
<matplotlib.axes._subplots.AxesSubplot at 0x192ad4b5940>
```

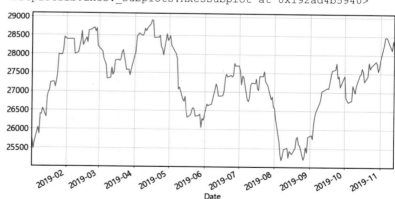

미국 주가지수 정보

미국 주가지수 목록을 조회합니다.

```
df_etf_us = fdr.EtfListing('US')
```

```
df_etf_us.head()
```

	Symbol	Name
0	EEM	iShares MSCI EM
1	XLF	Financial Select Sector SPDR Fund
2	SPY	SPDR S&P 500

| 3 | GDX | VanEck Vectors Gold Miners |
| 4 | EFA | iShares MSCI Eafe Index Fund |

```
df_etf_us.shape
```

```
(1000, 2)
```

가장 많이 사용하는 S&P500 지수를 조회합니다.

```
df_snp = fdr.DataReader('SPY', '2019-01-01', '2019-06-30')
```

```
df_snp.head()
```

Date	Close	Open	High	Low	Volume	Change
2019-01-01	249.92	249.92	249.92	249.92	0.0	0.0000
2019-01-02	250.18	245.98	251.21	245.95	126930000.0	0.0010
2019-01-03	244.21	248.23	248.57	243.67	144140000.0	-0.0239
2019-01-04	252.39	247.59	253.11	247.17	142630000.0	0.0335
2019-01-05	252.39	252.39	252.39	252.39	0.0	0.0000

이 지수의 종가를 기준으로 지표를 조회하면 2018년 이후에 급속히 빠졌다가 최근에 다시 상승하는 것을 확인할 수 있습니다.

```
df_snp['Close'].plot(figsize=(16,5))
plt.show()
```

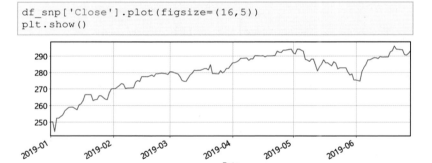

03 한국의 주식 시가총액 분석

한국의 주식 시가총액 정보와 프로그램을 다운로드합니다. 오픈소스로 공개된 깃허브 주소는 https://github.com/FinanceData/marcap입니다. 참고할 메뉴얼의 주소는 https://nbviewer.jupyter.org/github/FinanceData/marcap/blob/master/marcap-tutorial.ipyn입니다.

예제 1 한국의 주식 시가총액 데이터

주식 수와 주가를 곱한 값을 시가총액으로 매일 관리합니다. 상장 주식의 시가총액 변동을 알아봅니다.

데이터 다운로드 깃허브(https://github.com/FinanceData/marcap)에서 다운로드 버튼을 눌러 데이터와 파이썬 모듈을 받습니다. 현재 시가총액(marcap) 데이터 세트는 1995년 5월 2일부터 2019년 4월 30일까지 24년간 일자별, 17개 칼럼, 1천만 건의 데이터입니다. 압축하지 않은 상태에서 1.3G 분량입니다.

다운로드한 데이터의 디렉터리 이름을 marcap으로 수정해 주피터 노트북을 작업하는 디렉터리로 이동합니다.

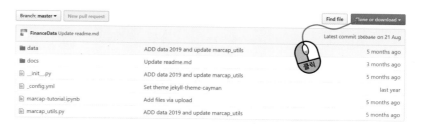

디렉터리 내부를 확인하면 데이터는 **data** 디렉터리에 연도별로 압축한 **csv** 파일이 들어있는 것을 볼 수 있습니다.

데이터를 검색하는 함수

marcap에서는 특정 일자와 특정 일자의 범위를 지정해서 조회하는 두 개의 함수를 제공합니다.

```
from marcap import marcap_date, marcap_date_range
                                # 주가총액 데이터를 가져오는 모듈 사용
```

특정 일자의 시가총액은 **marcap_date** 함수에 특정 일자를 문자열로 작성해서 조회합니다.

```
df = marcap_date('2019-05-02')          # 2019년 5월 2일 데이터를 가져온다.
```

조회한 데이터프레임의 열의 이름을 조회합니다.

```
df.columns
```

```
Index(['Code', 'Name', 'Open', 'High', 'Low', 'Close', 'Volume', 'Amount',
       'Changes', 'ChagesRatio', 'Marcap', 'Stocks', 'MarcapRatio',
       'ForeignShares', 'ForeignRatio', 'Rank'],
      dtype='object')
```

데이터프레임의 형상을 확인합니다. 또한, 행의 인덱스 정보가 유일한지 확인하면 특정 일자만 조회된 것을 알 수 있습니다.

```
df.shape
```

```
(2275, 16)
```

```
df.index.unique()
```

```
DatetimeIndex(['2019-05-02'], dtype='datetime64[ns]', name='Date', freq=None)
```

16개의 열 중에 팬시 검색으로 3개의 열을 지정해 조회합니다.

```
df.head()[['Code', 'Name', 'Rank']]    # 특정 열 3개만 검색
```

Date	Code	Name	Rank
2019-05-02	005930	삼성전자	1.0
2019-05-02	000660	SK하이닉스	2.0
2019-05-02	005935	삼성전자우	3.0
2019-05-02	005380	현대차	4.0
2019-05-02	068270	셀트리온	5.0

특정 일자의 범위 즉 1년간을 조회할 때는 **marcap_date_range** 함수에 시작일과 종료일을 문자열로 넣고 데이터를 조회해서 데이터프레임으로 만듭니다.

```
df_ = marcap_date_range('2018-01-01', '2018-12-31')
```

```
df_.head()[['Code', 'Name', 'Rank']]
```

Date	Code	Name	Rank
2018-01-02	005930	삼성전자	1.0
2018-01-02	000660	SK하이닉스	2.0
2018-01-02	005935	삼성전자우	3.0
2018-01-02	005380	현대차	4.0
2018-01-02	005490	POSCO	5.0

위에서는 전체 주식가격만 조회했지만, 한 기업만 선택해서 조회할 수도 있습니다. 이때는 시작일과 종료일 다음에 주식 코드를 넣어 실행하면 됩니다. 삼성전자(005930) 주식가격만 나온 데이터프레임이 만들어집니다.

```
df_005930 = marcap_date_range('2018-01-01', '2018-12-31',
'005930')                                    # 특정 주식만 읽어온다.
```

```
df_005930.head()[['Code', 'Name', 'Rank']]
```

Date	Code	Name	Rank
2018-01-02	005930	삼성전자	1.0
2018-01-03	005930	삼성전자	1.0
2018-01-04	005930	삼성전자	1.0
2018-01-05	005930	삼성전자	1.0
2018-01-08	005930	삼성전자	1.0

```
df_005930['Rank'].value_counts()
```

```
1.0    241
Name: Rank, dtype: int64
```

24년간의 데이터를 데이터프레임으로 읽어옵니다.

```
df_24year = marcap_date_range('1995-05-02', '2019-04-30')
                                              # 특정 일자로 정보를 가져온다.
```

```
df_24year.head()[['Code', 'Name', 'Rank']]
```

Date	Code	Name	Rank
1995-05-02	015760	한국전력공사	1.0
1995-05-02	005930	삼성전자	2.0
1995-05-02	005490	포항종합제철	3.0
1995-05-02	000200	대우중공업	4.0
1995-05-02	002610	엘지전자	5.0

저장된 압축파일을 판다스 모듈에서 직접 읽어올 수도 있습니다.

```
import pandas as pd                    # 특정 파일의 정보를 직접 읽어온다.
df = pd.read_csv('marcap/data/marcap-2018.csv.gz',
                dtype={'Code':str}, parse_dates=['Date'])
df.head(5)[['Code', 'Name', 'Rank']]
```

	Code	Name	Rank
0	005930	삼성전자	1
1	000660	SK하이닉스	2
2	005935	삼성전자우	3
3	005380	현대차	4
4	005490	POSCO	5

특정 종목 분석

특정 종목 코드를 넣어서 24년간의 데이터를 읽어옵니다.

```
df_24year_096770 = marcap_date_range('1995-05-02',
                                      '2019-04-30',
      # 특정 종목의 장기 데이터를 읽어온다.        '096770')
```

열이 많으므로 3개의 열을 팬시 검색으로 조회합니다.

```
df_24year_096770 .head()[['Code', 'Name', 'Rank']]
```

Date	Code	Name	Rank
2007-07-25	096770	SK에너지	11.0
2007-07-26	096770	SK에너지	12.0
2007-07-27	096770	SK에너지	12.0
2007-07-30	096770	SK에너지	12.0
2007-07-31	096770	SK에너지	12.0

이번에는 Rank와 Marcap 열에서 순위와 시가총액을 확인합니다.

```
df_24year_096770 .head()[['Code', 'Name', 'Rank','Marcap']]
                                          # 시장가치 금액 조회
```

Date	Code	Name	Rank	Marcap
2007-07-25	096770	SK에너지	11.0	1.548781e+13
2007-07-26	096770	SK에너지	12.0	1.370602e+13
2007-07-27	096770	SK에너지	12.0	1.352328e+13
2007-07-30	096770	SK에너지	12.0	1.439133e+13
2007-07-31	096770	SK에너지	12.0	1.434564e+13

시가총액에 대한 기술통계를 확인합니다. 숫자가 커서 지수의 제곱으로 표시된 것을 알 수 있습니다.

```
df_24year_096770['Marcap'].describe()
```

```
count    2.908000e+03
mean     1.338646e+13
std      3.582748e+12
min      4.498450e+12
25%      1.041303e+13
50%      1.359244e+13
75%      1.590408e+13
max      2.348625e+13
Name: Marcap, dtype: float64
```

**데이터의 의미를
그래프로 확인**

24년간의 데이터를 데이터프레임으로 만들어봤습니다. 데이터프레임에서 제공하는 plot 그래프로 가격 변동과 시가총액 변동이 어떤 기준으로 처리되는지 확인해 봅니다.

먼저 시가총액의 선 그래프를 그려봅니다.

```
df_24year_096770[['Marcap']].plot()
```
```
<matplotlib.axes._subplots.AxesSubplot at 0x13a2c015630>
```

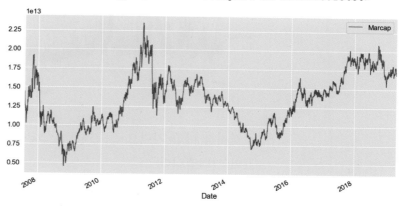

시가총액의 히스토그램 그래프를 그려보면 정규분포를 따르지 않습니다.

```
df_24year_096770['Marcap'].plot(kind='hist', bins=100)
                                    # 시가총액을 히스토그램 그래프 생성
```

<matplotlib.axes._subplots.AxesSubplot at 0x13a2c015f28>

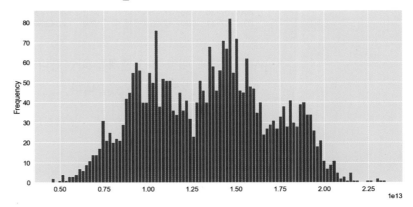

거래량의 편차가 심해서 선 그래프를 그렸지만, 막대그래프처럼 보입니다.

```
df_24year_096770[['Volume']].plot()
```

<matplotlib.axes._subplots.AxesSubplot at 0x13a16588390>

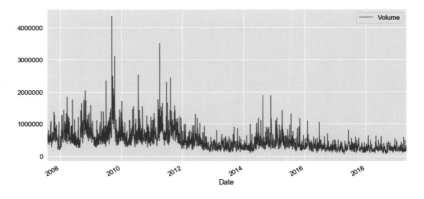

주식시장 마감 가격으로 그래프를 그리면 시가총액과 유사한 그래프가 그려집니다.

```
df_24year_096770[['Close']].plot()
```

<matplotlib.axes._subplots.AxesSubplot at 0x13a176baf60>

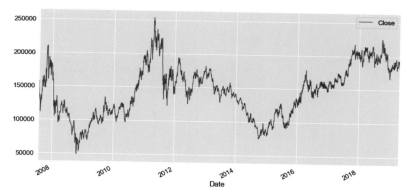

시가총액 변동 알아보기

이 주식의 시가총액 평균을 알아보면 17위에서 18위 사이입니다. 최솟값과 최댓값으로 조회하면 가장 높았던 순위와 가장 낮았던 순위를 확인할 수 있습니다. 평균 순위와 차이가 많은 것을 알 수 있습니다.

```
df_24year_096770['Rank'].mean()        # 시가총액 순위의 평균 확인
17.85075653370014
```

```
df_24year_096770['Rank'].min(), df_24year_096770['Rank'].max()
                                # 시가총액 순위의 최솟값과 최댓값을 구한다.
(7.0, 38.0)
```

하위 순위로 떨어진 일자와 최고 순위일 때의 일자를 확인합니다.

```
df_24year_096770['Rank'][ df_24year_096770['Rank'] == 38 ]
                                        # 시가총액이 가장 낮았을 때 확인
Date
2014-10-01    38.0
2014-10-02    38.0
2014-10-06    38.0
2014-10-07    38.0
2014-10-08    38.0
2014-10-10    38.0
2014-10-22    38.0
2014-10-23    38.0
2015-01-06    38.0
Name: Rank, dtype: float64
```

```
df_24year_096770['Rank'][ df_24year_096770['Rank'] == 7 ]
                                        # 시가총액이 가장 높았을 때 확인
Date
2007-10-26    7.0
2007-10-29    7.0
2007-10-30    7.0
2007-10-31    7.0
Name: Rank, dtype: float64
```

PYTHON 한권으로 Python

이 순위 열만으로 순위의 범주를 **value_counts** 메소드로 확인해
봅니다.

```
df_24year_096770['Rank'].value_counts().head()
                                    # 시가총액의 순위 발생 건수를 확인
```

```
18.0    355
19.0    318
16.0    284
13.0    244
17.0    219
Name: Rank, dtype: int64
```

```
df_24year_096770['Rank'].value_counts().tail()
```

```
36.0    9
8.0     8
28.0    8
37.0    7
7.0     4
Name: Rank, dtype: int64
```

시가총액이 빠졌던 시기를
유가 정보에서 확인

유가 정보를 읽어오고 결측값을 0으로 처리합니다. 날짜를 인덱스
로 만듭니다.

```
wti_df = pd.read_excel("https://www.eia.gov/dnav/pet/hist_
xls/RWTCd.xls",
                    sheet_name="Data 1",
                    skiprows=2,
                    names=['Date', 'WTI'])  # 석유가격 정보를 읽는다.
```

```
wti_df = wti_df.fillna(0)
```

```
wti_df = wti_df.set_index("Date")
```

2006년부터 유가 그래프를 그리면 2014년에 급격하게 유가가 빠
집니다. 이때 이 회사의 주식가격도 급격히 내려갑니다. 주식가격
은 기업의 상황이 그 업종의 경제 상황과 같이 움직이는 것을 알 수
있습니다.

```
wti_df.iloc[5000:, ].plot()                # 시가총액의 선 그래프 생성
```

```
<matplotlib.axes._subplots.AxesSubplot at 0x13a1c785518>
```

338 CHAPTER **14** 금융 데이터

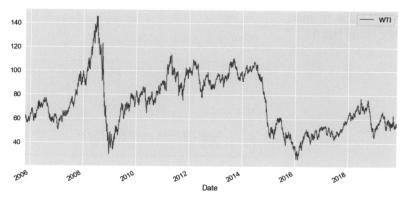

 특정 주식의 시장 참여 비율 알아보기

5개의 주식 종목으로 외국인 지분과 시가총액의 변동을 알아봅니다.

5개 종목을 지정하고 데이터 읽어오기

딕셔너리에 키는 주식 종목 코드, 값은 주식명을 넣습니다.

```python
fav_stocks = {
    '005930': '삼성전자',
    '005380': '현대차',
    '015760': '한국전력',
    '005490': 'POSCO',
    '105560': 'KB금융',
}
```

24년 데이터에서 종목 코드에 해당하는 것만 추출해서 다른 변수에 할당합니다. 저장된 데이터를 확인하면 해당 종목만 추출합니다.

```python
df_stocks = df_24year[df_24year['Code'].isin(fav_stocks.keys())]
df_stocks[df_stocks.columns[:5]].head()   # 특정 5개 업체의 시가총액 조회
```

Date	Code	Name	Close	Changes	ChagesRatio
1995-05-02	015760	한국전력공사	27400.0	-400.0	-1.4
1995-05-02	005930	삼성전자	119500.0	-1000.0	-0.8
1995-05-02	005490	포항종합제철	65500.0	-300.0	-0.5
1995-05-02	005380	현대자동차	46200.0	-300.0	-0.6
1995-05-03	015760	한국전력공사	29000.0	1600.0	5.8

```python
df_stocks.shape
```

```
(26984, 16)
```

**외국인 지분을 처리하는
피벗 테이블 만들기**

이 5개의 종목 코드를 열로 하고 외국인 지분을 값으로 하는 피벗 테이블을 하나 만듭니다.

```
pivoted = df_stocks.pivot_table(index='Date',
                                columns='Code',
                                values='ForeignRatio')
pivoted.tail(10)                   # 외국인 지분을 확인하기 위해 피벗 테이블로 변경
```

Code Date	005380	005490	005930	015760	105560
2019-04-17	44.62	55.07	57.25	28.18	66.96
2019-04-18	44.70	55.09	57.20	28.16	67.00
2019-04-19	44.71	54.96	57.16	28.12	67.00
2019-04-22	44.71	54.94	57.19	28.08	67.01
2019-04-23	44.74	54.93	57.21	28.08	67.08
2019-04-24	44.75	54.92	57.24	28.07	67.14
2019-04-25	44.75	54.95	57.22	28.04	67.15
2019-04-26	44.77	54.92	57.24	28.00	67.25
2019-04-29	44.79	54.87	57.25	27.92	67.26
2019-04-30	44.83	54.92	57.32	27.86	67.37

외국인 지분율의 변화 추세를 확인합니다.

```
pivoted.plot()                     # 외국인 지분율 변화 확인
```
```
<matplotlib.axes._subplots.AxesSubplot at 0x13a1c6f04a8>
```

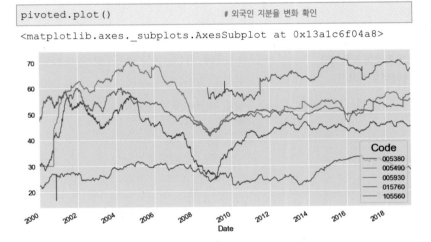

경고메시지를 처리하지 않기 위해서 설정합니다.

```
import warnings
warnings.filterwarnings(action='ignore')
```

종목 코드로 확인하려면 종목 이름이 없어서 혼란스럽습니다. 피벗 테이블의 열 이름을 rename 메소드를 사용해서 한글 이름으로 변경합니다.
국민은행은 중간쯤부터 그래프에 표시되는 것을 알 수 있습니다.

```
pivoted.rename(columns=fav_stocks, inplace=True)
pivoted.plot()
```

```
<matplotlib.axes._subplots.AxesSubplot at 0x13a10b17d68>
```

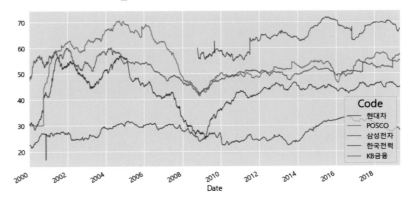

시가총액에 따른 시장 점유율 확인

```
marcap_ratio = df_stocks.pivot_table(index='Date',
                                     columns='Code',
                                     values='MarcapRatio')

marcap_ratio = marcap_ratio['2001-06-11':]
marcap_ratio.rename(columns=fav_stocks, inplace=True)
marcap_ratio.tail(5)
```

Code Date	현대차	POSCO	삼성전자	한국전력	KB금융
2019-04-24	1.71	1.31	15.48	1.05	1.10
2019-04-25	1.72	1.32	15.53	1.04	1.11
2019-04-26	1.70	1.30	15.69	1.05	1.11
2019-04-29	1.71	1.29	15.89	1.06	1.12
2019-04-30	1.71	1.29	15.85	1.05	1.12

날짜 행의 정보 조회

행의 레이블이 날짜입니다. 인덱서 `loc`를 사용해서 하나의 행을 조회할 때는 날짜를 문자열로 입력해 조회합니다.

```
marcap_ratio.loc['2019-04-30']
```

```
Code
현대차        1.71
POSCO      1.29
삼성전자      15.85
한국전력       1.05
KB금융       1.12
Name: 2019-04-30 00:00:00, dtype: float64
```

문자열로 날짜 정보를 넣어도 조회할 수 있습니다.

```
marcap_ratio.loc['November 1, 2016']
```

```
Code
현대차      2.11
POSCO     1.40
삼성전자    15.70
한국전력     2.14
KB금융      1.18
Name: 2016-11-01 00:00:00, dtype: float64
```

```
marcap_ratio.loc['2016-Nov-1']
```

```
Code
현대차      2.11
POSCO     1.40
삼성전자    15.70
한국전력     2.14
KB금융      1.18
Name: 2016-11-01 00:00:00, dtype: float64
```

특정 월의 정보를 가져올 때는 문자열에 연도와 월의 정보를 지정
할 수 있습니다.

```
marcap_ratio.loc['2016-11'].head()
```

Code Date	현대차	POSCO	삼성전자	한국전력	KB금융
2016-11-01	2.11	1.40	15.70	2.14	1.18
2016-11-02	2.11	1.40	15.87	2.16	1.18
2016-11-03	2.06	1.42	15.57	2.14	1.17
2016-11-04	2.05	1.42	15.68	2.08	1.16
2016-11-07	2.05	1.44	15.66	2.00	1.16

특정 연도는 문자열에 연도를 지정하면 조회할 수 있습니다.

```
marcap_ratio.loc['2016'].head()
```

Code Date	현대차	POSCO	삼성전자	한국전력	KB금융
2016-01-04	2.23	1.01	12.50	2.26	0.88
2016-01-05	2.21	1.03	12.45	2.28	0.88
2016-01-06	2.16	1.03	12.13	2.29	0.88
2016-01-07	2.15	1.01	12.14	2.29	0.88
2016-01-08	2.12	1.01	12.15	2.26	0.87

슬라이스로 검색으로 날짜 정보를 지정해 가져올 수 있습니다. 특
정 시간까지도 슬라이스 검색할 수 있습니다.

```
marcap_ratio.loc['2017-11-02' : '2017-12-01'].head()
```

Code Date	현대차	POSCO	삼성전자	한국전력	KB금융
2017-11-02	1.85	1.48	19.45	1.29	1.30
2017-11-03	1.86	1.49	19.05	1.32	1.31
2017-11-06	1.83	1.46	19.08	1.30	1.27
2017-11-07	1.79	1.48	19.01	1.29	1.27
2017-11-08	1.79	1.44	19.16	1.29	1.26

```
marcap_ratio.loc['2017-11-02 23:00' : '2017-12-01'].count()
```

```
Code
현대차      21
POSCO     21
삼성전자     21
한국전력     21
KB금융      21
dtype: int64
```

그래프를 사용해 시가총액 확인

특정 일자를 지정해 시가총액 데이터를 가져온 후에 pie 그래프를 사용해서 그래프를 그립니다.

```
marcap_ratio.loc['2019-04-30'].plot.pie()
```

```
<matplotlib.axes._subplots.AxesSubplot at 0x13a09155588>
```

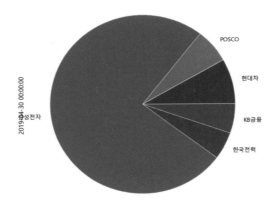

칼럼 명을 4개 지정해서 4개의 선 그래프만 그릴 수도 있습니다. 삼성전자와 나머지 회사들이 차지하는 비중이 달라서 4개의 업체만 비교해 본 것입니다.

```
cols = ['현대차', 'POSCO', '한국전력', 'KB금융']
marcap_ratio[cols].plot()
```

```
<matplotlib.axes._subplots.AxesSubplot at 0x13a0a7fb550>
```

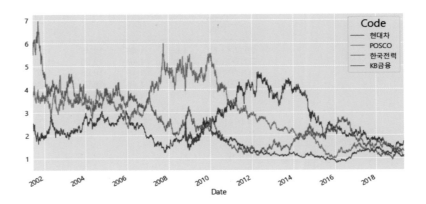

특정 주기로 데이터를 모아 처리하기

특정 주기로 데이터를 모아 처리할 때는 resample 함수를 사용합니다. 날짜에 맞게 그룹화되는 것을 알 수 있습니다. 다시 묶인 기준으로 mean 메소드를 실행해서 월평균 값을 기준으로 보여주는 것입니다. 마지막 열의 KB금융은 데이터가 없어서 결측값을 표시합니다. KB금융의 상장된 시기가 달라서 이전 데이터가 없어서 결측값으로 처리되는 것을 알 수 있습니다.

```
marcap_ratio.resample('M').mean().head()   # 특정 월 단위의 평균을 구한다.
```

Code Date	현대차	POSCO	삼성전자	한국전력	KB금융
2001-06-30	2.336667	3.731333	11.759333	5.678000	NaN
2001-07-31	2.263810	3.859524	11.378095	5.983333	NaN
2001-08-31	1.932273	3.576818	11.958636	5.940455	NaN
2001-09-30	1.896500	3.708500	11.794000	6.427500	NaN
2001-10-31	1.872000	3.543500	11.048000	5.981000	NaN

연을 기준으로 처리할 때는 Y나 A를 지정해서 가져올 수 있습니다.

```
marcap_ratio.resample('Y').mean().head()
```

Code Date	현대차	POSCO	삼성전자	한국전력	KB금융
2001-12-31	2.025180	3.665324	11.869281	5.752446	NaN
2002-12-31	2.223033	3.401434	15.044508	4.018730	NaN
2003-12-31	2.229555	3.545870	17.342713	3.942389	NaN
2004-12-31	2.659478	3.572008	17.530241	3.328072	NaN
2005-12-31	2.669920	3.228153	14.493012	3.680522	NaN

문자열을 A로 지정해도 위에서 처리한 것과 같은 것을 알 수 있습니다.

```
marcap_ratio.resample('A').mean().head()  # 연도 말 기준으로 평균을 구한다.
```

Code Date	현대차	POSCO	삼성전자	한국전력	KB금융
2001-12-31	2.025180	3.665324	11.869281	5.752446	NaN
2002-12-31	2.223033	3.401434	15.044508	4.018730	NaN
2003-12-31	2.229555	3.545870	17.342713	3.942389	NaN
2004-12-31	2.659478	3.572008	17.530241	3.328072	NaN
2005-12-31	2.669920	3.228153	14.493012	3.680522	NaN

월 단위 비율을 그래프로 그립니다.

```
df_plot = marcap_ratio.resample('M').mean()
df_plot.plot()                                    # 월 평균을 기준으로 그래프 생성
plt.title('월별 주요 상장기업 시가총액 비율')
plt.ylabel('비율')
plt.xticks(rotation=45)
plt.show()
```

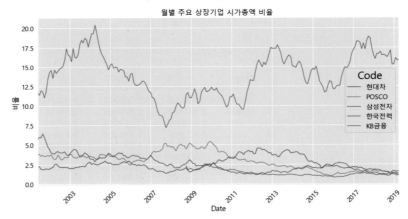

삼성전자를 제외한 4개의 회사만 그래프를 다시 그립니다.

```
df_plot = marcap_ratio[cols].resample('M').mean()
df_plot.plot()                                 # 삼성전자를 제외한 나머지 4개 기업 그래프
plt.title('월별 주요 상장기업 시가총액 비율')
plt.ylabel('비율')
plt.xticks(rotation=45)
plt.show()
```

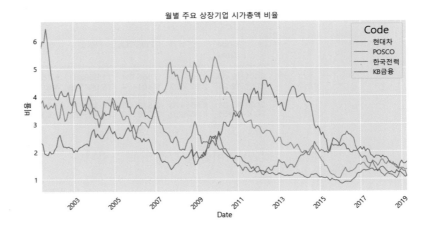

월별 주요 상장기업 시가총액 비율

5개 회사의 시가총액을 기준으로 기술통계를 확인합니다. 삼성전자가 다른 기업보다 규모가 월등히 큰 것을 알 수 있습니다.

```
marcap_ratio.describe()
```

Code	현대차	POSCO	삼성전자	한국전력	KB금융
count	4422.000000	4422.000000	4419.000000	4422.000000	2610.000000
mean	2.564107	2.975269	13.961451	2.525473	1.365962
std	0.833882	1.176049	2.820397	1.107386	0.397044
min	1.220000	0.990000	6.830000	0.920000	0.780000
25%	1.940000	1.930000	11.850000	1.570000	1.110000
50%	2.380000	3.090000	14.280000	2.290000	1.230000
75%	2.950000	3.740000	16.180000	3.370000	1.597500
max	4.750000	5.980000	20.860000	6.960000	2.730000

예제 3 특정 산업별로 분류하기

상장 기업 정보 가져오기　한국 주식 시장에 상장된 기업들의 정보를 가져옵니다.

```
import FinanceDataReader as fdr          # 주식 종목을 가져온다.
df_master = fdr.StockListing('KRX')
df_master.head()
```

	Symbol	Name	Sector	Industry
0	155660	DSR	1차 비철금속 제조업	합섬섬유로프
1	001250	GS글로벌	상품 종합 도매업	수출입업(시멘트,철강금속,전기전자,섬유,기계화학)...
2	082740	HSD엔진	일반 목적용 기계 제조업	대형선박용엔진,내연발전엔진
3	001390	KG케미칼	기초 화학물질 제조업	콘크리트혼화제, 비료, 친환경농자재, 수처리제
4	011070	LG이노텍	전자부품 제조업	기타 전자부품 제조업

이 정보를 종목 코드와 섹터 정보만으로 조회합니다.

```
df_master[['Symbol', 'Sector']].head(10)# 종목 코드와 섹터 정보를 가정온다.
```

	Symbol	Sector
0	155660	1차 비철금속 제조업
1	001250	상품 종합 도매업
2	082740	일반 목적용 기계 제조업
3	001390	기초 화학물질 제조업
4	011070	전자부품 제조업
5	010060	기초 화학물질 제조업
6	001740	기타 전문 도매업
7	096770	석유 정제품 제조업
8	011810	상품 종합 도매업
9	024070	플라스틱제품 제조업

특정 일자의 시가총액 데이터를 조회합니다.

```
df_marcap = marcap_date('2019-04-30')
df_marcap[['Code', 'Name', 'Marcap']].head(10)
```

Date	Code	Name	Marcap
2019-04-30	005930	삼성전자	2.737145e+14
2019-04-30	000660	SK하이닉스	5.751219e+13
2019-04-30	005935	삼성전자우	3.061139e+13
2019-04-30	005380	현대차	2.959304e+13
2019-04-30	068270	셀트리온	2.712614e+13
2019-04-30	051910	LG화학	2.548384e+13
2019-04-30	012330	현대모비스	2.263245e+13
2019-04-30	207940	삼성바이오로직스	2.249610e+13
2019-04-30	005490	POSCO	2.223264e+13
2019-04-30	051900	LG생활건강	2.220908e+13

상장 주식 데이터와 시가총액 데이터를 주식 종목 코드로 병합합니다. 하나의 데이터프레임으로 만든 결과를 조회합니다.

```
df_merge = pd.merge(df_marcap[['Code', 'Name', 'Marcap']],
                    df_master[['Symbol', 'Sector']],
                    left_on='Code', right_on="Symbol")
                              # 주식 코드를 기준으로 데이터를 합친다.
print('row count:', len(df_merge))
df_merge.head()
```

row count: 2155

	Code	Name	Marcap	Symbol	Sector
0	005930	삼성전자	2.737145e+14	005930	통신 및 방송 장비 제조업
1	000660	SK하이닉스	5.751219e+13	000660	반도체 제조업
2	005380	현대차	2.959304e+13	005380	자동차용 엔진 및 자동차 제조업
3	068270	셀트리온	2.712614e+13	068270	기초 의약물질 및 생물학적 제제 제조업
4	051910	LG화학	2.548384e+13	051910	기초 화학물질 제조업

병합된 데이터는 섹터별로 주식 종목이 분포된 것을 확인합니다.

```
df_sector_counts = df_merge['Sector'].value_counts()[:10]
df_sector_counts                              # 섹터별로 주식 종목 확인
```

```
특수 목적용 기계 제조업        122
소프트웨어 개발 및 공급업       117
전자부품 제조업              109
자동차 신품 부품 제조업          91
의약품 제조업                85
기타 금융업                 84
기타 화학제품 제조업            76
통신 및 방송 장비 제조업         66
금융 지원 서비스업             60
1차 철강 제조업              56
Name: Sector, dtype: int64
```

종목별로 분포된 것을 파이 그래프로 표시합니다.

```
df_sector_counts.plot.pie(figsize=(8, 8))   # 파이 그래프 생성
```

```
<matplotlib.axes._subplots.AxesSubplot at 0x13a093716d8>
```

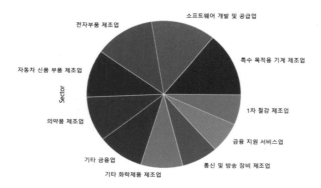

섹터별로 계산

특정 기업이 아닌 기업들이 속한 섹터를 기준으로 그룹화한 후에 시가총액을 구합니다.

```
df_merge.groupby('Sector').sum().head()      # 섹터별로 합산을 구한다.
```

Sector	Marcap
1차 비철금속 제조업	1.213395e+13
1차 철강 제조업	3.679909e+13
가구 제조업	1.470725e+12
가전제품 및 정보통신장비 소매업	1.122547e+12
가정용 기기 제조업	1.680621e+12

시가총액을 구한 후에 시가총액에 맞춰 정렬합니다.

```
df_sector_corp_marcap = df_merge.groupby('Sector').sum().
sort_values('Marcap', ascending=False)[:20]
df_sector_corp_marcap.head()          # 섹터 단위의 합산을 구한 후 정렬
```

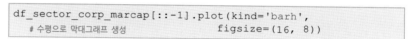

	Marcap
Sector	
통신 및 방송 장비 제조업	2.947758e+14
기타 금융업	1.500823e+14
기초 의약물질 및 생물학적 제제 제조업	6.786715e+13
반도체 제조업	6.620030e+13
기타 화학제품 제조업	6.504587e+13

산업별 시가총액을 구한 후에 수평 막대그래프로 그립니다. 산업별 시가총액 순서에 맞춰 그래프가 그려지는 것을 알 수 있습니다.

```
df_sector_corp_marcap[::-1].plot(kind='barh',
     # 수평으로 막대그래프 생성                figsize=(16, 8))
```

```
<matplotlib.axes._subplots.AxesSubplot at 0x13a096f6780>
```

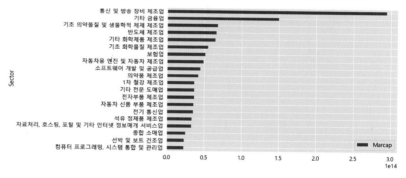

CHAPTER
15

자연어 기본

자연어는 일상에서 사용하는 언어를 말합니다. 자연어는 비정형화된 구조로 되어있습니다. 이것을 머신러닝과 딥러닝 알고리즘을 사용해서 처리할 때는 다양한 기법을 이용해서 정형화 구조를 만들어 처리해야 합니다.

먼저 자연어의 형태소를 분석하는 방법을 알아본 후에 인터넷상에 있는 자연어를 수집해서 처리하는 방식 등을 알아봅니다.

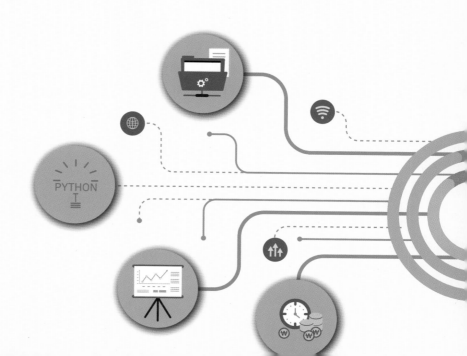

01 자연어 기본 처리

파이썬도 자연어 처리를 지원하는 다양한 모듈을 제공합니다. 그중에 가장 기본적인 모듈을 알아봅니다.

자연어 처리 모듈

한글 자연어를 처리하는 konlpy 모듈의 사용 방법을 알아봅니다.

경고메시지 없애기

모듈을 사용할 때는 버전이 달라서 경고메시지가 많이 나옵니다. 여기서는 경고메시지를 출력창에 보이지 않게 합니다.

경고메시지를 처리하는 `warnings` 모듈을 `import`합니다. 경고메시지가 출력되지 않게 `filterwarnins` 함수의 매개변수 action에 ignore를 문자열로 처리합니다.

```
import warnings                              # 경고메시지를 제어하는 모듈 사용
warnings.filterwarnings(action='ignore')    # 경고메시지가 출력되지 않도록 처리
```

한글 자연어 처리 모듈 사용

한글 자연어 처리 모듈은 `konlpy`입니다. 모듈이 없다는 예외가 발생하면 빈 셀에 `!pip install konlpy`를 입력해서로 설치해야 합니다. 설치와 사용법은 매뉴얼(http://konlpy.org/en/latest/)을 참조하기 바랍니다.

```
import konlpy as ko                          # 한국어 자연어 처리하는 모듈 사용
```

말뭉치 확인

이 모듈은 두 개의 말뭉치(corpus)를 제공합니다. 이것을 `import`합니다.

```
from konlpy.corpus import kolaw, kobill     # 한국어 코퍼스 내의 문장 사용
```

두 개의 말뭉치에 있는 텍스트는 **fileids** 함수로 내부의 텍스트 파일을 조회합니다.

```
kolaw.fileids()                              # 헌법에 대한 텍스트 파일 확인

['constitution.txt']
```

```
kobill.fileids()                             # 일반 법률에 대한 텍스트 파일 확인

['1809896.txt',
 '1809897.txt',
 '1809895.txt',
 '1809894.txt',
 '1809890.txt',
 '1809891.txt',
 '1809893.txt',
 '1809892.txt',
 '1809899.txt',
 '1809898.txt']
```

먼저 헌법 텍스트 파일을 열고 모든 텍스트를 **read** 메소드로 읽어 와서 변수에 할당합니다.

```
c = kolaw.open('constitution.txt').read()    # 헌법 문서를 읽어온다.
```

변수에 저장된 텍스트를 개행문자를 기준으로 분리하기위해 **split** 메소드를 사용합니다. 처리된 결과는 리스트 내에 문자열로 저장됩니다. 첫 번째 인덱스를 조회하면 헌법 제목인 '대한민국 헌법'입니다. 그다음 문장인 '헌법 전문'을 조회해서 다른 변수에 저장합니다.

```
con = c.split('\n\n')                        # 내부의 문장을 분리해서 리스트로 보관
```

```
con[0]                                       # 첫 번째 리스트 원소를 확인하면 헌법 제목이 나온다.

'대한민국헌법'
```

```
con_sen = con[1]                             # 실제 헌법의 전문을 가져온다.
```

Kkma 형태소 분석

한글은 영어와 달리 단어 단위로 글자를 분리할 수 없습니다. 그래서 형태소 모듈의 기능을 이용해서 문장을 최소 단위인 형태소, 품사 등으로 분리합니다.

먼저 *꼬꼬마*를 기준으로 형태소를 분리하기 위해 **Kkma** 클래스를 **import**하고 객체를 하나 생성합니다.

```
from konlpy.tag import Kkma          # 형태소를 분리하는 모듈 사용
kkma = Kkma()                        # 형태소 객체 생성
```

위에서 저장한 '헌법 전문' 문장을 sentences 메소드로 분리합니다. '헌법 전문'은 변수에 저장된 텍스트를 개행문자를 기준으로 분리하기위해 split 메소드를 사용합니다. 처리된 결과는 리스트 내에 문자열로 저장됩니다.

```
kkma.sentences(con_sen)# 문장을 분리하지만 한 문장이라 리스트 내에 하나의 문자열만 표시
```

['유구한 역사와 전통에 빛나는 우리 대한 국민은 3·1 운동으로 건립된 대한민국 임시정부의 법통과 불의에 항거한 4·19 민주이념을 계승하고, 조국의 민주개혁과 평화적 통일의 사명에 입각하여 정의·인도와 동포애로써 민족의 단결을 공고히 하고, 모든 사회적 폐습과 불의를 타파하며, 자율과 조화를 바탕으로 자유 민주적 기본질서를 더욱 확고히 하여 정치·경제·사회·문화의 모든 영역에 있어서 각인의 기회를 균등히 하고, 능력을 최고도로 발휘하게 하며, 자유와 권리에 따르는 책임과 의무를 완수하게 하여, 안으로는 국민생활의 균등한 향상을 기하고 밖으로는 항구적인 세계평화와 인류 공영에 이바지함으로써 우리들과 우리들의 자손의 안전과 자유와 행복을 영원히 확보할 것을 다짐하면서 1948년 7월 12일에 제정되고 8차에 걸쳐 개정된 헌법을 이제 국회의 의결을 거쳐 국민투표에 의하여 개정한다.']

'헌법 전문'에서 명사를 분리하기 위해 nouns 메소드를 사용합니다. 결과를 확인하면 단어로 분리되는 것을 볼 수 있습니다.

```
con_sen_n = kkma.nouns(con_sen)          # 명사를 기준으로 분리
```

```
con_sen_n[:10]                           # 분리한 명사를 10개만 확인
```

['유구', '역사', '전통', '우리', '국민', '3', '1', '1운동', '운동', '건립']
              └ 분리된 단어가 일부 겹침

문장을 구성하는 최소 단위인 형태소로 분리할 때는 morphs 메소드를 사용합니다. 명사와 다르게 조사 등이 분리되는 것을 알 수 있습니다.

```
con_sen_m = kkma.morphs(con_sen)          # 한글을 형태소별로 분리
```

```
con_sen_m[:10]
```

['유구', '하', 'ㄴ', '역사', '와', '전통', '에', '빛나', '는', '우리']
                └ 접사와 조사가 분리

품사는 pos 메소드로 분리합니다. 형태소를 분리한 단어에 맞는 품사와 튜플(tuple)로 구성된 것을 볼 수 있습니다.

```
con_sen_p = kkma.pos(con_sen)        # 분리된 형태소의 품사 표시
```

```
con_sen_p[:10]
```

```
[('유구', 'NNG'),
 ('하', 'XSV'),
 ('ㄴ', 'ETD'),
 ('역사', 'NNG'),      ← 품사 표시가 형태소 분리 기준으로 영어로 표시
 ('와', 'JC'),
```

한나눔 형태소 분석기   형태소 분석기 Hannanum을 사용해 봅니다. 먼저 Hannaum 클래스로 객체를 하나 만듭니다.

```
from konlpy.tag import Hannanum      # 다른 형태소 분석하는 클래스 사용
```

```
hannanum = Hannanum()                        # 형태소 분리를 위해 객체 사용
```

문자열을 작성해서 명사를 분리합니다.

```
hannanum.nouns('이것은 형태소 분석기 입니다 아버지가 방에 들어가신다')
                                    # 문자열로 문장을 넣어 명사 분리
```

```
['이것', '형태소', '분석기', '아버지', '방']
```

형태소도 분리합니다.

```
hannanum.morphs('이것은 형태소 분석기 입니다 아버지가 방에 들어가신다')
                                    # 형태소 분석
```

```
['이것',
 '은',
 '형태소',
 '분석기',
 '일',
 'ㅂ니다',
 '아버지',
 '가',
 '방',
 '에',
 '들',
 '어',
 '가',
 '시ㄴ다']
```

각 형태소의 품사를 확인합니다.

```
hannanum.pos('이것은 형태소 분석기 입니다 아버지가 방에 들어가신다')
                                    # 형태소별로 품사 확인
```

```
[('이것', 'N'),
 ('은', 'J'),
 ('형태소', 'N'),
 ('분석기', 'N'),
 ('일', 'P'),
 ('ㅂ니다', 'E'),
 ('아버지', 'N'),
 ('가', 'J'),
 ('방', 'N'),
 ('에', 'J'),
 ('들', 'P'),
 ('어', 'E'),
 ('가', 'P'),
 ('시ㄴ다', 'E')]
```

Open Korean Text 형태소 분석기

Twitter 형태소 분석기는 Okt 분석기로 변경되었습니다. Okt 클래스로 객체를 하나 만들고 명사를 분리합니다. 위에서 처리한 경우와 다른 단어들이 명사로 분리되는 것을 알 수 있습니다.

```
from konlpy.tag import Okt      # 다른 형태소를 클래스를 가져온다.
okt = Okt()                      # 형태소 분석으로 명사 추출
okt.nouns('이것은 형태소 분석기 입니다 아버지가방에들어가신다')
                                 # 한글을 명사로 분리하는 기준 차이
```

```
['것', '형태소', '분석', '기', '아버지', '가방']
```

형태소를 분리하고 품사를 알아봅니다. 영어의 품사와 같은 표현으로 표시되는 것을 볼 수 있습니다.

```
okt.morphs('이것은 형태소 분석기 입니다 아버지가방에들어가신다')
                                 # 형태소도 분리하는 기준 차이
```

```
['이', '것', '은', '형태소', '분석', '기', '입니다', '아버지',
 '가방', '에', '들어가신다']
```

```
okt.pos('이것은 형태소 분석기 입니다 아버지가방에들어가신다')
                                 # 형태소 분리대로 품사 표시
```

```
[('이', 'Determiner'),
 ('것', 'Noun'),
 ('은', 'Josa'),
 ('형태소', 'Noun'),
 ('분석', 'Noun'),
 ('기', 'Noun'),
 ('입니다', 'Adjective'),
 ('아버지', 'Noun'),
 ('가방', 'Noun'),
 ('에', 'Josa'),
 ('들어가신다', 'Verb')]
```

이번에는 형태소에 stem=True를 지정해서 어간을 만듭니다. 두 개

의 메소드를 실행한 것을 보면 '입니다'가 '이다'로, '들어가신다'가
'들어가다'로 바뀐 것을 볼 수 있습니다.

```
text = "이것은 형태소 분석기 입니다 아버지가방에들어가신다"
                    # 형태소를 분리하면서 특정 단어의 어간을 표시하면 동사일 때 기본 형태로 변환
print(okt.morphs(text))
print(okt.morphs(text, stem=True))
```

['이', '것', '은', '형태소', '분석', '기', '입니다', '아버지',
 '가방', '에', '들어가신다']

['이', '것', '은', '형태소', '분석', '기', '이다', '아버지',
 '가방', '에', '들어가다']

관용구를 처리하는 `phrases` 메소드로 분리해보면 형태소와 다르
게 특정 단어가 하나로 뭉쳐진 것을 볼 수 있습니다.

```
okt.phrases(text)                        # 특정 구별로 분리 가능
```

['이것', '형태소', '형태소 분석기', '아버지가방', '분석', '아버지', '가방']

코모란 형태소 분석기

코모란 형태소 분석기도 사용해봅니다. 명사를 분리하면 다른 형태
소 분석기와 달리 명확한 명사만 분리합니다.

```
from konlpy.tag import Komoran    # 다른 형태소를 분석하는 클래스 사용
komoran = Komoran()              # 명사 추출
komoran.nouns('이것은 형태소 분석기 입니다 아버지가방에들어가신다')
                    # 띄어쓰기를 하지 않으면 연결된 단어로 명사 분리
```

['형태소', '분석기', '아버지', '가방']

형태소 분리와 품사를 알아봅니다.

```
komoran.morphs('이것은 형태소 분석기 입니다 아버지가방에들어가신다')
```

['이것', '은', '형태소', '분석기', '이', 'ㅂ니다', '아버지', '
 가방', '에', '들어가 ', '시', 'ㄴ다']

```
komoran.pos('이것은 형태소 분석기 입니다 아버지가방에들어가신다')
```

[('이것', 'NP'),
 ('은', 'JX'),
 ('형태소', 'NNP'),
 ('분석기', 'NNG'),
 ('이', 'VV'),
 ('ㅂ니다', 'EC'),
 ('아버지', 'NNG'),
 ('가방', 'NNP'),
 ('에', 'JKB'),
 ('들어가', 'VV'),
 ('시', 'EP'),
 ('ㄴ다', 'EC')]

품사 정보 알아보기

여러 종류의 형태소 분석기에 해당하는 품사 정보를 알아봅니다. 먼저 **Okt**에서 관리하는 품사 정보를 `tagset` 속성으로 조회하면 품사에 대한 한글 정보를 확인할 수 있습니다.

```
okt.tagset                          # 품사에 대한 정보 확인
```

```
{'Adjective': '형용사',
 'Adverb': '부사',
 'Alpha': '알파벳',
 'Conjunction': '접속사',
 'Determiner': '관형사',
 'Eomi': '어미',
 'Exclamation': '감탄사',
 'Foreign': '외국어, 한자 및 기타기호',
 'Hashtag': '트위터 해쉬태그',
 'Josa': '조사',
 'KoreanParticle': '(ex: ㅋㅋ)',
 'Noun': '명사',
 'Number': '숫자',
 'PreEomi': '선어말어미',
 'Punctuation': '구두점',
 'ScreenName': '트위터 아이디',
 'Suffix': '접미사',
 'Unknown': '미등록어',
 'Verb': '동사'}
```

여러 종류의 형태소 분석기에 있는 품사 기호와 설명을 하나의 데이터 프레임에 열로 저장합니다.

```
tagsets = pd.DataFrame()                    # 빈 데이터프레임 생성
N = 67
tagsets["Hannanum-기호"] = list(hannanum.tagset.keys()) + list("*" * (N -
len(hannanum.tagset)))
tagsets["Hannanum-품사"] = list(hannanum.tagset.values()) + list("*" * (N
- len(hannanum.tagset)))
tagsets["Kkma-기호"] = list(kkma.tagset.keys()) + list("*" * (N - len(kkma
.tagset)))
tagsets["Kkma-품사"] = list(kkma.tagset.values()) + list("*" * (N - len(kk
ma.tagset)))
tagsets["Komoran-기호"] = list(komoran.tagset.keys()) + list("*" * (N - le
n(komoran.tagset)))
tagsets["Komoran-품사"] = list(komoran.tagset.values()) + list("*" * (N -
len(komoran.tagset)))
tagsets["OKT-기호"] = list(okt.tagset.keys()) + list("*" * (N - len(okt.ta
gset)))
tagsets["OKT-품사"] = list(okt.tagset.values()) + list("*" * (N - len(okt.
tagset)))
```

데이터프레임을 조회하면 품사 정보를 볼 수 있습니다. **Kkma** 분석기가 가장 다양한 품사 정보를 가진다는 것을 알 수 있습니다.

```
tagsets.tail()
```

	Hannanum-기호	Hannanum-품사	Kkma-기호	Kkma-품사	Komoran-기호	Komoran-품사	OKT-기호	OKT-품사
62	*	*	XPV	용언 접두사	*	*	*	*
63	*	*	XR	어근	*	*	*	*
64	*	*	XSA	형용사 파생 접미사	*	*	*	*
65	*	*	XSN	명사파생 접미사	*	*	*	*
66	*	*	XSV	동사 파생 접미사	*	*	*	*

```
tagsets.head()                          # 만들어진 품사 정보 확인
```

	Hannanum-기호	Hannanum-품사	Kkma-기호	Kkma-품사	Komoran-기호	Komoran-품사	OKT-기호	OKT-품사
0	E	어미	EC	연결 어미	EC	연결 어미	Adjective	형용사
1	EC	연결 어미	ECD	의존적 연결어미	EF	종결 어미	Adverb	부사
2	EF	종결 어미	ECE	대등 연결 어미	EP	선어말어미	Alpha	알파벳
3	EP	선어말어미	ECS	보조적 연결어미	ETM	관형형 전성어미	Conjunction	접속사
4	ET	전성어미	EF	종결 어미	ETN	명사형 전성어미	Determiner	관형사

은전한닢 형태소 분석기

이 형태소 분석기는 **Windows**에서는 지원하지 않기 때문에 **Mac**에서 실행해 결과를 출력합니다.

```
import sys

if sys.platform == 'darwin' :

    from konlpy.tag import Mecab   # Windows에서 지원을 하지 않아서 MAC OS에서
    mecab = Mecab()                  명사 분리
    print(mecab.nouns('이것은 형태소 분석기 입니다 아버지가방에들어가신다'))

else :
    pass
```

```
['이것', '형태소', '분석기', '아버지', '방']
```

형태소에 대한 품사 처리를 알아봅니다.

```
import pprint                              # 출력하는 모듈 사용
if sys.platform == 'darwin' :
    pprint.pprint(mecab.pos('이것은 형태소 분석기 입니다 아버지가방에들어가신다'))
else :                                     # 형태소를 분석하고 품사를 알아본다
    pass
```

```
[('이것', 'NP'),
 ('은', 'JX'),
 ('형태소', 'NNG'),
 ('분석기', 'NNG'),
 ('입니다', 'VCP+EF'),
 ('아버지', 'NNG'),
 ('가', 'JKS'),
 ('방', 'NNG'),
 ('에', 'JKB'),
 ('들어가', 'VV'),
 ('신다', 'EP+EC')]
```

파이썬으로 은전한닢을 처리하기 위해서는 `pip install eunjeon` 모듈을 설치하고 실행해야 합니다. 문장에서 명사, 형태소, 품사를 확인합니다.

```
from eunjeon import Mecab        # KoNLPy 내의 Mecab을 파이썬 버전으로 만든 모듈 사용
tagger = Mecab()
```

```
tagger.nouns("고양이가 냐 하고 울면 나는 네 하고 울어야지")  # 명사 분리
```
```
['고양이', '네']
```

```
tagger.morphs("고양이가 냐 하고 울면 나는 네 하고 울어야지")  # 형태소 분리
```
```
['고양이', '가', '냐', '하', '고', '울', '면', '나', '는', '네',
 '하', '고', '울', '어야지']
```

```
tagger.pos("고양이가 냐 하고 울면 나는 네 하고 울어야지")
                                          # 형태소에 맞는 품사 확인
```
```
[('고양이', 'NNG'),
 ('가', 'VV'),
 ('냐', 'EC'),
 ('하', 'VV'),
 ('고', 'EC'),
 ('울', 'VV'),
 ('면', 'EC'),
 ('나', 'VX'),
 ('는', 'ETM'),
 ('네', 'NNG'),
 ('하', 'XSV'),
 ('고', 'EC'),
 ('울', 'VV'),
 ('어야지', 'EC')]
```

자연어 처리

영어 자연어를 처리하는 모듈 nltk도 간단히 살펴봅니다. 이 모듈도 설치되어 있지 않으면 `pip install nltk`로 직접 설치해야 합니다.

```
import nltk                      # 자연어 처리하는 모듈 사용
```

한글 처리를 위해 말뭉치 중에 `kobill`을 import합니다.

```
from konlpy.corpus import kobill
files_ko = kobill.fileids()
```

```
files_ko
```
```
['1809896.txt',
 '1809897.txt',
```

```
'1809895.txt',
'1809894.txt',
'1809890.txt',
'1809891.txt',
'1809893.txt',
'1809892.txt',
'1809899.txt',
'1809898.txt']
```

이 말뭉치 중 하나를 선택한 후 문자열을 읽어 변수에 할당합니다.

```
doc_ko = kobill.open('1809898.txt').read() # 특정 텍스트 파일을 읽어온다.
```

Okt 형태소 분석기로 단어를 분리합니다.

```
t = Okt()
tokens_ko = t.nouns(doc_ko)   # 텍스트에서 명사 추출
print(tokens_ko[:10])
```

```
['국군', '부대', '소말리아', '해역', '파견', '연장', '의안',
 '의안', '제출', '연월일']
```

분리된 단어를 ntlk 내에 Text 클래스에 인자로 전달해 객체를 만듭니다.

```
ko_ = nltk.Text(tokens_ko, name='국군부대의 소말리아 해역 파견연장 동의안')
                                    # 명사로 추출한 것을 텍스트 객체로 생성
```

```
ko_
```

```
<Text: 국군부대의 소말리아 해역 파견연장 동의안>
```

영어는 자연어를 처리하기 위해 가장 작은 단위로 token을 만듭니다. 한글 단어가 Text 객체로 변환되면서 몇 개의 토큰으로 처리되었는지 확인합니다. 겹치는 것을 없애기 위해 set 클래스에 인자로 전달해 집합을 만들면 전체 토큰 개수보다 작은 단어 개수를 확인할 수 있습니다.

```
len(ko_.tokens)                    # 명사로 분리된 갯수 확인
```

```
640
```

```
len(set(ko_.tokens))               # 유일한 단어의 갯수 확인
```

```
249
```

토큰으로 분리된 것 중에 10개만 조회해 봅니다.

```
ko_.tokens[:10]
```

```
['국군', '부대', '소말리아', '해역', '파견', '연장', '의안',
 '의안', '제출', '연월일']
```

이 법률에 사용된 단어의 빈도는 **vocab** 메소드로 조회합니다. '파견'이란 단어가 가장 많이 사용된 것을 알 수 있습니다.

```
ko_.vocab()                        # 동일한 단어의 발생 빈도 확인
```

```
FreqDist({'파견': 31, '부대': 24, '소말리아': 18, '연장': 14, '국군':
13, '해역': 12, '의안': 11, '우리': 9, '유엔': 9, '척': 9, ...})
```

그래프에 한글 출력을 위해 한글 폰트를 지정합니다. Mac은 darwin 이고 Windows는 win32입니다.

```
%matplotlib inline
import matplotlib.pyplot as plt
import sys

from matplotlib import font_manager, rc   # 한글 폰트를 처리하는 모듈 사용

if sys.platform  == 'darwin':
    path = '/Library/Fonts/AppleGothic.ttf'
elif platform.system() == 'Windows':
    path = "c:/Windows/Fonts/malgun.ttf"
else:
    print('Unknown system... sorry~~~~')

font_name = font_manager.FontProperties(fname=path).get_name()
rc('font', family=font_name)
```

많이 사용된 상위 50개의 단어로 그래프를 그려봅니다.

```
plt.figure(figsize=(12,6))               # 한 단어별로 발생 빈도에 맞도록 그래프 생성
ko_.plot(50)
```

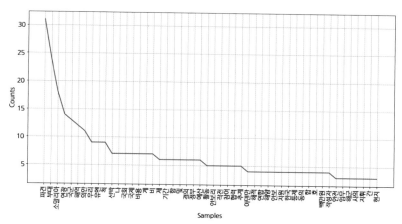

'파견'과 '소말리아'라는 단어가 몇 개 있는지 count 메소드로 확인할 수 있습니다.

```
ko_.count('파견')                    # 특정 단어의 발생 빈도 확인
```
31

```
ko_.count('소말리아')
```
18

위의 두 단어가 법률의 어떤 위치에서 사용되었는지 dispersion_plot 함수로 확인할 수 있습니다.

```
plt.figure(figsize=(12,6))           # 특정 단어들의 발생 위치 확인
ko_.dispersion_plot(['파견', '부대', '소말리아'])
```

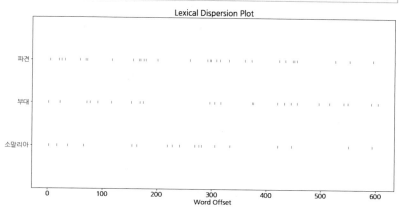

'소말리아' 단어가 사용된 문장은 concordance 메소드로 확인할 수 있습니다. 18개가 매칭되고 문장의 일부를 보여줍니다.

```
ko_.concordance('소말리아')                          # 특정 단어가 있는 곳은 단어 확인
```

```
Displaying 18 of 18 matches:
국군 부대 소말리아 해역 파견 연장 의안 의안 제출 연월일 번호 제 자 정 부 제안
 파견 연장 의안 의안 제출 연월일 번호 제 자 정 부 제안 이유 소말리아 아덴만 해역 파견 국
군 부대 청해부대 의 파견 기간 종료 예정 다
부대 의 파견         개정 다음       견 기간 연장 함 첫째 소말리아 해적 활동 우리 선
                   둘째 청해부대 성공 임무              결의 근거 소말리아 아
국내외 관계 기관 파견 연장 요청 내용 유                              견
국군 부대 파견 기간 장함 나 국군 부대 임무
심의 과정 반영 추진 합 의 기획재정부 외교통상부 합의 국군 부대 소말리아 해역 파견 연장
 비 장비 물자 획득 기타 부대 운영 비 나 수 입 계 국군 부대 소말리아 해역 파견 연장 의안
재원 조달 계획 부문 별 재원 분담 계획 단
```

단어를 워드클라우드로 표시하기

단어의 사용분포를 이미지로 보여주는 모듈 wordcloud를 사용합니다. 이 모듈도 !pip install wordcloud 로 설치합니다. 먼저 이 단어 중에 150개를 추출합니다.

```
from  wordcloud import WordCloud # 단어들의 빈도에 따른 그래프를 그리는 모듈 사용
```

```
data = ko_.vocab().most_common(150)
```

```
data[:5]
```

```
[('파견', 31), ('부대', 24), ('소말리아', 18), ('연장', 14),
 ('국군', 13)]
```

한글 폰트와 배경색은 하얀색 등을 지정해 워드클라우드 객체를 하나 만듭니다. 일반적인 그래프가 아닌 이미지라서 imshow 함수를 사용해서 출력합니다.

```
wordcloud = WordCloud(font_path=path,              # 워드 클라우드의 객체 생성
                      relative_scaling = 0.2, # 한글 위치 표시
                      background_color='white',
                      ).generate_from_frequencies(dict(data))
plt.figure(figsize=(10,6))          # 단어별 빈도수를 딕셔너리로 변환해서 전달
plt.imshow(wordcloud)               # 이미지 출력
plt.axis("off")                     # 그래프에 대한 축을 표시하지 않는다.
plt.show()
```

한글 자모 분해와 조합

한글은 자음과 모음을 결합해서 글자를 만듭니다. 자음과 모음의 분해 등을 알아봅니다.

한글 자음과 모음 분해

이 모듈에 관한 설명은 깃허브(https://github.com/bluedisk/hangul-toolkit)를 참조합니다. 이 모듈 `hgtk`을 설치하기 위해 `pip install hgtk`를 실행합니다. 이 모듈을 사용하기 위해 `hgtk` 모듈을 `import`합니다.

```
import hgtk                          # 한글의 자음과 모음을 분리하는 모듈 사용
```

한 문자를 분리하고 다시 조합해봅니다.

```
hgtk.letter.decompose('감')        # 특정 글자를 분리하면 초성, 중성, 종성으로 분리
('ㄱ', 'ㅏ', 'ㅁ')
```

```
hgtk.letter.compose('ㄱ', 'ㅏ', 'ㅁ')    # 분리된 글자를 한 글자로 합친다.
'감'
```

여러 문장을 만듭니다.

```
sample_text = '''타밀어는 드라비다어족의 남부 계통, 즉 남부드라비다어파에 속하는 언어
이다.
공식어로 지정된 인도의 주요 언어 중에서 타밀어와 계통적으로 가장 가까운 것은 말라얄람어
인데,
9세기 무렵까지 말라얄람어는 타밀어의 방언이었다.
이 두 언어 간에는 선사 시대에 일어난 서부 방언(말라얄람어의 원형) 분열의 증거가 되는 많
은 차이가 있지만,
13~14세기 무렵까지도 두 언어는 완전히 서로 다른 언어로 분리되지 않은 채였다.'''
```

이 문장을 분해하고 다시 조합합니다.

```
s = hgtk.text.decompose(sample_text)    # 여러 문장에 대해 단어 분리
```

```
s[:40]
'타ㅣㅁㅣㄹㆍㅇㅓㆍㄴㅡㄴㆍ 드ㅡㄹㅏㅂㅣㆍ다ㆍㅇㅓㆍㅈㅗㄱㆍㅇㅓㆍ ㄴ'
```

```
hgtk.text.compose(s)[:40]             # 분리된 것을 하나로 합친다.
'타밀어는 드라비다어족의 남부 계통, 즉 남부드라비다어파에 속하는 언어이다'
```

한글인지 아닌지도 확인할 수 있습니다.

```
hgtk.checker.is_hangul('한글입니다')          # 한글 여부 확인
```
True

```
hgtk.checker.is_hangul('no한글입니다')
```
False

```
hgtk.checker.is_hangul('it is english')
```
False

한자 검사도 할 수 있습니다.

```
hgtk.checker.is_hanja('大韓民國')             # 한자 확인
```
True

```
hgtk.checker.is_hanja('大한민국')
```
False

```
hgtk.checker.is_hanja('대한민국')
```
False

한글 명사와 조사의 조합을 만들 수 있습니다.

```
hgtk.josa.attach('하늘', hgtk.josa.EUN_NEUN)
                                # 단어에 맞는 조사를 붙여볼 수 있다.
```
'하늘은'

```
hgtk.josa.attach('바다', hgtk.josa.EUN_NEUN)
```
'바다는'

```
hgtk.josa.attach('하늘', hgtk.josa.I_GA)
```
'하늘이'

```
hgtk.josa.attach('바다', hgtk.josa.I_GA)
```
'바다가'

```
hgtk.josa.attach('하늘', hgtk.josa.EUL_REUL)
```
'하늘을'

```
hgtk.josa.attach('바다', hgtk.josa.EUL_REUL)
```
'바다를'

02 HTML 파싱과 워드클라우드

크롤링한 문서를 파싱하는 방법과 뉴스를 이용해서 특정 단어의 빈도를 확인해 봅니다.

예제 1 HTML 문서 분해

크롤링한 HTML 문서를 파싱하는 Beautifulsoup(뷰티플수프) 모듈을 사용합니다.

HTML 등을 파싱하는 모듈 사용

HTML 문서의 태그(tag)를 파싱하는 `Beautifulsoup` 모듈을 import합니다. 모듈이 설치되지 않았으면 `pip install beautifulsoup4`로 설치합니다. 이 모듈의 자세한 설명은 https:// www.crummy.com/software/BeautifulSoup/bs4/doc/에서 참조하기 바랍니다.

```
from bs4 import BeautifulSoup          # HTML 문서를 파싱하는 모듈 사용
```

문자열로 HTML 작성

여러 줄을 문자열로 작성하기 위해 세 개의 따옴표를 사용하고 간단한 HTML 문서를 작성합니다.

```
html_doc = """
<html><head><title>The Dormouse's story</title></head>
<body>
<p class="title"><b>The Dormouse's story</b></p>
<p class="story1">Once upon a time there were three little sisters; and the
ir names were
<a href="http://example.com/elsie" class="sister" id="link1">Elsie</a>,
<a href="http://example.com/lacie" class="sister" id="link2">Lacie</a> and
<a href="http://example.com/tillie" class="sister" id="link3">Tillie</a>;
and they lived at the bottom of a well.</p>
<p class="story2">
<a href="http://example.com/tillie" class="sister" id="link4">Tillie</a>;
빈값</p>
"""
```

파싱할 때 개행문자도 포함되므로 **replace** 메소드로 문자열에서
제거합니다.

```
html_doc[:80]                          # 문자열로 만들어진 HTML 문서 확인
```

'\n<html><head><title>The Dormouse\'s story</title></head>\n<body>\n<p clas
s="title">'

```
html_doc = html_doc.replace('\n', '')   # 문장 끝을 표시하는 개행문자를
                                          빈 문자열로 변환
```

```
html_doc[:80]
```

'<html><head><title>The Dormouse\'s story</title></head><body><p class="tit
le"><b>'

HTML 문서를
Beautifulsoup 객체로 변환

문자열에 포함된 다양한 HTML 태그와 속성에 접근하려면
Beautifulsoup 객체로 변환해야 합니다. 변환할 때는 html.parser를
사용해서 문자열을 HTML 문서에 맞게 파싱해야 합니다.

```
soup_ = BeautifulSoup(html_doc, 'html.parser')
                                      # HTML 문서를 파싱하는 객체 생성
```

```
type(soup_)
```

bs4.BeautifulSoup

Beautifulsoup 객체의 **text** 속성을 확인하면 HTML 문서의 텍스
트만 있습니다.

```
soup_.text[:80]                        # HTML 문서 내의 Text만 출력
```

"The Dormouse's storyThe Dormouse's storyOnce upon a time there were three
little"

파싱한 결과는 **contents** 속성에 들어갑니다. 이 객체를 **type** 클
래스로 확인하면 Tag 객체입니다.

```
type(soup_.contents[0])                # 객체 내용 확인
```

bs4.element.Tag ← Tag 객체

HTML 문서에 있는 텍스트 정보를 모두 출력해 봅니다.

```
for i in soup_.contents[0].strings :   # 텍스트 내의 문자열 출력
    print(i)
```

```
The Dormouse's story
The Dormouse's story
Once upon a time there were three little sisters; and their
names were Elsie
,
Lacie
 and
Tillie
;and they lived at the bottom of a well.
Tillie
;빈값
```

HTML 문서에 있는 모든 태그는 **next_elements** 속성으로 조회할 수 있습니다. **Tag** 클래스와 **NavigableString** 클래스가 출력됩니다. **NavigableString** 클래스의 객체는 문자열이라는 것을 알 수 있습니다.

```python
for i in soup_.contents[0].next_elements:  # 내부의 원소들을 순환
    print(type(i))
    if type(i) != type(soup_.contents[0]) :
        new_obj = i
        print(i)                            # 태그가 아닌 객체를 만날 때 중단
        break
```

```
<class 'bs4.element.Tag'>
<class 'bs4.element.Tag'>
<class 'bs4.element.NavigableString'>
The Dormouse's story
```

태그 내부의 문자열은 별도의 **NavigagleString** 클래스의 객체로 관리합니다.

```python
type(new_obj)                               # 텍스트를 관리하는 클래스 확인
```

```
bs4.element.NavigableString
```

```python
new_obj
```

```
"The Dormouse's story"
```

태그의 이름을 직접 입력해서 변수에 할당합니다. HTML 문서에서 작성된 title 태그가 변수에 할당됩니다. HTML 전체 문서도 **Tag** 클래스의 객체이지만, 내부의 태그도 **Tag** 클래스의 객체로 만들어진 것을 알 수 있습니다.

```
tag = soup_.title                        # 내부의 타이틀 태그를 변수에 할당
```

```
type(tag)                                # 객체의 클래스 정보 확인
```
bs4.element.Tag

```
tag                                      # 태그의 정보 확인
```
<title>The Dormouse's story</title>

Tag 클래스의 name 속성을 확인하면 태그 이름을 알 수 있습니다. 태그 내의 문자열은 contents, string 속성에 있습니다.

```
tag.name                                 # 태그의 이름 확인
```
'title'

```
tag.contents                             # 현재 태그의 부모 태그 확인
```
["The Dormouse's story"]

```
tag.string
```
"The Dormouse's story"

태그 객체에서 parent 속성을 확인하면 자기 태그가 속한 부모 태그의 정보를 알려줍니다. 또한, children 속성은 자식을 검색할 수 있는 반복자 객체를 전달합니다. 이를 리스트에 넣고 별표를 붙이면 하위 내용을 모두 표시합니다.

```
tag.parent                     # 자식 요소는 리스트를 구성하는 반복자 객체를 반환
```
<head><title>The Dormouse's story</title></head>

```
type(tag.parent)
```
bs4.element.Tag

```
tag.children                   # 자식 요소는 리스트를 구성하는 반복자 객체를 반환
```
<list_iterator at 0x1130762e8>

```
[*tag.children]                # 자식 요소를 확인하면 문자열만 출력
```
["The Dormouse's story"]

이번에는 p 태그를 변수에 할당합니다. 여러 개의 태그 중에 첫 번째 태그가 변수에 할당된 것을 알 수 있습니다.

```
tag_p = soup_.p                    # p 태그를 변수에 할당
```

```
tag_p                              # 첫 번째 p 태그
```

```
<p class="title"><b>The Dormouse's story</b></p>
```

```
type(tag_p)
```

```
bs4.element.Tag
```

```
[*tag_p.children]                  # 내부의 자식 요소를 확인하면 b 태그
```

```
[<b>The Dormouse's story</b>]
```

현재 태그의 형제 조회는 next_sibling 속성으로 합니다. 여러 개의 형제를 조회할 때는 next_siblings 속성을 사용합니다.

```
print(tag_p.next_sibling.name)  # p 태그의 동등한 형제를 확인
```

```
p    ← p 태그
```

```
for i in tag_p.next_siblings :  # 순환문으로 형제 태그 조회
    print(type(i), i.name)
```

```
<class 'bs4.element.Tag'> p
<class 'bs4.element.Tag'> p
```

메소드로 특정 태그 조회

특정 태그를 find 메소드로 검색합니다. HTML이 태그를 가져오면 Tag 클래스의 객체인 것을 알 수 있습니다. 가져온 태그의 name과 contents 속성을 확인하면 가져온 태그의 이름과 내용을 확인할 수 있습니다.

```
fa = soup_.find("p")                # 메소드를 사용해서 p 태그 조회
```

```
type(fa)
```

```
bs4.element.Tag
```

```
fa.name
```

```
'p'
```

```
fa.contents
```

```
[<b>The Dormouse's story</b>]
```

여러 태그 조회

이번에는 findAll 메소드로 여러 개의 p 태그를 조회합니다. 태그 내의 class 속성을 조회할 때는 딕셔너리에 속성과 값을 넣습니

다. 여러 개의 태그를 조회해서 저장하는 `ResultSet` 클래스의 객
체가 반환됩니다.

태그 객체에 접근할 때는 색인 연산을 사용해 하나씩 접근합니다.

```
fas = soup_.findAll("p", {'class' : "story1"})
                                # 특정 태그와 내부의 속성을 같이 지정해서 조회
```

```
type(fas)
```

bs4.element.ResultSet   ← 조회된 결과는 태그 객체가 아닌 ResultSet 객체

```
type(fas[0])                            # 객체 내부에 태그 객체 삽입
```

bs4.element.Tag

태그의 이름을 확인하고 내부에 있는 태그를 확인할 수도 있습니
다.

```
fas[0].name
```

'p'

```
fas[0].a                        # 내부의 a 태그 조회
```

<a class="sister" href="http://example.com/elsie" id="link1">Elsie</a>

문자열로 태그 조회

문자열을 지정해서 `select` 메소드로 내부 태그를 조회할 수 있
습니다. 상위 태그와 하위 태그는 부등호를 사용해서 표시합니다.
`select` 메소드를 실행하면 p 태그 아래의 a 태그가 모두 조회되어
리스트 객체가 나옵니다.

리스트 객체의 내부 원소가 태그이므로 하나씩 조회할 때는 색인
연산으로 합니다.

```
sel_pa = soup_.select('p > a')  # select 메소드는 태그의 구조를 문자열로 지정해서
                                조회 가능(p 태그 내부의 a 태그만 조회)
```

```
type(sel_pa)
```

list

```
type(sel_pa[0])
```

bs4.element.Tag

```
sel_pa
```

[<a class="sister" href="http://example.com/elsie" id="link1">Elsie</a>,
 <a class="sister" href="http://example.com/lacie" id="link2">Lacie</a>,
 <a class="sister" href="http://example.com/tillie" id="link3">Tillie</a>,
 <a class="sister" href="http://example.com/tillie" id="link4">Tillie</a>]

특정 태그의 속성은 **p.story1**로 표시합니다. 하위 태그는 '>'를 사용해 표시합니다.

```
soup_.select('p.story1 > a')    # 태그의 클래스 이름을 붙인 후에 내부 태그만 추출
```

```
[<a class="sister" href="http://example.com/elsie" id="link1">Elsie</a>,
 <a class="sister" href="http://example.com/lacie" id="link2">Lacie</a>,
 <a class="sister" href="http://example.com/tillie" id="link3">Tillie</a>]
```

두 개의 메소드를 사용해서 같은 태그 검색

특정 속성을 가진 태그를 **findAll** 메소드에서 검색하려면 태그 이름과 속성을 전달해서 조회합니다. **select** 메소드에서 사용할 때는 '태그이름.속성'으로 바로 검색할 수 있습니다.

```
fas_ = soup_.findAll('p', {'class' : "story2"})
                                          # p태그 내의 class 속성을 지정해서 조회
```

```
fas_
```

```
[<p class="story2"><a class="sister" href="http://example.com/tillie" id="l
ink4">Tillie</a>;빈값</p>]
```

```
type(fas_)
```

```
bs4.element.ResultSet
```

```
ss = soup_.select('p.story2 ')    # 특정 태그와 속성을 문자열로 지정해서 조회
```

```
ss
```

```
[<p class="story2"><a class="sister" href="http://example.com/tillie" id="l
ink4">Tillie</a>;빈값</p>]
```

```
type(ss)
```

```
list
```

예제 2 **워드 클라우드 처리**

웹에서 특정 주제로 크롤링합니다. 많이 나온 단어를 시각화하기 위해 워드 클라우드를 사용합니다.

시각화 모듈 import

사용할 모듈을 **import**하고 한글 처리를 위해 폰트를 지정합니다.

```
from wordcloud import WordCloud      # 워드 클라우드 모듈 사용
```

```
import sys
```

```
%matplotlib inline
import matplotlib.pyplot as plt      # 한글을 출력하도록 지정
import sys

from matplotlib import font_manager, rc

if sys.platform  == 'darwin':
    path = '/Library/Fonts/AppleGothic.ttf'
elif sys.platform  == 'win32':
    path = "c:/Windows/Fonts/malgun.ttf"
else:
    print('Unknown system... sorry~~~~')

font_name = font_manager.FontProperties(fname=path).get_name()
rc('font', family=font_name)
plt.rcParams['axes.unicode_minus'] = False
```

워드 클라우드 객체를 만들려면 font_path에 한글 폰트 위치를 지
정해야 합니다. 워드 클라우드로 출력되는 높이와 너비를 지정합니
다.

```
wordcloud = WordCloud(      # 워드 클라우드 객체를 만들 때 한글로 출력되도록 객체 생성
    font_path = path,
    width = 1600,
    height = 800
)
```

먼저 문자열을 하나 작성한 후에 generate 메소드로 워드 클라우
드 객체를 갱신합니다.

```
text = "커피 전화 전화 전화 사람 사람 고양이 커피 개 사람 전화  "
```

```
wordcloud = wordcloud.generate(text)      # 문자열을 인자로 전달해서
                                          # 워드 클라우드 객체 생성
```

그래프를 그리기 위해 figure 함수로 캔버스를 하나 만듭니다. 이
미지를 시각화하기 위해 imshow 함수를 실행합니다. 축의 선을 제
외하기 위해 axis 함수에 off 인자를 전달합니다.
워드 클라우드에서는 빈도수가 높은 글자가 크게 나오는 것을 볼
수 있습니다.

```
fig = plt.figure()
plt.imshow(wordcloud, interpolation='bilinear')
plt.axis('off')                                    # 워드 클라우드 이미지로 출력
plt.show()
```

워드 클라우드 배경색 조정

워드 클라우드 객체를 만들 때 `background_color` 속성을 white 로 지정하면 배경색이 바뀐 것을 볼 수 있습니다.

```
wordcloud_ = WordCloud(
    font_path = path,
    background_color='white',                       # 배경색 지정
    width = 800,
    height = 800
)
```

```
# Generate a word cloud image
wordcloud_ = wordcloud_.generate(text)
fig = plt.figure()
plt.imshow(wordcloud_, interpolation='bilinear')
plt.axis('off')
plt.show()
```

한글 빈도수를 딕셔너리로 처리

딕셔너리에 키로 한글을 넣고 값으로 빈도수를 지정해 `generate_from_frequencies` 메소드로 워드 클라우드 객체를 생성해서 이 의미를 출력합니다.

```
keywords = {'이것':5, '예문':3, '단어':5, '빈도수':3}
                                    # 특정 단어의 빈도를 딕셔너리로 생성
wordcloud_ = wordcloud_.generate_from_frequencies(keywords)
                                    # 빈도별로 워드클라우드 생성
fig = plt.figure()
plt.imshow(wordcloud_, interpolation='bilinear')
```

```
plt.axis('off')
plt.show()
```

예문 빈도수 중 이것 음

**다른 이미지로
워드 클라우드 배경 만들기**

이미지를 하나 다운로드합니다. 이미지는 스타워즈의 로봇이 R2D2
입니다. 이미지를 Image.open으로 열고 다차원 배열로 변환합니다.

```
import numpy as np                          # 넘파이 모듈 사용
```

```
from PIL import Image                       # 이미지 파일을 처리하는 모듈 사용
```

```
r2d2_mask = np.array(Image.open('./r2d2.JPG'))
                                            # 이미지를 읽어와서 다차원 배열로 변환
```

이번에는 특정 단어를 제외하는 stopwords도 추가합니다. 이미지는
mask 속성에 지정합니다.

```
from wordcloud import STOPWORDS        # 불용어 처리

stopwords = set()                      # 한글은 별도의 집합으로 불용어 생성
stopwords.add("은")
stopwords.add("입니다")
stopwords.add("것인가")
stopwords.add("처럼")

wordcloud = WordCloud(stopwords=stopwords, # 워드 클라우드 객체 생성
                      font_path = path,
                      background_color='white',
                      width = 800,
                      height = 800,
                      mask=r2d2_mask)     # 마스크 인자에 이미지 전달
```

두 문장을 리스트로 받습니다.

```
texts = ['로봇 처럼 표시하는 것을 보기 위해 이것 은 예문 입니다 가을이라 겨울 바람 솔
솔 불어오니 ','여러분 의 문장을 넣 으세요 ㅎㅎㅎ 스타워즈 영화에 나오는 다양한 로봇처럼']
```

워드 클라우드 처리를 위해서는 `generate_from_text` 함수에

문자열을 전달해야 합니다. 리스트 내의 두 문장을 하나로 결합하고 전달해서 실행합니다.

```
wordcloud = wordcloud.generate_from_text(texts[0]+texts[1])
                            # 2개의 문자을 연결해서 워드클라우드 생성
```

이 워드 클라우드를 시각화하면 로봇 이미지에 한글이 표시되는 것을 볼 수 있습니다. 불용어로 등록한 일부 단어가 표시되지 않는 것도 확인할 수 있습니다.

```
plt.figure(figsize=(8,8))
plt.imshow(wordcloud, interpolation="bilinear")
plt.axis("off")                  # 이미지를 출력하면 전달된 모양에 따라 표시
plt.show()
```

**인터넷에서
주요 한글 텍스트 가져오기**

인터넷 사이트에서 직접 자료를 가져오기 위해 requests 모듈을 사용합니다. 가져온 HTML 문서는 BeautifulSoup로 파싱합니다. 한글 형태소는 OKT로 파싱하고 빈도수는 Counter 클래스의 객체로 만들어 사용합니다.

```
from bs4 import BeautifulSoup      # HTML 문서를 파싱하는 모듈 사용
import requests                    # 특정 주소로 HTML 문서를 검색하는 모듈 사용
from konlpy.tag import Okt         # 한글을 형태소 분석하는 모듈 사용
from collections import Counter    # 특정 빈도수를 계산하는 클래스 사용
```

HTML 문서 검색

네이버 영화평가 사이트의 주소를 지정하고 requests.get을 실행해서 HTML 문서를 조회합니다.

```
url= 'http://movie.naver.com/movie/sdb/rank/rmovie.nhn?sel=
cnt&date=20190919'
```

```
response = requests.get(url)          # 특정 주소의 HTML 문서를 가져온다.
```

```
html = response.text                  # 텍스트만 할당
print(type(html))
```

```
<class 'str'>
```

이 문서의 공백을 제거한 후에 100자만 조회해 봅니다.

```
html_s = html.strip()                 # 빈 공간 제거
```

```
html_s[:100]          # 일부만 추출
```

```
'<!DOCTYPE html>\r\n<html lang="ko">\r\n<head>\r\n<meta http-equiv="Content
-Type" content="text/html; chars'   ← html 문서
```

**뉴스를 검색해서
HTML 문서 가져오기**

네이버 검색창(https://search.naver.com/search.naver)으로 검색하는 방식을 직접 코딩해서 사용합니다.

검색창 주소에서 검색한 결과와 같게 하기 문자열로 작성한 후에 조국이라는 단어를 넣습니다. 이를 requests.get을 사용해서 요청하면 HTML 문서를 반환합니다.

```
url = 'https://search.naver.com/search.naver?where=news&sm=tab_jum&query={}
&start={}'.format('배구',1)
req = requests.get(url)          # 네이버 뉴스 검색에 배구를 입력해서 조회
```

```
req
```

```
<Response [200]>
```

```
req.text[:50]                    # HTML 문서 일부 확인
```

```
'<!doctype html> <html lang="ko"> <head> <meta char'
```

BeautifulSoup에 req.text와 파서인 html.parser를 인자로 전달해서 실행하면 새로운 BeautifulSoup 객체가 만들어집니다.

```
soup = BeautifulSoup(req.text, 'html.parser') # HTML 문서 파싱
```

뉴스의 제목에 해당하는 목록만 추출하려면 **select** 메소드를 사용합니다. 실제 HTML 문서를 확인해서 아래의 태그를 가져옵니다.

```
titles = soup.select(
            'ul.type01 > li > dl > dt > a'  # 특정 태그의 정보 검색
            )
```

읽어온 htmls 문서가 리스트 객체에 원소로 들어가 있어 이 리스트 객체의 길이를 **len** 함수로 확인할 수 있습니다. 10단위로 검색해 오는 것을 알 수 있습니다.

```
len(titles)
```
```
10
```

```
title_list = []
```

```
for title in titles:                   # 내부의 제목에 해당하는 것만 리스트의 원소로 삽입
    title_list.append(title['title'])
```

태그 title도 색인 연산으로 조회할 수 있습니다. 어떻게 처리되는지 알아봅니다. 리스트 내 하나의 태그 객체를 확인하고 그 내부의 contents도 확인합니다. 색인 연산으로 조회한 결과를 확인하면 문자열인 것을 알 수 있습니다.

```
type(title)
```
```
bs4.element.Tag
```

```
title.contents                          # 내부의 내용을 확인
```
```
['프로', <strong class="hl">배구</strong>, ' 대한항공, 우리카드 꺾고 2연패 탈출']
```

```
type(title['title'])
```
```
str
```

순환문으로 처리한 결과는 10개의 문자열로 리스트 객체에 들어갑니다.

```
title_list                          # 제목 확인
['[프로배구 천안전적] 현대캐피탈 3-2 삼성화재',
 "GS칼텍스-현대건설 'UP' 흥국생명-도로공사 'DOWN' 평준화 뚜렷 [여자배구]",
 '[프로배구 중간순위] 1일',
 '[인터뷰] 통역으로 새 배구인생, 안요한 한국전력 코치 & 통역',
 '대한항공 강공배구 통했다, 이를 악문 정지석 우리카드를 압도하다',
 '"팬들과 함께"...배구가 달라졌어요',
 '배구의 라건아' 꿈꾸는 귀화 재수생, 알렉스',
 '여자배구 올림픽 아시아 예선 세부일정 확정',
 '[현대건설배구단] 공식 유튜브 채널 런칭!',
 '프로배구 대한항공, 우리카드 꺾고 2연패 탈출']
```

더 많은 뉴스를 검색해서 워드 클라우드 처리

이번에는 검색, 파싱, 워드 클라우드를 출력하는 부분을 3개의 함수로 분리해서 작성합니다. 먼저 검색어, 결괏값, 검색 기준을 변수에 할당합니다.

```
search_word = "배구"                # 검색어 지정
title_list = []
search = 'https://search.naver.com/search.naver?where=news
&sm=tab_jum&query ={}&start={}'
```

뉴스 제목을 가져오는 함수를 정의합니다. 특정 건수만 불러오게 정의합니다. 한꺼번에 너무 많은 것을 조회하면 접속한 사이트에서 접근을 제한할 수 있으므로 조금씩 나눠서 접근해야 합니다.

```
def get_titles(start_num, end_num, search):
                            # 함수를 지정해서 여러 번 데이터를 가져와 제목만 추출
    while True:
        if start_num > end_num:
            break

        url = search.format(search_word, start_num)
        req = requests.get(url)

        if req.ok:
            html = req.text
            soup = BeautifulSoup(html, 'html.parser')
            titles = soup.select('ul.type01 > li > dl > dt > a')

            for title in titles:
                title_list.append(title['title'])
        start_num += 10
```

형태소를 분리하고 명사와 형용사만 추출해서 주요 단어를 만들고
결괏값으로 반환합니다.

```python
def make_word(word_count):                    # 형태소를 분석해서 리스트에 삽입
    twitter = Okt()

    sentences_tag = []
    for sentence in title_list:
        morph = twitter.pos(sentence)
        sentences_tag.append(morph)

    noun_adj_list = []
    for sentence1 in sentences_tag:
        for word, tag in sentence1:
            if tag in ['Noun', 'Adjective']:  # 명사와 형용사만 추출
                noun_adj_list.append(word)

    counts = Counter(noun_adj_list)           # 빈도수 계산
    tags = counts.most_common(word_count)     # 주요 단어만 반환

    return tags
```

이 함수는 단어의 빈도를 받아서 워드 클라우드로 만들고 이를 바
로 시각화합니다.

```python
def draw_wordcloud(tags):                     # 워드 클라우드를 출력하는 함수 생성
    wc = WordCloud(font_path=path,  mask=r2d2_mask,backgrou
                   nd_color='white', width=800, height=600, )
    cloud = wc.generate_from_frequencies(dict(tags))
    plt.figure(figsize=(10, 8))
    plt.axis('off')
    plt.imshow(cloud)
    plt.show()
```

**검색부터 워드 클라우드
처리 함수 실행**

먼저 특정 단어로 200개의 뉴스 제목을 가져옵니다. 첫 번째 추출
한 제목을 확인합니다.

```python
get_titles(1,200, search)                     # 200 개의 뉴스 제목을 가져온다.
```

```python
title_list[0]
```

'[프로배구 천안전적] 현대캐피탈 3-2 삼성화재'

단어의 빈도수가 나오는 함수를 실행합니다.

```python
import warnings                               # 경고 메시지를 출력하지 않도록 지정
warnings.filterwarnings(action='ignore')
tags = make_word(50)                          # 50개의 단어만 가져온다.
```

단어의 빈도수를 확인해 봅니다.

```
tags[:5]
```

[('배구', 99), ('프로배구', 71), ('우리카드', 27), ('전적', 25), ('현대', 24)]

워드 클라우드 시각화 이미지는 단어의 빈도수를 받아 처리합니다.

```
draw_wordcloud(tags)                              # 워드클라우드 생성
```

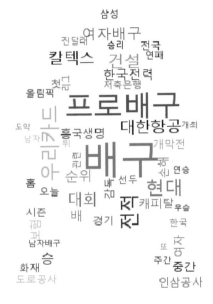